苏州大学优势学科建设工程三期项目资助

长三角体育公共服务一体化战略目标及推进策略研究

刘昌亚　著

苏州大学出版社
Soochow University Press

图书在版编目（CIP）数据

长三角体育公共服务一体化战略目标及推进策略研究/刘昌亚著．—苏州：苏州大学出版社，2021.12
ISBN 978-7-5672-3783-4

Ⅰ.①长… Ⅱ.①刘… Ⅲ.①长江三角洲—群众体育—公共服务—研究 Ⅳ.①G812.4

中国版本图书馆 CIP 数据核字（2021）第 246800 号

长三角体育公共服务一体化战略目标及推进策略研究
刘昌亚 著
责任编辑 孙志涛
助理编辑 曹晓晴

苏州大学出版社出版发行
（地址：苏州市十梓街 1 号 邮编：215006）
镇江文苑制版印刷有限责任公司印装
（地址：镇江市黄山南路 18 号润州花园 6-1 邮编：212000）

开本 700 mm×1 000 mm 1/16 印张 15 字数 270 千
2021 年 12 月第 1 版 2021 年 12 月第 1 次印刷
ISBN 978-7-5672-3783-4 定价：55.00 元

若有印装错误，本社负责调换
苏州大学出版社营销部 电话：0512-67481020
苏州大学出版社网址 http://www.sudapress.com
苏州大学出版社邮箱 sdcbs@suda.edu.cn

序
Preface

2018年11月5日，习近平总书记在首届中国国际进口博览会上宣布，支持长江三角洲区域一体化发展并上升为国家战略。2019年5月13日中共中央政治局会议审议通过《长江三角洲区域一体化发展规划纲要》（以下简称《规划纲要》）之后，把长三角一体化发展这篇文章做好，使其成为我国发展强劲活跃的增长极，就成为学界重要的研究领域。

作为博士学位论文，能够在此背景下选择研究领域、探索研究问题可以说正当时，也可以说面临着巨大的挑战和压力。从另一个侧面来说，选择参与国家性重大问题或者热点问题，做解释性和探索性研究，也符合博士学位论文要做创新性研究的培养目标要求。

刘昌亚是我指导毕业的第一个博士研究生。实事求是地说，选择这样的题目对于我和刘昌亚博士来说不是一般性的挑战，任务的艰巨性可想而知。但是，值得欣喜的是，选题2019年10月开题，2021年5月顺利通过外审、答辩，今天交付出版社以专著的形式出版，值得祝贺，作为导师甚感欣慰。研究做了以下思考和探索：

第一，长三角区域江南文化与徽文化同根同源，城镇化率高，城镇体系完善，智慧城市建设优势明显，体育公共服务一体化环境条件基础坚实。但是，区域内体育公共服务合作不对称、资源配置差异等问题是事实存在的。一体化的前提是摸清楚区域内和区域间的差异并做测度分析，这就成为研究的逻辑起点和现实依据。

第二，《规划纲要》提出了长三角一体化的两个核心，即区域内各类资源要素自由流动和高质量发展。“有界”变“无界”，“共识”到“共赢”已经成为长三角一体化发展的目标追求。为此，探索长三角体育公共服务一体化构成要素问题，就成为研究的核心问题。研究提出：一个目标（体育公共服务一体化）、两个维度（区域内体育公共服务各类资源要素自由流动和高质量发展）、四方互动（政府带动、市场联动、社会组织推动、公众参与）、六个要素（体育经济服务要素、体育文化服务要素、体育信息服务要素、体育赛事活动服务要素、体育政策服务要素、体育生态旅游服务要素）有机融合、相互推进。要素互动围绕“区域文化之根、智慧城市之源、数字化发展之魂”三个核心要素进行，由此形成长三角体育公共服务一体化理论框架。研究中的体育经济服务要素和体育生态旅游服务要素，在以往体育公共服务内涵和要素中并不常见，这也是研究提出的一个新观点，为后续战略目标的提出奠定基础。

第三，在紧紧围绕一个核心（满足区域民众的体育需求）、两种保障（政策保障和实体资源保障），协调四类关系（协调国家与地区之间的关系、协调地区与地区之间的关系、协调城乡之间的关系、协调不同利益群体之间的关系）的前提下，创造性地提出：构建体育公共服务发展强劲活跃区、体育公共服务现代化引领区、体育公共服务高质量供给示范区的长三角体育公共服务一体化战略目标。

第四，战略目标的制定，突显推进策略的重要性。研究首先提出提升原动力问题，要从政府层面、市场层面、社会组织层面进行；其次提出经济支撑、文化认同、信息互通、赛事推动、政策协同、生态特色推进机制；最后提出强化区域体育公共服务一体化的协同治理、选择数字化支撑的实践路径，推进长三角体育公共服务一体化。

从研究整体来看，有一定的学术性、探索性和创新性。当然，也存在博士学位论文的通病，就是如何推动和促进实践，即如何落地的问题。

潮生东海，江南盛景今胜昔。上升为国家战略之后，长三角一体化真正按下了“快进键”。在全国发展强劲活跃增长极、全国高质量发展样板区、率先基本实现现代化引领区、区域一体化发展示范区和新时代改革开放新高地“一极三区一高地”战略定位下，长三角将在全国改革发展大局中扮演更重要的角色，担起更重要的使命。

新时代体育事业要有新作为，努力将体育事业建设成为中华民族伟大复兴的标志性事业，满足人民对美好生活的需要，这是体育强国建设的目标之一，也是长三角体育工作实践探索应遵循的目标，更应是体育学界努力探索和研究的重要问题。目前，长三角体育产业、全民健身赛事服务一体化发展日趋活跃，期待刘昌亚博士在此领域的研究更加深入，有更大的突破。

是为序！

2021 年 11 月 23 日

目录

1 导 论 1

1 导论

1.1 研究背景

长三角地区是我国经济发展最活跃、开放程度最高、创新能力最强的区域之一，是“一带一路”和长江经济带的重要汇集处，是城市化水平最高的区域之一，也是比较成熟的区域文化旅游大市场。2020 年，沪苏浙皖三省一市的地域面积为 35.8 万平方千米、常住人口为 2.35 亿人，分别占全国的约 1/26 和 1/6，经济总量为 24.5 万亿元，占全国的近 1/4。历经多年发展，长三角地区科技创新优势日益突显、开放合作协同高效、基础设施基本互通、城乡协调互动发展，彰显出强劲的区域先行优势。

2019 年 5 月 13 日，中共中央政治局会议审议通过《长江三角洲区域一体化发展规划纲要》（以下简称《规划纲要》）之后，沪苏浙皖三省一市相继出台了实施行动计划。上海已制定落实《规划纲要》的上海实施方案，主要是紧密围绕“一体化”和“高质量”两个核心，抓好“七个重点领域”合作、“三个重点区域”建设[1]。江苏要重点推进产业创新一体化、基础设施一体化、区域市场一体化、绿色发展一体化、公共服务一体化、省内全域一体化“六个一体化”，努力实现共性与个性相互彰显、合作与竞争共存、集聚与辐射辩证统一的一体化发展。浙江发布《浙江省推进长江三角洲区域一体化发展行动方案》，行动方案结合浙江实际，启动实施高质量发展民营经济、高层次扩大对外开放、高普惠共享公共服务等九项重点任务。安徽出台《安徽省

[1] “七个重点领域”就是区域协调发展、协同创新、基础设施、生态环境、公共服务、对外开放和统一市场；“三个重点区域”就是长三角生态绿色一体化发展示范区、上海自贸试验区新片区和上海虹桥商务区。

实施长江三角洲区域一体化发展规划纲要行动计划》，行动计划结合安徽发展实际，主要从高质量推进“一圈五区”建设、合力打造科技创新共同体、积极承接产业转移、推动城乡融合发展、构建现代化基础设施网络等十个领域，推动区域一体化发展。

2021 年 3 月 11 日，在长三角文化和旅游联盟联席会议上，沪苏浙皖三省一市文化和旅游部门提炼出三个关键词：“世界级旅游目的地”“红色旅游”“数字科技赋能”[1]，标志着文化旅游进入实质性发展阶段。“有界”变“无界”，“共识”到“共赢”已经成为长三角文化旅游一体化发展的目标追求。

新时代体育事业要有新作为，努力将体育建设成为中华民族伟大复兴的标志性事业，满足人民对美好生活的需要，这是体育强国建设的目标之一，也是长三角体育工作实践探索应遵循的目标。沪苏浙皖三省一市体育局联合印发《长三角地区体育一体化高质量发展的若干意见》，明确提出：“探索区域体育一体化发展的制度体系和路径模式。”长三角体育公共服务一体化战略目标及推进策略研究，就是在此背景下的理论探索和实践研究。

新时代的体育公共服务是与健康中国结伴同行，以增强人的体质与健康水平为根本目标的国家行动，是政府主导、社会力量参与、个人自愿、公众监督、全民共建共享的公共组织行为。《规划纲要》的关键词是“一体化”和“高质量发展”。一体化是实现资源要素的无障碍自由流动和地区间的全方位开放合作，高质量发展将在基础设施、公共服务、产业创新、生态保护等多个领域共同推进。[2] 一体化的要素流动是跨行政边界的流动，这涉及行政边界、地理边界、社会文化边界、经济边界耦合问题。[3] 从当前来看，长三角各地区从思想认识到发展基础、从硬件设施到软件要素，都存在着不平衡的状况，着力解决发展不平衡问题是一体化发展的重中之重。打破行政壁垒和条块分割，促进公共服务资源的合理流动与优化配置是长三角一体化发展中的重点工作。体育公共服务供给自然是其中不可忽略的一个重要议题，尤其是我国的

---

[1] 童笑雨．长三角文旅一体化如何发展？三省一市提炼三个关键词[EB/OL].(2021-03-13)[2021-04-10].https://baijiahao.baidu.com/s? id=1694124990495193551&wfr=spider&for=pc.

[2] 张文晖，孙秋霞，冯玲玲，等．长三角如何实现“一体化”与“高质量”发展？[EB/OL].(2019-05-14)[2021-04-10]. http://www.china-news.com/cj/2019/05-14/8836719.shtml.

[3] 王琳杰．长三角“一体化”到底是什么？[EB/OL].(2019-06-21)[2021-04-10].https://www.thepaper.cn/newsDetail_forward_3733789.

体育公共服务资源是以行政区为界进行统筹和配置的，存在地方政府财政不均衡、协调能力亟待提升及体育公共服务供给水平差异等现实问题。如何统筹协调《规划纲要》中27个城市的体育公共服务发展，既需要实践探索，更需要理论研究。

基于此，长三角体育公共服务一体化发展的战略目标确立及推进策略构建就成为本书探讨的核心议题。

1.2 文献综述

1.2.1 国外文献综述

1.2.1.1 区域一体化理论研究

区域一体化理论研究的兴起是在“二战”结束后，随着世界政治经济格局的变化，区域一体化理论在20世纪50年代成为国际经济和国际政治理论的研究热点。美国经济学家雅各布·维纳（Jacob Viner）于1950年完成的《关税同盟问题》，被普遍认为是国际经济圈区域一体化理论形成的主要标志。[1] 关税同盟理论提出以后，随着欧盟一体化进程不断加快，国际经济学界对区域一体化理论进行了广泛的研究，形成了纷繁的理论研究体系。冈纳·缪尔达尔（Gunnar Myrdal）将一体化诠释为要素均衡化，认为经济一体化与社会、政治一体化息息相关。[2] 厄恩斯特·哈斯（Ernst B. Haas）在1958年提出区域一体化是一种旨在以某种形式的联邦政体取代民族国家的过程。[3] 因此，一体化是各国为达到某种目标而采取的集体行动形式。利昂·林德伯格（Leon N. Lindberg）对这一定义进行了完善，他提出区域一体化是“国家间集体决策系统随时间的演变”[4]。随着欧洲国家经济一体化的兴起，区域一体化理论在20世纪60年代开始越来越关注欧洲共同体，厄恩斯特·哈斯将西欧一体化与

---

[1] VINER J. The customs union issue [M]. New York: Oxford University Press, 2014.

[2] MYRDAL G. An international economy: problems and prospects [M]. New York: Harper & Brothers, 1956: 45-51.

[3] HAAS E B. The uniting of Europe: political, social, and economic forces, 1950—1957 [M]. Stanford: Stanford University Press, 1958: 23-26.

[4] LINDBERG L N. Political integration as a multidimensional phenomenon requiring multivariate measurement [J]. International Organization, 1970, 24 (4): 649-731.

其他地区一体化进行比较研究[1]，查尔斯·金德尔伯格（Charles P. Kindleberger）从配置效应、规模效应、竞争效应和贸易条件效应四个方面对欧洲经济一体化进行分析[2]。该时期的研究在很大程度上是对欧洲共同体实践的总结，而区域一体化理论发展明显滞后，有学者提出区域一体化理论“过时”[3]，这个时期被称作“萧条时代”[4]。

直到20世纪80年代后期，学界才对区域一体化和区域经济一体化两个概念加以区分。而在此之前，一体化仅从经济学角度出发，区域一体化和区域经济一体化两个概念基本上可以互相替代。经济一体化理论被视为国际经济学的一部分[5]，用于审视国家市场融合对经济增长的影响及联盟内的经济政策需求。区域经济一体化的主要形式包括自由贸易区（Free Trade Area）、关税同盟（Customs Union）、共同市场（Common Market）、经济同盟（Economic Union）和完全经济一体化（Complete Economic Integration），根据关税限制、要素流通、经济政策等情况加以区分。

政治学家对区域一体化的研究多受联邦主义（Federalism）、功能主义（Functionalism）、新功能主义（Neofunctionalism）、政府间主义（Intergovernmentalism）和自由政府间主义（Liberal Intergovernmentalism）理论的影响。弗兰克·希梅尔芬尼格（Frank Schimmelfennig）提出区域一体化是一种打破参与地区间的社会和经济障碍的过程。[6] 一体化研究由早期仅从经济层面出发演变为包括经济、社会及政治层面在内的研究，社会一体化被认为是全面经济一体化的先决条件。[7]

---

[1] HAAS E B. International integration: the European and the universal process [J]. International Organization, 1961, 15 (3): 366-392.

[2] KINDLEBERGER C P. The United States and European regional economic integration [J]. Social Science, 1959, 34 (4): 210-217.

[3] HAAS E B. The obsolescence of regional integration theory [M]. California: University of California International, 1975: 31-40.

[4] CAPORASO J A, KEELER J. The State of the European Union [C]. Boulder: Lynne Rienner Publishers, 1995: 29-62.

[5] BALASSA B. Towards a theory of economic integration [J]. International Review for Social Sciences, 1961, 14 (1): 1-17.

[6] SCHIMMELFENNIG F. Regional integration theory [M]. Oxford: Oxford Research Encyclopedia of Politics, 2018: 77-79.

[7] BALASSA B. The theory of economic integration [M]. London: Routledge, 2013: 67-72.

随着内部市场计划（Internal Market Program）和经济货币联盟（Economic and Monetary Union）的发展，欧洲一体化理论的新浪潮在20世纪90年代掀起。区域一体化理论研究不再局限于国际经济和国际政治的角度，在“新区域主义”“新经济地理学”“新制度经济学”等理论的影响下，许多学者打破以欧洲为中心的传统，结合国际关系[1]、社会学[2]、地理学[3]、商业研究[4]、城市研究[5]等领域发展出更适合世界其他地区实际的区域一体化理论方法[6]。

1.2.1.2　区域一体化模式研究

1.2.1.2.1　北美自由贸易区模式研究

北美自由贸易区（NAFTA）模式是在经济发展水平悬殊的发达国家与发展中国家共同建立南北型区域经济合作组织，将美国的资金、市场、管理和技术与加拿大的自然资源、墨西哥的劳动力连接在一起，旨在建立自由贸易区，促进商品和服务的自由贸易，实现贸易自由化。1994年，由美国、加拿大和墨西哥组成的北美自由贸易区正式启动。从那时起，它开创了打破经济发展水平差异，建立区域经济集团（组织）的先例。北美自由贸易区的成立对美国具有重要意义，它极大地促进了美国制造业的发展、高新技术产品的出口，也增加了就业。玛丽·布尔菲舍尔（Mary E. Burfisher）等通过分析北美自由贸易区的贸易数据发现，美国和墨西哥都受益于北美自由贸易协定，但美国劳动力市场受到的影响很小，而墨西哥获得的相对利益要大得多。[7] 罗伯特·帕斯特（Robert A. Pastor）认为北美自由贸易协定成员国似乎没有按照欧洲模式

---

[1] FAWCETT H. Regionalism in world politics: regional organization and international order [M]. Oxford: Oxford University Press, 1995.

[2] GAMBLE A, PAYNE A. Regionalism and world order [M]. London: Macmillan, 1996.

[3] LARNER W, WALTERS W. The political rationality of “new regionalism”: toward a genealogy of the region [J]. Theory and Society, 2002, 31 (3): 391-432.

[4] MACLEOD G. New regionalism reconsidered: globalization and the remaking of political economic space [J]. International Journal of Urban and Regional Research, 2001, 25 (4): 804-829.

[5] POON J. Regionalism in the Asia Pacific: is Geography destiny? [J]. Area, 2001, 33 (3): 252-260.

[6] ACHARY A. Regionalism beyond EU-Centrism [M]. Oxford: Oxford University Press, 2016: 109-129.

[7] BURFISHER M E, ROBINSON S, THIERFELDER K. The impact of NAFTA on the United States [J]. Journal of Economic Perspectives, 2001, 15 (1): 125-144.

深化一体化的意图，也没有推动北美自由贸易协定进入更高级的一体化阶段。[1] 北美自由贸易区是一个具有制度性合作机制的紧凑型自由贸易区，在北美自由贸易协定基础上签订的合同具有法律效力。协议生效前，经历了一系列法律程序。协议生效后，三国经贸关系以具有较强约束力的法律形式正式确定。北美自由贸易区是历史上一个重要的区域合作计划，主要体现在以下几个方面：它代表了区域贸易合作中最广泛的自由贸易协定；它是工业国与发展中国家签署的第一个互惠贸易协定；它为实现洲际贸易保护提供了契机。

1.2.1.2.2 欧盟模式研究

欧盟（EU）模式旨在实现和平、稳定和社会经济平衡发展。在多元、统一、主权共享的原则下，遵循共同的法律法规和共同的机制，在国家和地区两级实行相互协调、双向互动的区域共同治理。[2] 欧盟的历史可追溯至1952年建立的欧洲煤钢共同体，当时仅包含6个成员国，欧洲煤钢共同体是一种全新形式的组织，一方面，它所建立的并不是自由贸易区，而是以共同市场为目标，这在当时是极其重要的突破；另一方面，成员国向新建立的超国家机构让渡了部分国家主权，形成超国家治理的雏形。1957年3月25日，《欧洲经济共同体条约》和《欧洲原子能共同体条约》在罗马签订，即《罗马条约》。其主要参与国为欧洲煤钢共同体的6个成员国，规定该条约于1958年1月1日生效并建立了欧洲经济共同体（EEC）和欧洲原子能共同体（EAEC）。《罗马条约》的首要目标是建立一个共同市场，彻底消除成员国之间的关税壁垒，制定共同的对外关税和共同的贸易政策。[3] 1965年4月，法国、德国、意大利、比利时、卢森堡和荷兰签署了《布鲁塞尔条约》，决定合并欧洲煤钢共同体、欧洲经济共同体和欧洲原子能共同体，组成欧洲共同体（EC）。欧洲共同

---

[1] PASTOR R A. NAFTA as the center of an integration process: the non-trade issues [J]. The Brookings Review, 1993, 11 (1): 40-45.

[2] BARBIER J C, ROGOWSKI R. The sustainability of the European social model: EU governance, social protection and employment policies in Europe [M]. Cheltenham: Edward Elgar Publishing Limited, 2015.

[3] JONES N, GRAAFF J, RODRIGO I, et al. Historical review of land use changes in Portugal (before and after EU integration in 1986) and their implications for land degradation and conservation, with a focus on Centro and Alentejo regions [J]. Applied Geography, 2011, 31 (3): 1036-1048.

体的成立，标志着欧盟制度框架的完善。[1] 1993 年《马斯特里赫特条约》生效后，欧洲共同体转变成欧盟，并逐渐从贸易实体转变成经济和政治联盟。[2] 同时，欧洲经济共同体和后来的欧盟在 1973 年至 2013 年期间进行了八次扩张，成员国从 6 个增至最多时的 28 个。欧洲一体化实质上是在成员国自主授权的基础上，实行跨国共同治理的一种社会发展模式。亚力克·斯威特（Alec S. Sweet）认为，欧洲一体化是由跨国交流、超国家组织和规则制定这三个因素之间的因果关系的发展所激发和维持的，三个因素从两方面实现了从国家治理到政府间治理再到超国家治理的过渡：一方面，跨国交流激发了区域规章的社会需求，而超国家组织负责提供这些规章；另一方面，一旦欧共体的规则生效，必然会催生一个制度化的过程，欧洲一体化的过程也会随之而来。[3] 欧盟是现在世界上区域合作水平最高的区域组织，具有超国家的经济和政治的调控权力，在欧盟区域内发行统一的货币，成员国之间的人员流动自由，制定了《欧盟宪法草案》等协议，并设立中央银行。

1.2.1.2.3 东亚区域合作模式研究

东亚区域合作模式是以东盟十国与中日韩三国共同参与的“10+3”机制为主渠道，在市场的导向下形成的高效区域生产网络和产业循环传递机制模式。东亚区域一体化可以追溯到“二战”期间日本提出的“大东亚共荣圈”（Greater East Asia Co-Prosperity Sphere）计划[4]和 20 世纪 50—80 年代的“雁行模式”[5]。1967 年，东南亚国家联盟（以下简称“东盟”）成立，成为东亚地区最早的活跃区域组织。2015 年年底，东盟宣布东盟共同体（ASEAN Community）正式建成，包括政治安全共同体（APSC）、经济共同体（AEC）和社会文化共同体（ASCC）。不过，由于东盟各成员国政治制度、社会结构、文化价值观等领域存在巨大差异，也不具备模仿欧盟的制度、技术和资金能

[1] ZITO A R, SCHOUT A. Learning theory reconsidered: EU integration theories and learning [J]. Journal of European Public Policy, 2009, 16 (8): 1103-1123.

[2] BAUN M J. The Maastricht Treaty as high politics: Germany, France, and European integration [J]. Political Science Quarterly, 1995, 110 (4): 605-624.

[3] SWEET A S, SANDHOLTZ W. European integration and supranational governance [J]. Journal of European Public Policy, 1997, 4 (3): 297-317.

[4] GRAJDANZEV A J. Japan's Co-Prosperity Sphere [J]. Pacific Affairs, 1943, 16 (3): 311-328.

[5] KOJIMA K. The “flying geese” model of Asian economic development: origin, theoretical extensions, and regional policy implications [J]. Journal of Asian Economics, 2000, 11 (4): 375-401.

力，这决定了东盟经济共同体是一个有限的共同市场。[1] 近年来，在各国政府的推动下，东亚区域合作发展迅速。合作领域包括经济技术、贸易、投资便利化等。其中，金融领域合作水平不断提高，多边货币互动机制基本形成。尽管自20世纪90年代以来，东亚经济体逐渐通过内部结构改革和外部贸易自由化，进一步加强了区域内各国间的经济依赖，1997年的亚洲金融危机也让区域内各国认识到经济合作的重要性[2]，但该区域仍缺乏一个有力的制度框架来处理区域内政治信任、经济失衡、安全挑战等问题[3]。河合正弘（Masahiro Kawai）认为，东亚地区应通过成立多个双边自由贸易协定、启动次区域自由贸易协定谈判、建立区域监督机制、推出区域流动资金支持系统、发展亚洲债券市场等措施，实现东亚地区的经济一体化。[4] 贾尼娜·维特科夫斯卡（Janina Witkowska）通过考察欧盟、东亚经济共同体和北美自由贸易区三个区域一体化组织，认为全球金融危机会对欧盟的经济凝聚力产生严重负面影响，并且欧盟在世界商品和服务贸易及全球总资本流入中的地位不断后退；东亚经济共同体的问题在于成员国之间经济发展分化极为严重，实现更高阶段一体化存在困难；北美自由贸易区的问题在于成员国之间的发展不平衡，以及由于许多其他自由贸易协定的生效而导致本组织内一体化对成员国的重要性降低。[5]

1.2.1.3 区域一体化研究视域

为了进一步分析区域一体化研究的广泛性，在“Web of Science”数据库以“Regional Integration（区域一体化）”为题名对近20年的文献进行检索，主要考察与区域一体化相关的研究领域。从检索结果来看，相对集中的区域一体化研究视域分别是经济学、政府法、社会科学、国际关系、区域研究、公共

[1] JONES L. Explaining the failure of the ASEAN economic community: the primacy of domestic political economy [J]. The Pacific Review, 2016, 29 (5): 647-670.

[2] CHOWDHRY B, GOYAL A. Understanding the financial crisis in Asia [J]. Pacific-Basin Finance Journal, 2000, 8 (2): 135-152.

[3] NICOLAS F. The political economy of regional integration in East Asia [J]. Economic Change and Restructuring, 2008, 41 (4): 345-367.

[4] KAWAI M. East Asian economic regionalism: progress and challenges [J]. Journal of Asian Economics, 2005, 16 (1): 29-55.

[5] WITKOWSKA J. Integration processes in the global economy: current state and prospects. The cases of the European Union, ASEAN Economic Community, and NAFTA [J]. Comparative Economic Research, 2016, 19 (4): 47-65.

行政、人文科学、历史学、人类学、教育学等（图 1-1）。通过对区域一体化研究视域状况的分析发现，近 20 年以区域一体化为主题的研究呈现逐步扩大、细化的趋势，但也呈现研究领域狭窄、研究大量集中在经济学领域、重复研究较多等问题。

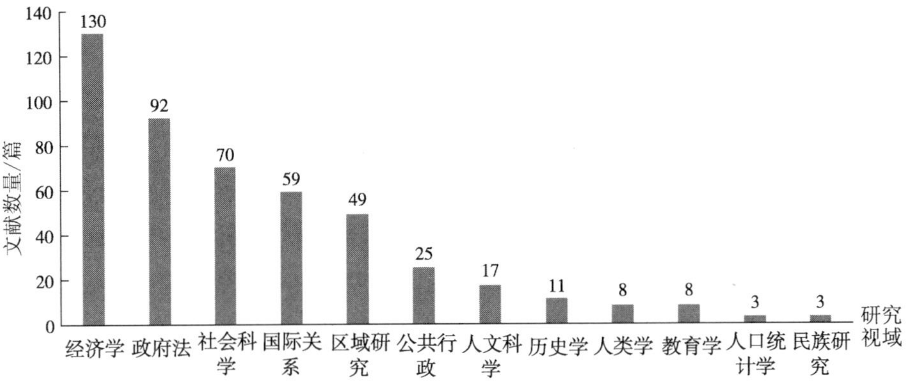

图 1-1　区域一体化研究视域

1.2.2　国内文献综述

1.2.2.1　体育公共服务研究

学界对体育公共服务展开全面研究，是在 2004 年中共中央党校关于“树立和落实科学发展观”专题研究班的结业报告之后。众多学者开始逐步加强对体育公共服务体系建设的研究，并深化了体育公共服务供给、体育公共服务治理、体育公共服务机制等维度的分析。

关于体育公共服务供给方式的研究，有学者认为，我国体育公共服务供给方式经历了从“政府单一供给”到“政府主导多主体供给”再到“市场主导多主体供给”的转变。[1] 一些学者以公共服务理论和非营利组织理论为基础，提出体育公益组织是体育公共物品的重要供给者。[2] 还有一些学者探讨了后奥运时期我国体育公共服务供给方式的变革动因、变革阻力和变革方向，

[1] 蓝国彬，樊炳有. 我国体育公共服务供给主体及供给方式探析 [J]. 首都体育学院学报，2010，22（2）：27-31.

[2] 杜志娟，苗大培. 体育公共物品的供给方式：公共服务与非营利组织理论的视角分析 [J]. 成都体育学院学报，2007，33（1）：31-34.

并从政府行为、管理方式和供给模式三个视角出发，提出未来我国体育公共服务发展路径。[1]

关于体育公共服务供给主体的研究，有学者认为，政府、市场和公民社会组织是我国体育公共服务的主要提供者，但它们在承担体育公共服务职能时出现的问题较多，应通过社区化治理来调适与嵌合三种供给主体的作用机制，避免三种供给主体失灵的现象，从而保证体育公共服务的供给效率。[2] 张金桥等基于对我国竞技体育公共服务产品供给主体多元化的动力因素及存在问题的分析提出，在未来，以政府为主导的供给机制和协调机制应进一步完善，社会组织在竞技体育公共服务产品供给中的作用应得到充分发挥，市场应以居民需求为导向提供体育产品。[3] 张宏等通过对我国公共体育服务体系的十种产品的供给进行分析后，明确了各供给主体如政府、市场及社会力量的具体职责划分。[4] 一些学者从转型动力的角度对这一问题进行研究。市场经济的发展、需求结构的调整、政府职能的转变、社会组织供给能力的提高，促进了多元化供给主体的发展。[5] 如郎宪芬认为，城镇社区体育公共服务发展的动力因素可分为内部力量和外部力量，内部力量主要包括社区居民对体育公共服务需求的内驱动力和利益相关者的推动力，外部力量主要包括外部环境如社会经济、政治、文化、科学和环境的支持力。[6]

关于体育公共服务供给模式的研究，主要集中在以下几个方面：有学者提出供给模式应伴随供给主体的转变而适当调整，应采用协作的供给模式[7]；有学者通过对三种体育公共服务购买模式的比较，提出应采用竞标性政府购买

---

[1] 谢卫，魏亚妮，刘青．后奥运时期我国全民健身服务供给方式变革的动因、阻力及方向[J]．成都体育学院学报，2008，34（9）：1-6.

[2] 郭玲玲．社区治理视阈下城市社区公共体育服务多元供给主体的研究［J］．武汉体育学院学报，2015，49（1）：10-14.

[3] 张金桥，李丽，张鲲．我国竞技体育公共服务产品供给主体多元化研究［J］．沈阳体育学院学报，2015，34（1）：1-8.

[4] 张宏，陈琦．我国公共体育服务不同供给主体的职责划分［J］．广州体育学院学报，2013，33（2）：4-7.

[5] 张扬．我国公共服务市场化改革研究［D］．大连：东北财经大学，2011.

[6] 郎宪芬．城镇社区体育公共服务发展的动力模型研究：以潍坊城镇社区为例［D］．济宁：曲阜师范大学，2014.

[7] 王丽．我国地方公共体育服务模式研究：以铜梁县为案例［D］．重庆：西南大学，2014.

模式[1]；有学者对体育公共服务供给模式进行创新，提出应采用“竞争-合作”式的供给模式[2]。

关于体育公共服务治理的研究。“多元治理”“多中心治理”“协同治理”是体育公共服务治理的热门话题。主要提出应推进体育公共服务治理的规范化、市场化和大众化，形成政府、社团、市场的多元治理，使三者互相监督、加强合作、共同发展。[3] 非营利组织、农村社区、自愿性团体（个人）在农村体育公共服务供给中可以形成对政府供给和市场供给的有益补充。社会化供给不是政府供给的附属，也不是独立于政府供给和市场供给而存在的，三者应处于合作的状态，社会化组织与政府组织、市场组织应形成多中心治理。[4] 为了破解我国体育公共服务在城镇化进程中所面临的困境，应当从制度层面上推进多中心协同治理；从国家战略的高度，做好顶层设计，制定整体战略框架，明确不同主体在体育公共服务治理中的职能，强化各部门、各组织之间的协同关系。[5] 体育社会组织具有较强的服务性和治理优势，可以成为政府供给和市场供给的有效补充，能够提升体育公共服务的供给质量和效率，能够实现体育领域内的善治。[6]

针对“多中心治理”由于各自组织结构、管理体制、运行机制等不同可能导致的“治理失灵”困境，部分学者提出体育公共服务“元治理”。元治理被称为“治理中的治理”，强调的是解决治理过程中“去中心化”所带来的弊端。体育公共服务的元治理，意味着政府职能转变与角色重塑，意味着供给组织、制度与机制的创新。政府是体育公共服务治理的中心，但并非权力的中

[1] 江龙．上海市政府购买体育公共服务模式研究［D］．上海：东华大学，2015.

[2] 郅伟勇．公共体育服务供给模式研究：基于服务均等化视角［D］．泰安：山东农业大学，2013.

[3] 裘鹏，付甲．善治理论视角下国家体育公共服务的“多元治理”模式研究［J］．沈阳体育学院学报，2013，32（2）：24-26.

[4] 徐叶彤，芦平生．多中心治理理论视角下我国农村体育公共服务社会化供给探析［J］．北京体育大学学报，2015，38（4）：6-11.

[5] 马玉华，王莉，沈克印．公地悲剧、价值失范与多中心治理：我国城镇化进程中公共体育服务的困境与破解［J］．山东体育学院学报，2015，31（6）：1-6.

[6] 沈克印．政府与体育社会组织协同治理的地方实践与推进策略：以常州市政府购买公共体育服务为例［J］．武汉体育学院学报，2017，51（1）：12-19.

心，而是责任的中心。[1] 我国社会力量薄弱，体育社会组织、市场力量和个人都存在各自的问题，导致多中心治理结构支撑不足，治理的去中心化也易导致权责边界的模糊；应当强调政府在整个体育治理体系中的主导地位，形成“强政府、大社会”的体育治理格局。[2]

“社区化治理”也是体育公共服务治理发展的一个方向。为了解决农村体育公共服务政府失灵、市场失灵问题，应当引入社区化治理。[3] 社区是国家与民众互动的基本层面，也是体育公共服务供给的重要平台。社区治理是多元主体参与、内容多样、注重服务、协同互动的合作过程。社区在吸纳政府、市场、公民社会组织优点的同时，可以修补三者在我国城市社区体育公共服务中的职能失灵。[4]

此外，还有“嵌入性治理”“分层治理”“跨域治理”“扁平化治理”等不同的声音。“嵌入性治理”是国家采用制度嵌入、组织嵌入、利益嵌入等方式嵌入社会，并构建国家与社会伙伴关系的正和博弈过程。[5] 体育公共服务嵌入性治理中，制度嵌入主要指体育职能部门营造良好的制度环境，使体育社团拥有一定的合法性，并促使社团内部规范化建设；组织嵌入主要指体育职能部门通过对体育社团的嵌入，为社团发展提供人员、技术、场地设施等方面的保障；利益嵌入主要指体育职能部门采用项目扶持、奖励补贴、评奖评优等方式，缓解体育社团资金短缺问题，促进体育社团规范化发展。[6] 嵌入式治理主要解决新时代我国体育治理中的政社结构化割裂问题，政社结构化割裂造成体育公共服务发展逻辑行政化、效果内卷化、行为短期化、体系碎片化，应当构建互动式嵌入、创新性嵌入、结构性嵌入、整体性嵌入等政社双向开放性嵌

---

[1] 丁智鹏．元治理视角下体育公共服务供给侧改革研究［J］．广州体育学院学报，2019，39（1）：25-28.

[2] 王凯．新时代体育治理体系与治理能力现代化建设的政府责任：基于元治理理论和体育改革实践的分析［J］．体育科学，2019，39（1）：12-19，34.

[3] 张世威．我国农村体育公共服务社区化治理研究：基于政府和市场两极失范的矫正［J］．天津体育学院学报，2012，27（3）：258-263.

[4] 郭玲玲．社区治理视阈下城市社区公共体育服务多元供给主体的研究［J］．武汉体育学院学报，2015，49（1）：10-14.

[5] 唐兴军．嵌入性治理：国家与社会关系视阈下的行业协会研究——以上海有色金属行业协会为个案［D］．上海：华东师范大学，2016.

[6] 孟欢欢，祝良，张伟．嵌入性治理理论下自发性健身团队的发展：以上海市洋泾太极拳队为例［J］．体育学刊，2017，24（6）：43-47.

入式治理结构，化解新时代我国体育治理中的基本矛盾。[1]“分层治理”是基于新时代我国少数民族地区社会分层的现状和各阶层体育需求与体育参与特征存在的差异而提出的差异性治理方式。少数民族的民族传统体育习俗和需求各不相同，民族之间的差异性决定了追求差异性正义的重要性，决定了分层治理的必要性。[2]“跨域治理”是为了解决体育公共服务中区域主义理论和公共选择理论的不足而提出的，跨域治理将集中治理和分散治理相结合，能够避免区域整体体育公共服务质量降低和区域体育职能部门“破碎化”。[3]“扁平化治理”是为了解决“科层制”管理模式下农村体育公共服务供给出现的总量不足、供需错位、供给低效等问题而提出的，这一模式强调农民体育需求的传达、农村体育公共服务主体的优化、农村体育公共服务部门的整合，应当构建沟通、决策、执行、监管扁平化的治理体系。[4]

1.2.2.2　区域一体化研究

因区域一体化研究最早发源并丰富于国外的理论与实证研究，我国学界的研究在很大程度上受国外思想的影响，早期国内区域一体化研究侧重点在对国外区域一体化理论与实践的梳理总结及如何将国外经验运用到国内区域一体化的实践上来。一方面的研究聚焦于国外区域一体化组织的一体化进程，齐军通过研究组织内部贸易流量对发展中国家区域经济一体化组织内部贸易的特点及作用进行评判[5]；金泓汎对亚太区域经济的多极化趋势进行分析[6]；赵伟从西欧经济一体化和政治一体化两个角度分析了西欧一体化的发展[7]。另一方面的研究借鉴了国外区域一体化的经验，展开了将国外经验应用到国内区域

[1] 汪文奇，金涛．从“结构化割裂”到“嵌入式治理”：重构新时代我国体育治理中的政社关系［J］．武汉体育学院学报，2019，53（7）：12-18.

[2] 秦小平，胡庆山，鲁长芬，等．新时代我国少数民族地区体育公共服务分层治理研究［J］．武汉体育学院学报，2019，53（8）：5-9，16.

[3] 马德浩．跨域治理：我国区域公共体育服务协调发展的新路径［J］．体育学刊，2019，26（6）：63-68.

[4] 王凯．农村公共体育服务扁平化治理的理论建构与路径展望［J］．体育科学，2017，37（10）：90-97.

[5] 齐军．发展中国家区域经济一体化组织内部贸易初探［J］．国际贸易问题，1987，13（3）：43-47，42.

[6] 金泓汎．亚太区域经济的多极化趋势［J］．世界经济，1989，12（3）：91.

[7] 赵伟．欧共体的区域差异、经济政策及其一体化的发展［J］．西欧研究，1992，10（6）：30-36.

一体化上的研究，黄梦平在总结国际区域经济一体化实践经验的基础上，分析了闽南三角区区域经济一体化的发展路径[1]；管世联通过分析西欧经济一体化的经验和问题，对我国区域经济发展提出设想[2]；程必定从区域经济条件和区域社会条件两个角度分析了沪苏浙皖地区发展区域经济一体化的客观性[3]。

近十几年，国内区域一体化研究重点主要集中于区域一体化的测度研究及区域一体化进程中政府职能的研究。目前，测度国内区域一体化程度的方法主要有三种：一是指标评分法，即运用层次分析法对区域一体化水平做量化分析[4]；二是价格法，即运用相对价格模型及价格指数法，借助于地区间相对价格信息测度区域商品市场一体化程度[5]；三是生产法，如踪家峰等根据各地区的国民生产总值这一集中反映经济发展的变量之间的内在联系，即协整关系和 Granger 因果关系来判断各地区一体化过程的发展与演变[6]。在以政府职能为切入点对国内区域一体化实践的研究中，有学者认为因行政区划分割而形成的行政壁垒对区域经济形成了一种刚性约束，产生了一种与区域经济一体化相悖的“行政区经济”现象，其根本原因在于政府职能未能适应我国市场经济的发展转变到位。[7] 相类似的，有学者通过对地方政府的行为分析，认为地方政府“经济人”的本性、决策选择的“囚徒困境”、片面政绩导向引发的短期行为、地区发展不平衡压力下的“超常”举措，是导致“行政区经济”的根本原因。[8]

---

[1] 黄梦平．闽南三角区区域经济一体化初探［J］．未来与发展，1987，11（2）：24-27.

[2] 管世联．西欧经济一体化与我国区域经济的发展［J］．当代经济科学，1991，13（1）：82-84.

[3] 程必定．论沪苏浙皖经济区的客观性及区域经济一体化［J］．中国工业经济研究，1992，6（2）：34-39.

[4] 陈辉煌．长三角区域经济一体化水平的测度研究［J］．中国浦东干部学院学报，2011，5（4）：129-131.

[5] 杨凤华，王国华．长江三角洲区域市场一体化水平测度与进程分析［J］．管理评论，2012，24（1）：32-38.

[6] 踪家峰，刘姗姗．基于协整与 Granger 因果分析的地区一体化进程研究：以京津冀和长三角为例［J］．地域研究与开发，2008，27（2）：30-33.

[7] 王健，鲍静，刘小康，等．“复合行政”的提出：解决当代中国区域经济一体化与行政区划冲突的新思路［J］．中国行政管理，2004，20（3）：44-48.

[8] 任维德．问题、原因、对策：区域经济一体化进程中的地方政府行为分析［J］．内蒙古社会科学（汉文版），2005，26（3）：102-105.

1.2.2.3　长三角区域一体化研究视域

其一，长三角空间结构一体化。空间结构是集聚区域最基本的属性，也是区域一体化发展的重要支撑。长三角区域在空间结构上呈现出多层次、复合式“中心—外围”分布的形态，由核心城市和周边毗邻县市构成的都市圈成为小尺度空间上的主要单元。[1] 长三角空间分工呈现出四个地域空间分工圈层格局：核心圈由上海大都市区范围内中心城区和郊区组成；次圈是由沪苏锡构成的环太湖区域；第三圈层是以两个省会城市南京、杭州为中心的圈层；最外围是随着苏浙沪两省一市要素不断外溢，安徽部分与长三角紧密联系的芜湖、马鞍山等外围城市构成的圈层。[2] 其中，城市群在区域一体化中扮演着重要角色，区域空间一体化本质上是城市空间价值与产业价值链耦合发展的结果，旨在解决城市空间资源开发与再生产。[3] 城市群发展的目标是区域一体化和协调发展，由于长三角城市群内部各城市城镇化协调发展水平不平衡，核心城市与边缘城市的空间联系较薄弱，因此应进一步加强长三角城市群一体化建设和合理利用空间资源。[4]

其二，长三角区域经济一体化。区域经济一体化是不同的空间经济主体之间为了生产、消费、贸易等利益的获取，产生的市场一体化的过程。[5] 其特征是通过要素充分自由流动，使地区间经济联系逐步增强。但要素流动的结果不应是使中心城市产生“极化效应”，而应产生“涓流效应”，即中心城市的经济能量能够向外扩散，使整个地区经济收敛增长。[6] 长三角是我国重要的区域经济中心，推动长三角区域经济一体化进程，强化长三角地区功能性平台的合作，创造创新链、资金链、产业链、政策链和监管链“五链”融合发展

---

[1] 李培鑫，张学良．长三角空间结构特征及空间一体化发展研究［J］．安徽大学学报（哲学社会科学版），2019，43（2）：148-156.

[2] 杨昊，杨上广，吴柏均．长三角区域空间结构演化与治理研究：基于区县空间尺度的分析［J］．学习与实践，2014，31（4）：5-12.

[3] 周韬．空间异质性、城市群分工与区域经济一体化：来自长三角城市群的证据［J］．城市发展研究，2017，24（9）：57-63.

[4] 范擎宇，杨山．协调视角下长三角城市群的空间结构演变与优化［J］．自然资源学报，2019，34（8）：1581-1592.

[5] 孟庆民．区域经济一体化的概念与机制［J］．开发研究，2001，22（2）：47-49.

[6] 张安驰，范从来．空间自相关性与长三角区域一体化发展的整体推进［J］．现代经济探讨，2019，38（8）：15-24.

的条件，进而推动要素市场、产品市场、市场监管联动发展。[1] 其中，产品和要素是发展区域经济一体化的主要动力，要打破产品、要素在区域之间的不合理分配局面，破除资金、产品流动等各个产业链条中的障碍，从而实现区域经济一体化的全面发展。[2] 长三角区域一体化所带来的规模经济与要素匹配效应，大大提高了区域资源要素的利用效率，促进了地区经济增长，带来了产业集聚效应，促使区域协同发展，并大幅度提高了长三角空间的开发效率和投资回报率。

其三，长三角区域社会一体化。社会是一个由政治、经济、文化、家庭、社区等若干子系统通过复杂的关系链构成的复杂大系统。区域社会一体化主要是基于社会学，以和谐社会构建为契机，从社会治理一体化、公共服务保障体系一体化、文化与活动一体化等角度，实现多元化社会的整合与协同发展。[3] 区域社会一体化的核心是区域政策一体化，通过调整、协调或对国家政策和执行的互相认可来减少管理体制所带来的区域分割的负面效果。[4] 改革开放至今，长三角社会制度一体化发展经历了从碎片化到协同化再到一体化建设的历程，实现长三角一体化必须建立一个包容性的区域协调新体制和新机制，通过制度创新，有效降低区域间要素的流动障碍，为区域一体化发展创造更便利的条件。[5]

其四，长三角区域文化一体化。区域一体化包括经济、社会、文化一体化，而区域能否实现一体化及一体化进程的深入，关键在于文化认同程度及整合能力。长三角区域一体化应是包含文化价值观念和文化生活在内的一体化，共同的文化理念和文化生活是区域经济合作的基础与延伸。[6] 长三角是全国

[1] 黄征学，肖金成，李博雅．长三角区域市场一体化发展的路径选择［J］．改革，2018，31（12）：83-91.

[2] 都泊桦，刘洪涛，廖明球．区域经济一体化与经济增长影响效应分析：基于长三角实证研究［J］．河南社会科学，2017，25（12）：55-58.

[3] 朱俊成，宋成舜，张敏，等．长江三角洲地区多中心共生及其调控研究［J］．城市规划，2016，40（2）：27-35.

[4] 张颢瀚．区域一体化转型与融合体制建设研究：以长三角一体化为例［J］．南京政治学院学报，2013，29（1）：69-76.

[5] 吴福象．长三角区域一体化发展中的协同与共享［J］．人民论坛·学术前沿，2019，28（4）：34-40.

[6] 陈雯，何雨．从文化资本到文化整合：新时期长三角一体化的重要战略［J］．现代城市研究，2009，24（10）：24-28.

文化最为丰厚的地区之一，应充分挖掘并利用现有文化资源来加快以上海为中心、以江浙为两翼的长三角文化建设。[1] 对于长三角区域而言，共同文化基础对一体化发展具有重要的推动作用。在一个国家或地域的长期历史文化发展过程中，对文化认同已经形成一股强大的力量，给其人民打上了深刻的烙印，影响着人们超越地域的经济或政治机制的选择。文化协调发展为长三角一体化提供了认同基础、精神动力和竞争优势。[2]

党的十九大报告明确指出："没有高度的文化自信，没有文化的繁荣兴盛，就没有中华民族伟大复兴。"[3] 进入中国特色社会主义新时代，在推动长三角一体化发展过程中，务必坚守以文化自信促进文化融合，以文化融合促进区域融合，以区域融合激活区域发展的原动力；务必坚守以文化更基本、更深沉、更持久的力量，为长三角区域长远发展提供持续的思想引领、精神激励和文化支撑；务必坚守以文化融合的核心方式，为长三角区域一体化发展注入最有力的文化软实力。[4]

综上所述，为了适应新时代的基本特征，贯彻落实习近平总书记关于长三角一体化发展的重要指示，要立足长三角空间结构更加合理、经济更加集中、社会更加协调、文化更加融合等更高目标，在一体化发展中充分发挥各自的优势。加快三省一市产业结构迈向中高端，构建更广阔的实践舞台，为服务新时代国家发展大局，更好地发挥其重要支撑和引领作用。

1.2.2.4 长三角体育公共服务一体化研究议题

在中国期刊全文数据库（CNKI 网络版）以"长三角公共服务"为主题进行检索，时间截止到 2019 年 9 月，共有文献 107 篇，以"长三角体育公共服务"为主题检索，共有 19 篇与之相关的文献（图 1-2），与"长三角体育公共服务"相关的文献约占与"长三角公共服务"相关文献的 17.8%。

---

[1] 洪修平．长三角文化整合应提上议程［J］．探索与争鸣，2003，19（5）：20-21.

[2] 丁宏．长三角一体化中的文化协调发展研究［J］．南京社会科学，2007，18（9）：26-30.

[3] 习近平．决胜全面建成小康社会 夺取新时代中国特色社会主义伟大胜利：习近平同志代表第十八届中央委员会向大会作的报告摘登[EB/OL].(2017-10-19)[2021-04-12].http://acftu.people.com.cn/n1/2017/1019/c67560-29596282.html.

[4] 罗贞礼．关于长三角区域一体化的新思考：以中国特色社会主义进入新时代为视角［J］．人民论坛·学术前沿，2019，28（4）：14-19.

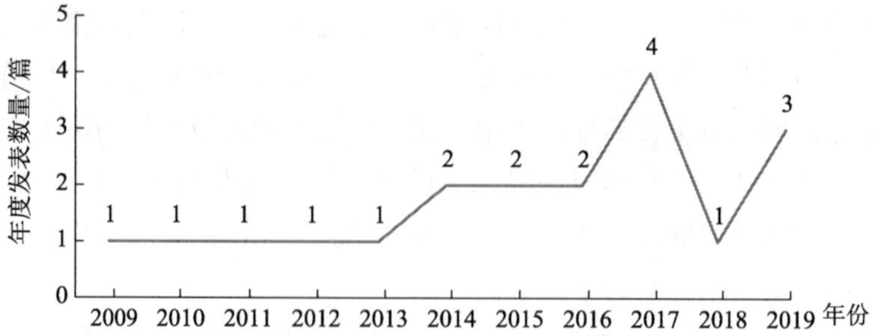

图 1-2　以“长三角体育公共服务”为主题检索研究状况及趋势

为了确保研究的准确性，进一步以“长三角体育公共服务”为题名进行检索，检索文献总量是 17 篇，时间跨度为 2009—2019 年。其中，包含中国学术期刊论文、中国重要报纸文章、优秀硕博士学位论文、会议论文等（图 1-3）。

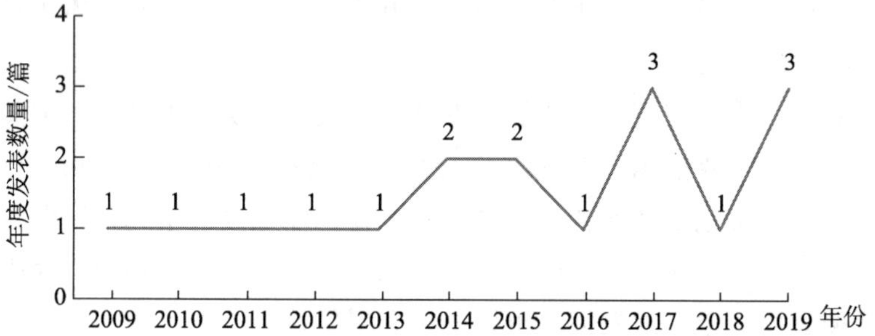

图 1-3　以“长三角体育公共服务”为题名检索研究状况及趋势

通过对检索结果进行分析发现，相近研究视域近 10 个。相对集中在三个领域，分别是长三角体育场馆相关研究、长三角一体化相关研究和长三角体育公共服务现状研究。其他研究领域相对较少，主要包含长三角居民满意度研究、长三角体育信息服务研究、长三角体育公共服务发展战略研究、长三角公共体育资源均衡分配研究等。一部分研究从对体育公共服务的需求角度出发，有学者采用文献资料法、问卷调查法、数理统计法、比较研究法等从体育场馆设施、体育组织、体育活动、体育指导、体育信息、体育监测六个维度对长三角体育公共服务发展现状及基本矛盾进行分析。[1] 类似的，有学者统计了长三角地区城乡居民对体育场地设施、体育指导、体育健身活动、体育组织、体

［1］ 周建华．长株潭与长三角地区体育公共服务发展现状的比较研究［J］．湖南工程学院学报（社会科学版），2017，27（2）：123-126.

育信息五个维度的需求层级，分析城乡居民的需求动因，并提出建议。[1] 还有学者从长三角体育公共服务供给的现状及存在的问题出发，提出分层供给的研究思路。[2]

1.2.2.5 区域间体育公共服务差异研究

对于区域差异的研究，大多数研究者都采用文献资料法、历史研究法、比较分析法及定量定性分析法。而对于区域间某些指标的差异研究，研究方法则有所不同，刘慧将研究区域差异的方法归为四类：第一类是统计学方法，其中包含变异系数、基尼系数、塞尔熵指数等；第二类是公理法；第三类是建立社会安全函数；第四类是模型法。[3] 在区域间体育公共服务差异研究中，刘洋在优化浙江省体育公共服务资源配置的对策研究中指出，浙江省经济实力位居全国前列，而其基本公共服务水平却未能入围全国前十，并指出目前浙江省体育公共服务资源配置的现状为社会体育指导员数量偏低，场地设施配置不合理、数量偏少，资金来源较单一，民族特色体育项目推广缓慢等。[4] 程华等对影响长江三角洲地区竞技体育人才投资效益的因素及对策进行研究，指出在长江三角洲区域中，江苏省体育场地资源高于全国水平，上海市与浙江省次之，而安徽省则略低于全国水平。要提高我国竞技体育人才投资效益，需要从我国竞技体育人才培养的职业化、社会化体制改革着手，放宽体育政策，鼓励和支持社会、企事业单位、个人等投资竞技体育人才培养，由原来政府型人才培养模式逐步向“政府—社会”型人才培养模式发展，解决我国竞技体育人才培养渠道单一、训练体制“一包到底”的弊端，变单轨制为多轨制，逐渐实现竞技体育人才培养的社会化。[5] 徐开娟等从区域体育产业发展角度出发，基于对长三角各省市体育产业的对比分析，就长三角地区体育产业发展态势、经验及未来发展建议进行了梳理和总结。[6]

---

[1] 夏俊彪．我国长三角地区城乡居民对体育公共服务需求的调查研究［J］．南京师大学报（自然科学版），2012，35（4）：150-156.

[2] 程华，戴健．长三角地区体育公共服务的分层供给［J］．体育学刊，2017，24（2）：57-63.

[3] 刘慧．区域差异测度方法与评价［J］．地理研究，2006，25（4）：710-718.

[4] 刘洋．浙江体育公共服务资源差异的对策研究［D］．温州：温州大学，2014.

[5] 程华，梁晓杰．影响长江三角洲地区竞技体育人才投资效益的因素及对策［J］．上海体育学院学报，2009，33（5）：58-61.

[6] 徐开娟，黄海燕．长三角地区体育产业发展态势、经验与建议［J］．中国体育科技，2019，55（7）：45-55.

1.2.3 文献综述小结

国外对区域一体化的研究，从最初的经济学视角，逐渐扩展到政治学、社会学、地理学等视角，对区域一体化的理论内涵和实践成果进行探究，为“北美自由贸易区”“欧盟”“东亚区域合作”等区域一体化具体实践提供了理论支撑。国内对区域一体化的研究，从最初的国外一体化理论的基本原理与我国的实际情况相结合的研究，逐步深入区域一体化的测度研究、区域一体化进程中政府职能的研究等领域。关于长三角一体化的研究，主要集中在空间结构一体化、经济一体化、社会一体化、文化一体化等领域。关于长三角体育公共服务的研究已十分广泛，主要集中在长三角居民满意度研究、长三角体育信息服务研究、长三角体育公共服务发展战略研究、长三角公共体育资源均衡分配研究等方面。与一体化相结合的体育公共服务研究，主要聚焦在体育场馆、体育公共服务发展现状等方面，研究还不够深入和广泛。

前期研究取得了丰硕成果，但仍有一些理论和实践问题需要深入研究：① 一体化是长三角体育公共服务发展的一种技术路径，一体化理论将如何影响长三角体育公共服务创新治理和转型发展？借助一体化理论，长三角体育公共服务的推进路径需要在哪些领域进行创新？发展目标如何设定？与之配套的理论框架如何构建？② 实现供给与需求更高水平的动态平衡，是满足人民高品质生活新需求的根本路径。目前，全民健身公共服务批量化、规模化供给方式与个性化、定制化需求构成鲜明的矛盾，在此背景下的长三角体育公共服务体制机制、服务流程、供给侧改革与需求侧管理需要哪些突破？③ 一体化促进长三角体育公共服务转型发展，本质上是运用一体化理论结合公众需求促进服务方式转型，而服务方式转型与组织能力变革密切相关。如何使理论嵌入、服务方式转型、组织能力变革三者实现内在一致性？这是一体化促进长三角体育公共服务发展的关键问题。

1.3 研究目的和意义

1.3.1 研究目的

（1）从一体化、动态发展视角，探索性研究体育公共服务新内涵。紧密围绕一体化两个核心要义（要素自由流动和高质量发展），探究有利于推动长三角体育公共服务一体化发展的新要素。

（2）通过借鉴复杂系统理论、战略管理理论、区域文化理论及协同治理理论，尝试构建长三角体育公共服务一体化理论框架、战略目标等，使体育公共服务成为解决长三角一体化问题和实现目标的助推器、突破口，为长三角一体化战略实施提供实践支撑。

（3）运用德尔菲法、差异分析法等，对长三角体育公共服务一体化发展水平进行测度，探究一体化面临的条件和环境，掌握当前长三角体育公共服务一体化发展动态，分析存在的问题并提出有效对策，判断一体化未来发展趋势。

（4）长三角城市群正在从过去的龙头城市“一极独大”“强势领跑”的单极化格局，逐步转化为“多中心”格局。体育公共服务一体化推进策略关键在于建立新型合作关系，着力点是建立旨在探求重大政策资源共享的新平台，一体化的关键是区域内资源要素的有效连接及发挥整体效应。

1.3.2 研究意义

1.3.2.1 理论意义

本书在梳理长三角体育公共服务发展现状的基础上，从理论层面深入研究推动一体化的有利因素和现实困境，对长三角体育公共服务一体化发展的管理体制、运行机制、供给主体、客体、实施效益等进行剖析，探寻一体化背景下长三角体育公共服务发展的愿景与使命、影响因素、目标体系结构等问题，提出“区域文化是长三角体育公共服务一体化发展之根、智慧城市是长三角体育公共服务一体化发展之源、数字化支撑是长三角体育公共服务一体化发展之魂”的学术判断，这是学界关于体育公共服务一体化发展研究中所未涉及的。这一提法的理论意义在于体育公共服务一体化发展需要标本兼治，既要破解当前一体化发展中出现的问题，也要逐步消除产生问题的根源。因此，本书的研究既是对体育公共服务一体化理论研究的提升及其内容的扩展，也是对体育公共服务一体化研究领域的进一步拓展。

1.3.2.2 现实意义

自我国经济社会开始由传统的计划经济体制向社会主义市场经济体制转变、经济增长方式从粗放型向集约型转变以来，体育领域最受关注的当属公共体育资源配置及其开发与利用问题；不充分、不均衡的公共体育资源与日益增长的社会需求形成了鲜明的对照，深层次的矛盾也逐渐显现，原有的公共体育资源配置模式的“短板”也“浮出水面”；长三角区域具有得天独厚的经济优势，其经济社会文化的发展水平具有鲜明的区域性和示范性的特征。面对新一轮的区域发展竞争格局，关注的焦点已从经济指标转向民生工程、文化等要素构成的软环境。对于普通民众而言，民生工程的优劣，最直接的感受就是自身的生活状态是否得到改善。公共体育资源是民生工程的“显像”之一，是改善生活方式的重要路径之一。

因此，本书研究的现实意义在于创造性地提出了“一个目标、两个维度、四方互动、六个要素”有机结合的长三角体育公共服务一体化理论框架。本书的研究可以为政府部门提升体育公共服务绩效和服务成效、服务方式和资源配置逐渐优化提供参照，为长三角体育公共服务发展决策提供依据和借鉴，对长三角体育公共服务供给侧结构性改革具有指导意义。

1.4 研究对象与方法

1.4.1 研究对象

以长三角体育公共服务一体化战略目标及推进策略为研究对象。

1.4.2 研究方法

1.4.2.1 文献研究法

利用苏州图书馆、苏州工业园区图书馆、苏州大学图书馆、苏州大学体育学院资料室、中国学术期刊网（含中国优秀硕博士学位论文全文数据库、中国重要会议论文全文数据库、中国重要报纸全文数据库、万方数据知识服务平台、维普期刊资源整合服务平台等）、国家体育总局体育资讯网、中国体育在线网、www. google. com. hk、https：//link. springer. com、沪苏浙皖三省一市的政府官方网站等资源检索、搜集、查阅大量有关本研究的文献资料（文献资料的分类及详细信息如表 1-1 所示），并对其进行科学分析，认真研讨，从而较系统地掌握本研究的概貌及最前沿的研究进展，了解国内外学者对体育公共服务理论与实践的研究概况，为深入研究沪苏浙皖三省一市体育公共服务一体化发展现状，进而提出长三角体育公共服务一体化战略目标及推进策略，提供理论支撑。

表 1-1　本研究所查阅的文献资料分类及详细信息一览表

文献资料分类	文献资料详细信息
相关政策、法规、文件	《国务院关于进一步推进长江三角洲地区改革开放和经济社会发展的指导意见》《长江三角洲地区区域规划》《长江三角洲城市群发展规划》《长江经济带发展规划纲要》《长江三角洲区域一体化发展规划纲要》《长三角地区一体化发展三年行动计划（2018—2020 年）》《江苏省人民代表大会常务委员会关于支持和保障长三角地区更高质量一体化发展的决定》《中共中央关于构建社会主义和谐社会若干重大问题的决定》《体育事业发展“十二五”规划》《全民健身计划（2011—2015 年）》《国家基本公共服务体系“十二五”规划》《“十三五”推进基本公共服务均等化规划》《长三角地区体育一体化高质量发展的若干意见》《国务院关于加快发展体育产业促进体育消费的若干意见》等
关于方法学的相关著作	《经济学原理（第 7 版）：宏观经济学分册》《经济学原理（第 7 版）：微观经济学分册》《社会学概论新修（第三版）》《逻辑学教程》《形式逻辑简明教程》《体育科研方法导论》等
关于公共服务的相关著作与文献	《中外公共服务体制比较》《社区公共服务论析》《公共服务创新》《公共财政与公共选择：两种截然不同的国家观》《政府基本公共服务标准化研究》《公共服务研究：文献综述》《公共物品非营利组织供给的理论依据》《公共服务领域中的竞争与合作》《公共服务供给主体选择的悖论及其消解策略》等
关于体育公共服务的相关著作与文献	《公共体育管理概论》《社会资本与社区体育公共服务》《上海市体育公共服务的实践与探索》《公共体育服务概念及其理论分析》《我国公共体育服务发展述评》《我国公共体育服务体系的内涵、特征与价值取向》《体育公共服务的理论框架及系统结构》《体育产业对经济社会发展的意义与价值》《关于我国体育组织体系改革的思考》《我国职业体育组织创新面临的挑战》《我国公共体育服务体系概念开发及其结构探讨》《构建完善的体育公共服务体系》《我国体育公共服务供给制度及实践路径选择探讨》《公共体育服务标准体系框架构建及运行模式》《基于 CAF 的政府公共体育服务标准运行管理研究》《公共服务背景下城市社会体育组织发展模式研究：以上海市为例》等

续表

文献资料分类	文献资料详细信息
关于公共（体育）资源配置差异性的相关文献	《基本公共服务均等化：政策目标与制度保障》《公共服务均等化：理论、问题与对策》《财政分权、地方政府行为与基本公共服务均等化》《基本公共服务均等化水平评价体系构建及应用：基于我国31个省域的实证研究》《我国基本公共服务均等化的评价指标体系构建：基于东中西部代表省份的实证研究》《差异化与均等化：我国城乡体育公共服务发展的实然困境及应然选择》《城乡公共体育服务均等化探析：以四川省成都市为例》《公共服务均等化视野中的体育管理体制改革》《杭州市城乡体育公共服务均等化评价研究》《长三角地区公共体育服务的分层供给》《我国公共体育资源配置水平差异与空间演进特征分析》《论公共体育资源配置的不平衡及改革取向》《我国体育公共服务均等化的现状：基于资源配置的多维度分析》《构建和谐社会背景下的体育资源配置公平与效率研究》等

1.4.2.2 **德尔菲法**

在确定预选指标体系的基础上，运用德尔菲法，将专家给予的评分数值作为本研究指标选取的依据。对于指标体系的确立，采用五级量表的形式进行筛选，聘请了高等教育部门、体育行政部门、体育科研院所等领域的专家共10人（表1-2），主要采用信函的方式进行了两轮专家咨询，在综合整理分析专家的意见和建议的基础上，对指标与问卷进行进一步修改，最终确立了长三角体育公共服务一体化评价指标体系。

表1-2 专家基本情况

序号	姓名	所在单位	职称/学历	担任导师
1	韩××	广州体育学院	教授/博士	博士生导师
2	程××	江苏省体育科学研究所	编审/本科	博士生导师
3	陆××	苏州大学	教授/博士	博士生导师
4	陶××	苏州大学	教授/博士	博士生导师
5	李××	苏州大学	教授/博士	博士生导师
6	冯××	沈阳体育学院	教授/博士	硕士生导师
7	张×	山西师范大学	教授/博士	硕士生导师
8	陈×	苏州市体育局	处长/硕士	—
9	刘××	张家港市体育总会	副研究员/本科	总会主席
10	温××	温州市体育局	处长/硕士	—

1.4.2.3 **分层赋值评估法**

分层赋值评估法主要依据层次分析法（Analytic Hierarchy Process，AHP）建立不同层次详细的评价因子，复杂问题分解后各组成部分称为元素，这些元素又按不同属性分成若干组。充分利用层次分析法把复杂问题分解成各个组成元素，又将各元素按支配关系分组形成递进的层次结构。通过这样的操作，评估者可将复杂问题分解为若干层次和要素，在各元素之间进行简明要素的匹配。本研究运用分层赋值评估法确立长三角体育公共服务一体化评价指标体系，包括 1 个一级指标和 23 个观测点组成的层次结构，并运用 Yaahp v7.5 对每个指标权重赋值。

1.4.2.4 **数理统计法**

在数据分析上，运用 SPSS 统计分析软件，对实地调查及专家访谈所获得的各种数据进行统计分析，对实地调查结果中的调查对象进行描述性统计。此外，还包括采用平均数、标准差、隶属度、差异系数等统计方法，对长三角体育公共服务一体化评价指标进行频度统计。

1.5 理论基础与概念界定

1.5.1 理论基础

1.5.1.1 **复杂系统理论**

复杂系统理论不仅是系统科学的前沿方向，也是复杂性科学的主要研究课题。作为一个庞大的理论体系，复杂系统理论主要包括耗散结构理论、协同理论、突变理论、混沌理论、分形理论、超循环理论、复杂适应系统理论等，这些构成了当今自然科学与社会科学探索辅助系统的理论前沿。复杂性科学被称为 21 世纪的科学。其主要目的是揭示复杂系统的动力学行为，这些动力学行为难以用现有的科学方法来解释。美国著名学者罗素·艾可夫（Russell L. Ackoff）对系统的定义是："系统是由两个及以上的因素组成，它应满足如下条件：每一个因素的行为都会影响总体行为；每一个因素的行为及它对总体的影响都是互相依赖的。"[1] 钱学森从控制论的角度提出："系统是由相互依赖

[1] ACKOFF R L. Towards a system of systems concepts [J]. Management Science, 1971, 17 (11): 661-671.

和相互制约的若干组成部分结合成的具有一定功能的有机整体。"[1] 关于复杂性，美国系统科学家和人工智能专家赫伯特·西蒙（Herbert A. Simon）在其《人工科学》一书中，将复杂性定义为："元素之间的非简单关系足以使系统的属性能够被理解，而不仅仅是系统各部分的总和。"[2] 虽然学界对复杂系统的内涵界定尚未达成共识，但对于复杂系统可能具有的关键特征，学界已达成基本共识。一般认为，复杂系统具有非线性、开放性和不确定性的特征。作为一个庞大的理论体系，其"子理论"分别选取不同的学科视角和演化"碎片"来解释复杂系统的内在特征。在复杂系统对社会治理的适用性上，已有相对成熟的研究，那就是社会治理系统的复杂性首先体现在它自组织耗散结构特性上。

根据西方众多公共行政学者的观点，过去几十年来，一个重大变化是公共事务的日益复杂，这种复杂主要指公共问题的复杂性和交叉性。复杂的公共问题跨越不同的边界：自然和地理、行政和体制及社会。因此，跨界的存在使得对复杂的公共问题给出逻辑一致的定义非常困难。[3] 在复杂社会治理创新的相关问题讨论中，学者们一致认为，政府在行动过程中应逐步让位于社会组织、社会力量、公众等其他主体，社会治理模式应逐步由政府治理向社会治理转变。当政府完成从"控制型"到"服务型"的角色转变时，社会治理的调控也要实现从刚性维稳到柔性包容的转变。工作重点从治理向民生转变，从微观向宏观转变，从人治向法治转变，从控制向服务转变，从封闭向开放转变，从静态向动态转变，从单向向合作转变。[4] 社会治理中的合作治理机制有两个关键问题：一是政府、市场、公民社会的角色、职能和责任分别是什么；二是如何在三者之间建立完善的协同机制。至于社会治理能力的提高，第一个维度是着力解决社会问题和社会矛盾；第二个维度是解决公共服务供给不足的问题；第三个维度是有意识地激发社会力量参与。

综上所述，体育公共服务的复杂性主要表现为：① 体育公共服务供给的非线性、开放性、不确定性等特征，如全国体育公共服务供给总体差异、区域

[1] 钱学森，等. 论系统工程：新世纪版［M］. 上海：上海交通大学出版社，2007：10.

[2] SIMON H A. The sciences of the artificial [M]. 3rd ed. Cambridge: The MIT Press, 1996.

[3] TEISMAN G, BUUREN A V, GERRITS L. Managing complex governance systems: dynamics, self-organization and coevolution in public investments [M]. New York: Routledge, 2009.

[4] 魏礼群. 积极推进社会治理体制创新［N］. 光明日报，2014-06-20（1）.

差异、省域内差异的非线性、不确定性问题；② 体育公共服务供给跨越了自然边界和地理边界、行政边界和机构边界及社会边界，如长三角一体化发展，京津冀、粤港澳大湾区协同发展中的体育公共服务问题；③ 社会组织、市场力量、公众等其他主体参与体育公共服务治理；④ 体育公共服务供给的治理格局从“管控型”到“合作型”的角色转换；等等。

1.5.1.2 战略管理理论

战略管理理论属于管理学的分支，是现代管理理论中的一项重大发展和突破。1965 年，美国著名战略家伊戈尔·安索夫（H. Igor Ansoff）在《企业战略》一书中开始使用“战略管理”一词，将战略延伸至经济管理活动。在全球经济一体化的大趋势下，国家间的相互影响加剧，竞争环境日趋复杂。因此，组织的发展前景越来越不明晰，组织保持长期竞争优势的难度日益增大，这就要求管理者能够做出更多的长期战略决策。战略管理理论就是在这样的背景下产生的。战略管理理论的内涵是组织策略的制定、实施、控制和调整的过程。主要锁定组织如何实现自身利益的最大化，如何运用最优方式实现预期目标，如何发挥自身优势建立起与外部环境相协调的内部管理机制，如何实现资源最优组合等问题。

战略管理理论的基本观点如下：

（1）战略是定义一个组织的短期和长期目标并管理组织为实现这些目标而拥有资源的过程。

（2）战略管理需要考虑组织内外部环境与发展规划的匹配关系，以及整体战略与长期关系。

（3）战略管理包括：通过资源的优化配置和高效利用，使组织资源的效用最大化；组织所需要的战略环境需要利用自身的资源进行创造；研发和创新可以为组织带来更多的价值。

由此可见，战略管理一般用于企业管理，即对企业的良性发展进行决策管理，但是随着战略管理概念的延伸与拓展，战略管理也越来越多地被广大学者用于相关领域的研究。本书试图从战略管理视角出发，对长三角体育公共服务一体化进行研究。针对该地区的体育公共服务一体化发展，制定完善而全面的发展计划，建立一种健康可持续的发展模式，对该地区的体育公共服务一体化高质量发展有一个清晰明确的战略定位。从战略管理视角对长三角体育公共服务一体化进行研究，以期达到理想的研究目标与研究结果，为长三角体育公共服务一体化发展提供新的思路与借鉴。

1.5.1.3 **区域文化理论**

区域文化指的是在特定的区域范围内，由特定群体创造出来的物质财富和精神财富的总和，是该区域社会经济和政治形态的外化。[1] 作为特定区域内思想意识的总和，区域文化的形成反映了历史发展的整体脉络和特定区域、特定人文历史境遇，也使该区域的人文特色得以定型，并与其他区域的文化特征相区分。区域文化是一个广义的概念，由于其限于特定的历史文化和时代文化的时空条件，因此可进一步分为地域文化和地方文化两种形态，这种划分能够体现出国家在形成过程中区域文化的历史进程。

区域文化理论的基本观点如下：

（1）区域文化是不同区域生活社区在文明进程的实践活动中共同创造的，也是在民族和国家形成过程中不断发扬的。

（2）区域文化是在历史的进程中逐步形成的，以自然地理和经济地理为基础，是在行政区划和建设过程中实现的。区域文化是由生活社区创造的，区域文化的边界往往在行政区域之外。

一般而言，在不同的自然地理环境、人文社会环境和历史发展脉络下形成的区域文化各具特色，在此基础上整个国家和民族的文化也得以形成。任何一个国家或地区的地理环境都存在较大差异，并且在政治、经济和文化的不断演变过程中，各种文化群体和流派的交流与碰撞更加激烈，无论是碰撞的深度、广度还是频度都会出现一定程度的不一致；加之不同地区通过长期的积累形成的独特但不对称的文化心理积淀，都会对该地区的传统习俗、风土人情和该地区人们的性格特色及心理特征产生直接或间接的影响，并因此创造出风格各异、稳定成熟的文化成果。本书试图从区域文化视角出发，对长三角体育公共服务一体化进行研究，以期达到理想的研究目标与研究结果，为长三角体育公共服务一体化发展提供新的思路与借鉴。

1.5.1.4 **协同治理理论**

在当前中国的学术语境中，与治理主体多元化相关或相似的概念较多，如协同治理、合作治理、网络治理、多层级治理、元治理、治理体系重构、公共

---

[1] 李浩．区域文化视角下的区域经济发展路径创新［J］．改革与战略，2012，28（5）：125-127.

性扩散、治理网络化、多元参与治理、治理多中心、治理去中心等。这使得治理概念的厘定表现出较强的弹性。上述与治理主体多元化相关的概念，它们描述的实质均是治理权力不再由政府独立把控的现象。

协同治理理论根植于协同学，其概念是 20 世纪后期在治理理论的迅猛发展中由学者提出的。协同治理是一种治理理念，是为了应对治理危机中的复杂和不平衡问题。强调多主体需要在利益共同体的基础上采取集体行动，相互配合、相互协调、共同进步，实现协同治理优势。[1] 协同治理是伴随着国家治理现代化进程而兴起的一种被实践证明为行之有效的治理方式。[2]

对于协同治理的基本要素和作用机理，可从以下四个层面来解读：第一个层面，治理主体的多元化是实现协同治理的基本前提。多元治理主体不仅包括政府部门，还包括社会组织、企业、个人等。这些治理主体具有不同的价值评判标准和利益诉求，集聚不同的优势资源，彼此之间保持竞争和合作关系。第二个层面，协同治理的目标指向的是社会公共事务，旨在处理社会公共问题、保障和达成社会公共利益。第三个层面，多元主体的存在决定着协同治理权威的多元化。政府部门不再是权威性的唯一“代言人”，社会组织、企业等其他社会主体在适宜范围内也可以发挥和体现其社会公共事务治理的权威性。第四个层面，遵循共同的行动规则。协同治理是多元主体共同参与的行为，其过程也是多主体均认可的共同行动规则制定的过程。行动规则也是约束多主体的基本准则，主要以政策、方针、法律制度等形式呈现。[3]

从长三角体育公共服务发展实际来看，行政壁垒的存在导致长三角体育公共服务资源要素流通不畅、供给水平存在地区差异。长三角体育公共服务一体化的推进，单靠一个行动主体很难实现，需要多元主体协同参与，需要构筑彼此信任和共同利益追求，需要各主体在竞争和合作中寻找分化与整合的路径并实现治理效果的优化[4]，需要基于协同治理理论的理论范式、治理模式等进行探析并给予支撑。

[1] 刘建伟．习近平的协同治理思想［J］．武汉理工大学学报（社会科学版），2018，31（1）：51-56.

[2] 田培杰．协同治理：理论研究框架与分析模型［D］．上海：上海交通大学，2013.

[3] 孙彩红．协同治理视域下政府资源整合与组织能力分析：以新冠肺炎疫情防控为例［J］．四川大学学报（哲学社会科学版），2020，66（4）：59-66.

[4] 李汉卿．协同治理理论探析［J］．理论月刊，2014，36（1）：138-142.

1.5.1.5 **研究的理论借鉴**

复杂系统理论、战略管理理论、区域文化理论及协同治理理论的内涵与基本观点，为本研究提供了理论基础和理论交叉互补的支撑。

从研究的角度来看，长三角体育公共服务一体化研究较为复杂，包含众多学科领域、视角、问题等，借鉴单一或较少的理论无法描绘出长三角体育公共服务一体化的全貌。上述理论在阐释长三角体育公共服务一体化的视角、线路及其价值关联方面均有各自特点，这些理论对本研究的指导作用表现如下：

（1）复杂系统理论为长三角体育公共服务一体化研究提供了贯穿全文的内容框架、主要研究内容的架构。

（2）战略管理理论为长三角体育公共服务一体化战略目标研究提供了构建战略目标必备的理论基础，如长三角体育公共服务一体化的愿景和使命、影响长三角体育公共服务一体化战略目标制定的因素、战略目标的内涵、战略目标制定的基本依据、战略目标制定的要求、战略目标制定的原则等，也为战略目标的构建与论证提供了借鉴。

（3）区域文化理论为长三角体育公共服务一体化研究提供了理论研究的逻辑起点，区域文化所包含的信仰、价值观、规范、习俗等要素，是体育公共服务一体化发展的重要推动力。

（4）协同治理理论主要是针对提升长三角体育公共服务一体化协同治理的成效来分析的。其中，协同治理的关键变量、理论范式、治理模式及治理策略，为强化长三角体育公共服务一体化协同治理提供了参考。

长三角体育公共服务一体化研究本身是跨学科的研究，从理论基础层面来看，融合了众多学科的理论。在这样的背景下，若仅采用单一的理论进行探究，必将因某一理论所固有的针对性和侧重点而无法弥补研究的局限性。因此，本研究尽可能以复杂系统理论为基础，以战略管理理论、区域文化理论为方向，以协同治理理论为应用拓展，通过四种理论的有机互补，为长三角体育公共服务一体化研究奠定坚实的理论基础。

1.5.2 概念界定

1.5.2.1 **体育公共服务**

新时代我国社会主要矛盾是人民日益增长的美好生活需要和不平衡不充分的发展之间的矛盾，体育公共服务的内涵及作用也随着社会发展不断地丰富和拓展。新时代的体育公共服务实践是与健康中国结伴同行，以增强人的体质与健康水平为根本目标的国家行动，是政府主导、社会力量参与、个人自愿、公众监督、全民共建共享的公共组织行为。公共组织行为按行为主体类别不同可分为政府组织行为、各个部门组织行为和非政府组织行为。因此，对新时代的体育公共服务内涵做出如下阐释：体育公共服务是指中央或地方政府利用公共权力和公共资源，为满足公民的公共体育需求而直接或间接提供的公共体育产品和服务。

从以往体育公共服务内涵、要素的研究来看，体育公共服务主要包括健身设施服务、健身组织服务、体质监测服务、健身指导服务、体育活动服务、信息咨询服务等。[1] 随着研究的深入和体育公共服务的不断发展，体育公共服务内涵和外延的适度拓展已成为当下急需深入研究与阐释的主要问题。

本研究对体育公共服务内涵的界定，主要基于长三角一体化的核心是要素流动和高质量发展这一前提，确立体育经济服务要素、体育文化服务要素、体育信息服务要素、体育赛事活动服务要素、体育政策服务要素及体育生态旅游服务要素。体育经济服务要素及体育生态旅游服务要素在以往体育公共服务内涵和要素中并不常见。本研究之所以将其纳入体育公共服务范畴，主要基于“一体化是实现资源要素的无障碍自由流动和地区间的全方位开放合作，高质量发展将在基础设施、公共服务、产业创新、生态保护等多个领域共同推进”[2] 的理念。体育经济服务要素主要指政府财政投入、社会组织参与投资等。体育生态旅游服务要素的纳入，遵循了长三角文化和旅游联盟联席会议倡导的“有界”变“无界”方案的指导思想。体育经济服务要素、体育生态旅游服务要素既具有产业属性，也具有公共服务属性，故将其纳入长三角体育公共服务一体化范畴，具有探索实践意义。

这样界定的体育公共服务的内涵主要阐明：第一，体育公共服务必须是满足公共需求的体育产品和服务，而满足个性化的私人需求的体育产品和服务不属于体育公共服务的范畴。第二，体育公共服务以公共权力投入或公共体育资源投入为标志。如果公共体育资源在提供服务过程中没有得到利用和受到公共

[1] 樊炳有，高军．体育公共服务：内涵、目标及运行机制［M］．北京：人民体育出版社，2010：70-73.

[2] 张文晖，孙秋霞，冯玲玲，等．长三角如何实现“一体化”与“高质量”发展？［EB/OL］(2019-05-14)［2021-04-12］. http://www.china-news.com/cj/2019/05-14/8836719.shtml.

权力干预，就不能被视为体育公共服务。第三，体育公共服务的提供可以是直接的，也可以是间接的，并受公众监督。各级政府是体育公共服务的统筹者、安排者，可以直接生产，也可以通过社会力量参与提供体育公共服务。

综上所述，在长三角一体化上升为国家战略的时代背景下，从动态的、一体化发展的视角来看，体育公共服务应被赋予新的内涵：即从传统的健身设施服务、健身组织服务、体质监测服务、健身指导服务等，逐步拓展到具有自由流动属性和高质量发展潜质的体育经济服务、体育文化服务、体育信息服务、体育赛事活动服务、体育政策服务、体育生态旅游服务等，以契合一体化发展的需求。

1.5.2.2 战略目标

战略目标是对国家战略经营活动预期取得的主要成果的期望值。战略目标的设定，同时也是对国家宗旨的展开和具体化，是对国家宗旨中确认的管理目的、社会使命的进一步阐明和界定，也是对国家或地区在既定的战略管理领域展开战略管理活动所要达到水平的具体规定。战略目标是国家使命和功能的具体化，一方面，与国家生存有关的各个部门都需要有目标；另一方面，目标取决于各个部门的不同战略。因此，战略目标是多元化的，既包括管理目标，又包括非管理目标；既包括定性目标，又包括定量目标。尽管如此，各个部门需要制定目标的领域却是相同的，所有部门的生存都取决于同样的一些因素。

《规划纲要》对长三角一体化战略定位和发展目标的界定如下：战略定位主要围绕全国发展强劲活跃增长极、全国高质量发展样板区、率先基本实现现代化引领区、区域一体化发展示范区、新时代改革开放新高地等内容；发展目标集中在城乡区域协调发展格局基本形成、科创产业融合发展体系基本建立、基础设施互联互通基本实现、生态环境共保联治能力显著提升、公共服务便利共享水平明显提高、一体化体制机制更加有效等方面。依据《规划纲要》，本书中的长三角体育公共服务一体化战略目标主要指“体育公共服务发展强劲活跃区、体育公共服务现代化引领区和体育公共服务高质量供给示范区”。

1.5.2.3 推进策略

推进策略是指国家以地方政府为主要促进对象，通过地方政府人员的工作，把政策措施以不同方式推进，最终促进经济社会发展的有效措施和方法。

推进策略运用的条件是国家与地方对政策前景一致看好，双方愿意合作。运用推进策略对于地方发展而言风险较小，发展周期短，投资回收快，但同时需要地方政府的理解与配合。长三角体育公共服务一体化推进策略主要包括提升一体化发展原动力、健全一体化发展推进机制、强化区域一体化的协同治理及探索数字化支撑的实践路径四个方面。

1.5.2.4 长三角体育公共服务一体化

长三角体育公共服务一体化以长三角一体化国家战略为依据，坚持“共建、共享、共治”发展理念，推动体育政策、体育经济、体育文化、信息服务、赛事活动、体育旅游一体化发展，形成“政府、市场、社会组织、公众”四方互动的组织体系，构建体育公共服务发展强劲活跃区、体育公共服务现代化引领区、体育公共服务高质量供给示范区目标体系，开创社会动员能力强、资源要素自由流动性好、公众满意度高的新发展格局。

概念界定表明，长三角体育公共服务一体化不是区域同质化，要体现城市的禀赋优势，突出城市的功能特色；也不是要素分布均匀化，是基于紧密的命运共同体、利益共同体和责任共同体的原则，在平等互利的基础上破除要素流动壁垒，统筹体育政策、体育经济、体育文化、信息服务、赛事活动、体育旅游六大要素流动。以区域体育政策为支撑，以体育文化认同为根基，以信息服务互通、赛事活动互联为载体，以体育旅游为特色，从城市自身的体育公共服务要素禀赋出发，强化错位发展。目的是促进数据共享和平台互通，提升体育公共服务便利化、标准化水平；建立一体化政府监管体系，促进生活品质和体育公共服务的整体改善；打破行政壁垒和条块分割，促进体育公共服务资源的合理流动与优化配置；发挥政府、市场、社会多重优势，提高体育公共服务的统筹度和满意度。

1.6 研究思路与创新

1.6.1 研究思路

（1）核心导向。理论与实践相结合，体现本研究的理论价值及实践性。本研究的理论价值在于构建一个长三角体育公共服务一体化理论框架，并提出长三角体育公共服务一体化发展的战略目标。实践性是突出长三角体育公共服务一体化发展的推进策略，就是解决长三角体育公共服务实践中的“一体化发展”问题。

（2）理论工具。将复杂系统理论、战略管理理论、区域文化理论及协同治理理论相结合，体现本研究的整体效应和目标导向。应对体育公共服务复杂性是新时代必须面对的课题，理论研究表明，长三角体育公共服务发展涉及诸多领域，仅靠体育系统是无法完成的，需要从一体化的视角去审视。

（3）逻辑思考。长三角体育公共服务一体化战略目标及推进策略研究基于两个核心问题：① 构建长三角体育公共服务一体化的战略目标；② 提出长三角体育公共服务一体化的推进策略。前者是后者的研究导向，后者是前者的实现保障。战略目标的提出，既要依托多学科知识融合，更要立足于长三角体育公共服务一体化的发展现状、现有优势及存在的问题。只有基于对现实情况的精准调研，才能制定客观、全面的战略目标。同时，构建长三角体育公共服务一体化理论框架并对其核心构成要素进行论证、分析，对更准确地把握战略目标的核心内涵具有重要意义。因此，本书按照长三角体育公共服务一体化现实基础—理论框架—战略目标—推进策略这一逻辑主线展开研究。

（4）框架构建。体育公共服务转型发展与长三角体育公共服务一体化理论框架相结合，体现本研究的“价值命题”。一体化目标的实现应紧紧围绕“资源要素自由流动”和“高质量发展”两个维度，借助“政府、市场、社会组织、公众”四方互动，协同“六个要素”，就是回应社会诉求，解决群众健身难问题。首先要改革体育公共服务供给理念，将物化服务提升为内涵式服务，树立“以人民为中心”的服务思想，倒逼长三角体育公共服务向一体化方向发展。

（5）分析模块。通过对长三角不同区域体育公共服务一体化发展阶段和水平进行分析，研判长三角各区域体育公共服务处于重点突破阶段的现实情况：长三角一体化已上升为国家战略，长三角体育公共服务发展态势好，但区域差异依旧明显；重点应从经费支持、场地设施、体育组织、体质监测、信息宣传等方面进行分析，而上述因素是直接影响一体化目标实现的关键要素。

本书具体的研究思路框架如图 1-4 所示。

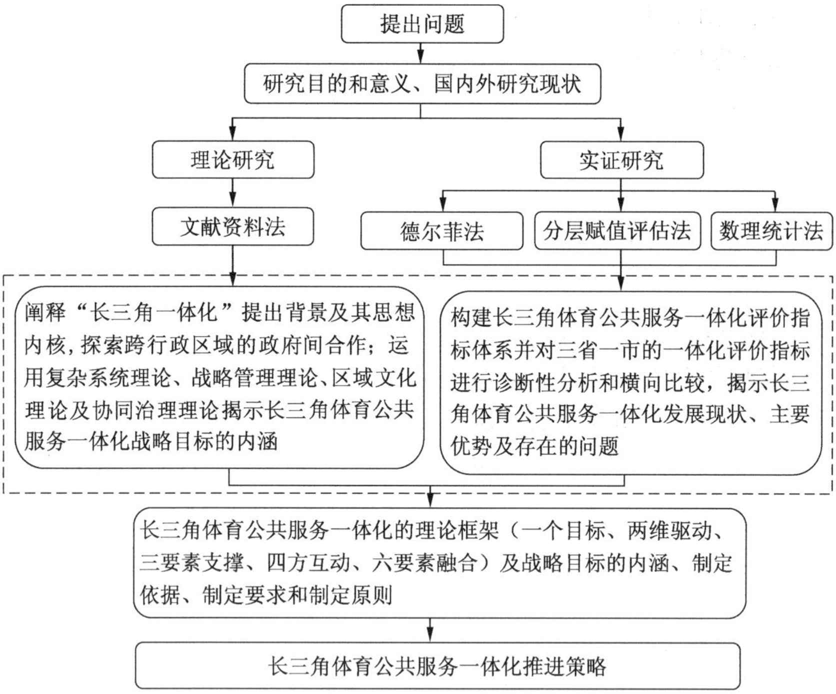

图 1-4　研究思路框架图

1.6.2　研究创新

本研究综合运用多学科的理论与方法，一方面，注重理论研究；另一方面，充分考虑长三角体育公共服务一体化发展的实践应用，在理论与实践相结合的基础上，提出一体化理论框架。本研究的创新点主要体现在以下几个方面。

1.6.2.1　学术思想创新

目前，有关长三角体育公共服务一体化的研究，仅从局部视角进行分析，未从整体视角进行研究。本研究提出从目标、维度、要素等视角，构建长三角体育公共服务一体化理论框架，本身就是一个理论创新过程；从一体化发展原动力、推进机制、协同治理、实践路径等层面，提出针对一体化发展的推进策略，体现学术思想的创新。

1.6.2.2　学术观点创新

本研究提出长三角体育公共服务一体化的战略目标，从愿景和使命、制定依据、制定要求、制定原则、核心内涵、体系架构等层面进行探究；对战略目标的“体育公共服务发展强劲活跃区、体育公共服务现代化引领区和体育公共服务高质量供给示范区”三个子目标进行阐释，并提出战略目标的评估措施，体现学术观点的创新。

1.7 研究内容

第一部分，导论。注重介绍研究背景，提出研究问题，明晰研究对象和方法，阐明研究的目的和意义，并对相关研究内容进行综述分析。

第二部分，长三角体育公共服务一体化现实基础。通过对长三角体育公共服务一体化的现实考察，进行一体化测度和问题阐释，揭示长三角体育公共服务一体化面临的困局。

第三部分，长三角体育公共服务一体化理论框架。这是本研究的核心问题之一，主要从框架构建依据、框架结构及其要素解析、框架动态优化等方面进行研究。

第四部分，长三角体育公共服务一体化战略目标。这是本研究的另一个核心问题，主要从一体化的愿景与使命、战略目标内涵、战略目标体系架构等方面进行分析。其中，战略目标主要从确立依据、确立要求、影响因素等方面进行论述；战略目标体系架构主要从构建体育公共服务发展强劲活跃区、体育公共服务现代化引领区、体育公共服务高质量供给示范区等层面进行阐释。

第五部分，长三角体育公共服务一体化推进策略。主要在综合分析有利因素、现实困境、理论框架和战略目标的基础上，探讨一体化的原动力、推进机制、协同治理、实践路径等问题。

2 长三角体育公共服务一体化现实基础

2.1 长三角体育公共服务一体化测度分析

2.1.1 长三角体育公共服务一体化评价指标体系的内涵和目的

从社会学角度来看，一般认为指标具有表征社会现象的操作性意义，而指标体系具有把握事物本质的集合性意义。长三角体育公共服务一体化可以有效弥补长三角体育公共服务在满足人民日益个性化、差异化、多元化的公共体育需求方面的不足，生产出更多个性化、多样化的高质量公共体育产品和服务。长三角体育公共服务一体化的内容十分丰富，因此其评价指标体系是由若干具有内在联系的指标组成的，能够综合、全面、客观评价长三角体育公共服务一体化发展现状的指标集合。长三角体育公共服务一体化评价指标体系是对长三角体育公共服务一体化发展现象进行具体化和操作化的结果，是长三角体育公共服务一体化评价的基础。科学构建长三角体育公共服务一体化评价指标体系，对长三角体育公共服务一体化进行实证研究，有助于掌握长三角体育公共服务发展现状，进一步明晰长三角体育公共服务一体化发展的共享程度、协同程度、开放程度和创新程度，为政府部门制定科学、合理的体育公共服务政策提供指导。同时，为政府部门更合理地使用公共权力、更高效地运用公共资源，为人民提供更多、更优质的公共体育产品和服务提供参考。因此，在构建长三角体育公共服务一体化评价指标体系时，首先需要对其进行系统分析，对总系统与子系统之间、子系统与子系统之间的关系有清晰的认识，在这个基础上建立评价指标体系，这样后续工作才能顺利进行。

对于长三角体育公共服务一体化发展现状的认识活动即是一种评价活动，为了能够更加客观、准确地对长三角体育公共服务一体化发展水平进行评价，需要借助一定的规范程序和方法。在对长三角体育公共服务一体化进行综合评价的过程中，构建长三角体育公共服务一体化评价指标体系是整个评价活动的关键，它是评价者对长三角体育公共服务一体化认识的直接反映，也是长三角体育公共服务一体化测度活动顺利开展的前提。因此，本研究在进行长三角体育公共服务一体化测度前，首先确立了一级维度，主要包括经费支持、场地设施、体育组织、赛事活动、健身指导、体质监测和信息宣传七个方面。

2.1.2 长三角体育公共服务一体化评价指标体系的确立

2.1.2.1 评价指标体系确立的程序

长三角体育公共服务一体化是一个由多种要素组成的复合体。对于这样一个复杂的测度客体，本研究采用多指标综合评价方法来评价其现实发展状态。多指标综合评价方法是将多个被评价事物不同方面且量纲不同的统计指标转化成无量纲的相对评价值，并综合这些评价值以得出对该事物的一个整体评价的方法系统。[1] 长三角体育公共服务一体化评价指标体系确立的流程如图 2-1 所示。

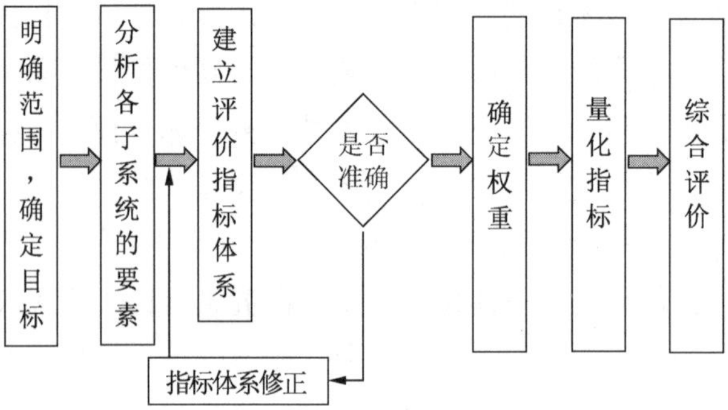

图 2-1 长三角体育公共服务一体化评价指标体系确立的流程图

基本步骤如下：

(1) 选取评价指标的主要测量维度，建立评价指标体系。

(2) 确定每个指标在评价指标体系中的权重。

(3) 根据被评价事物的实际情况，将指标实际值转化为指标评价值，即

[1] 完世伟. 区域城乡一体化测度与评价研究：以河南省为例 [D]. 天津：天津大学，2006.

无量纲化。长三角体育公共服务一体化各指标实际值的量纲是不相同的，不能直接综合在一起。因此，运用多指标综合评价问题的关键就是将各指标实际值转化为评价值。本研究采用模糊隶属度函数法对各指标的“实际数据”进行标准化处理，计算其综合得分，即实现两个基本变量间的转化。

（4）将各指标评价值加总，得出综合评价值。

2.1.2.2 评价指标的选取原则

长三角体育公共服务一体化评价指标体系是由多个指标要素合理组合形成的一个有机集合体。同其他指标体系构建一样，需要遵循一定的原则。这些原则为长三角体育公共服务一体化评价确定了目标和评价标准，使评价更加科学化、规范化，保证了评价的公开、公平、公正。构建长三角体育公共服务一体化评价指标体系要考虑以下四个原则。

2.1.2.2.1 科学性

评价指标的选取应具有代表性，覆盖面要广。要运用科学的理论和方法，指标体系的结构和层次要合理，符合长三角体育公共服务一体化评价指标体系设计的逻辑思路。评价指标体系中的每一个指标都应能够独立地反映系统的某一方面或不同层次的服务，避免交叉重复，不同地区的供给能力应具有可比性。

2.1.2.2.2 目标导向性

评价指标体系的构建是为了对实际效果进行评价，并在此基础上控制被评价对象的行为，引导它们走向目标，即对长三角体育公共服务一体化进行评价的目的，不仅在于评价其优劣程度，更在于重视体育公共服务一体化的各个因素和环节，提高一体化服务质量，使体育公共服务向着正确的方向和目标发展。

2.1.2.2.3 全面性

评价指标体系应具有广泛的适应性，体育公共服务内容的多样性决定了体育公共服务一体化评价的复杂性。因此，在对长三角体育公共服务一体化进行评价时不应局限于宏观，而应从基础、运用、支撑三个层次分析长三角体育公共服务一体化的主要内容和项目，其指标要素的选择必须全面。

2.1.2.2.4 可操作性

评价指标的设计要做到概念明确、定义清楚，能够方便地采集数据与收集情况，满足简单易用的要求。因此，指标的选取应遵循可操作性原则。可操作性可以从可获取渠道和可量化程度两个方面进行衡量，评价指标应选取实践过程中可以获得的信息和数据，并尽可能选取相对量的评价指标，避免地区间的差异。

2.1.2.3　**评价指标体系的确定方法**

在确定评价指标体系时，指标的设计者往往为片面地追求评价指标体系的全面性，而未能避免评价指标过多导致评价者在判断时出现错觉和混乱、其他指标的权重减小造成评价结果失真等问题，这时就有必要删除一些权重较小的指标。本研究主要采用频度统计法，对目前有关长三角体育公共服务一体化评价的指标进行频度统计，选择那些使用频度较高的指标（附录3）。具体方法如下：

（1）算术平均数：它是一组数据相加后除以数据的个数得到的结果，是反映数据集中趋势的一项指标。代表专家评价意见的集中程度，其数值越大，说明指标越重要。

假设$\overline{X}_j$表示第j个指标的算术平均数，共有m个专家对第j个指标进行评分，x表示专家评分。其计算公式为

$$\overline{X}_j = \frac{x_1 + x_2 + \cdots + x_m}{m} = \frac{\sum_{i=1}^{m} x_i}{m}$$

（2）标准差：它是方差的算术平方根，反映指标值与其算术平均数的偏离程度。代表专家意见的协调程度，其数值越小，说明专家们对指标重要性的协调程度越高。

假设SD_j表示第j个指标的标准差，共有m个专家对第j个指标进行评分，x表示专家评分。其计算公式为

$$SD_j = \sqrt{\frac{1}{m}\sum_{i=1}^{m}(x_i - \overline{X}_j)^2}$$

（3）隶属度：代表专家认为每项指标的重要程度，其数值越大，说明指标越重要。

（4）变异系数：也称变差系数、离散系数、差异系数，用CV表示。它是一组数据的标准差与其算术平均数之比，是一项测算数据离散程度的相对指标。变异系数的值越大，则表明变异程度越大。其计算公式为

$$CV = \frac{SD}{\overline{X}} \times 100\%$$

2.1.2.4 **评价指标的筛选与修正及权重赋值**

2.1.2.4.1 建立经验预选指标体系

通过文献研究收集与整理体育公共服务一体化的相关资料，着重关注文献中与体育公共服务、一体化测评、指标体系构建相关的研究。从能够反映长三角体育公共服务一体化程度的关键内容出发，按照“理论—概念—操作化—指标”的程序[1]，通过对间接资料的收集分析，迅速了解相关信息，并初步形成一个含7项一级指标、27个观测点的长三角体育公共服务一体化评价指标体系（附录1）。

2.1.2.4.2 指标筛选与修正

长三角体育公共服务一体化评价指标拟定后，需要运用德尔菲法进行指标筛选与修正。第一轮给出预选指标，按照一级、二级指标分别设计在第一轮专家调查问卷中，通过现场问卷调查和会议座谈的方式，采用5分制形式（5分、4分、3分、2分、1分分别表示所列指标“非常重要”“重要”“一般”“不重要”“非常不重要”），根据各项指标重要程度的不同进行评分，并征询应增减的指标、修改意见及指标的重要程度；第二轮将第一轮归纳整理后的结果反馈给被调查专家，重复第一轮的工作。经过两轮专家咨询后得到更加科学、合理的指标体系（附录3）。

2.1.2.4.3 权重赋值

用若干个指标进行综合评价时，由于各指标对评价对象的重要程度不同，因此就要赋予不同指标相应的权重。长三角体育公共服务一体化评价指标的权重是指标对评价目标重要程度的一种度量，不同的权重往往会导致不同的评价结果。本研究在权重选取的方法上，主要采用层次分析法，对评价体系三个层次指标的权重进行确定，设计并发放计算权重的对比矩阵调查表，邀请体育专家、学者进行对比矩阵打分（附录4）。经专家判断，在不同准则下，对有相互影响的层次和元素之间的重要程度进行判断并将判断结果输入Yaahp软件的群判断矩阵和节点判断矩阵中（附录5）。然后用求解判断矩阵特征向量的方

[1] 吕树庭，倪同云，丘海雄，等．建立我国社会体育评估指标体系的研究［J］．上海体育学院学报，2002，26（3）：1-5.

法，求得每一层次的各元素对上一层次某元素的优先权重，最后再用加权和的方法递阶归并各单项指标对总目标的最终权重（表 2-1）。

表 2-1 长三角体育公共服务一体化评价指标体系权重赋值表

一级指标	权重	观测点	单位	权重
1 经费支持	0. 140 9	1. 1 体育事业经费支出	万元	0. 027 8
		1. 2 人均体育事业经费	元/人	0. 069 1
		1. 3 彩票公益金用于体育公共服务工作的比例	%	0. 043 9
2 场地设施	0. 203 6	2. 1 人均体育场地面积	m^2/人	0. 107 9
		2. 2 体育场地设施数量	个	0. 045 1
		2. 3 “10 分钟体育健身圈” 覆盖率	%	0. 027 1
		2. 4 公共体育场馆的免费或低费开放率	%	0. 023 5
3 体育组织	0. 074 1	3. 1 县级以上全民健身领导、协调组织机构覆盖率	%	0. 009 8
		3. 2 体育公共服务工作的“四纳入”情况	%	0. 017 6
		3. 3 体育社会团体数量	个	0. 038 1
		3. 4 体育社会组织等级评估工作	个	0. 008 5
4 赛事活动	0. 181 8	4. 1 年承办省级以上体育赛事	项次	0. 032 8
		4. 2 年举办自主品牌体育赛事	项次	0. 022 4
		4. 3 年举（承）办群众性体育活动	项次	0. 085 5
		4. 4 举（承）办群众性体育活动参与人数	万人	0. 041 2
5 健身指导	0. 195 2	5. 1 万人拥有社会体育指导员数量	人	0. 146 4
		5. 2 新增社会体育指导员数量	人	0. 048 8
6 体质监测	0. 147 9	6. 1 体质测定与运动健身指导站点覆盖率	%	0. 020 9
		6. 2 本年度国民体质测定合格率	%	0. 077 6
		6. 3 经常参加体育锻炼的人数比例	%	0. 049 4
7 信息宣传	0. 056 5	7. 1 体育局官方网站信息发布数量	条	0. 029 7
		7. 2 媒体健身栏目覆盖率（微博微信、电视、广播）	%	0. 018 9
		7. 3 全民健身日宣传活动	%	0. 008 0

2.1.2.4.4 指标说明

（1）经费支持。

经费支持是公共体育发展的重要支撑，是保证体育活动正常发展的调控因素。经费支持在一定程度上体现了政府管理部门对体育工作的重视，对保障体育发展，特别是群众体育的发展起到了一定作用。财政支出和体育彩票公益性资金是两大主要来源。体育事业经费支出是衡量体育公共服务发达程度的重要指标。彩票公益金用于体育公共服务工作的比例，既是体育公共服务发展水平的标志，又是体育公共服务发展的决定性因素，合理的投入比例对推动体育公共服务发展具有重要作用。

（2）场地设施。

场地设施是指向公众开放的用于体育比赛训练及群众健身活动的各种场地、场馆、建筑物等。公共体育场地设施是居民进行体育锻炼的重要保障，是开展体育活动、满足居民体育需求的基本条件。人均体育场地面积和体育场地设施数量直接体现出体育场地设施规模，“10 分钟体育健身圈”覆盖率反映了体育场地设施的分布情况，公共体育场馆的免费或低费开放率则反映体育场地设施的使用情况。

（3）体育组织。

体育组织是指为满足居民体育健身、休闲需求，在政府的支持推动下或者在社会成员的自发组织下，通过一定的组织形式将社会成员整合起来的社会实体，设立体育组织有利于提高体育活动的组织性和规范性。全民健身领导、协调组织机构在体育公共服务发展过程中起着统筹引领的作用，将体育公共服务纳入政府工作报告、纳入国民经济和社会发展规划、纳入财政预算、纳入为民办实事项目，反映政府对体育公共服务的重视程度。体育社会团体的数量及等级规模，最能直观体现社会力量参与体育公共服务的过程及程度。

（4）赛事活动。

赛事活动是指以竞技体育比赛为核心内容的体育赛事活动和以全民参与为基础的全民健身活动。体育竞赛和全民健身活动是普及推广运动项目及大众体育健身参与的重要方式，其举（承）办的数量和规模是衡量体育公共服务发展活力的重要指标。自主品牌体育赛事是发挥地域体育文化魅力的重要工具，大力开发极具地方特色的精品体育赛事，对运动项目的宣传推广将起到促进作用。

（5）健身指导。

社会体育指导员向社会公众传授体育健身相关的知识、技能和方法，对组织体育健身活动，促进相应体育健身项目的普及和发展，提高公众体质健康水平，有效满足人民群众日益个性化、多样化的体育需求具有重要意义。社会体育指导员是推动我国体育公共服务事业发展的重要资源。培养足够数量、门类齐全、素质过硬的社会体育一线指导员，是促进体育公共服务良性发展的基础。

（6）体质监测。

体质监测是群众体育活动成效的“丈量尺”，是运用科学方法对国民个体的形态、机能、身体素质等进行测试与评定的方法和标准，是反映国民体质水平的重要依据。对一个地区进行体质监测的指标主要包括国民体质监测站点及队伍建设、体质监测人数及结果等方面。其中，国民体质测定合格率指标已作为衡量居民体育健康状况的重要依据，国民体质监测结果也成为广泛开展体育公共服务有效性评价的重要指标。经常参加体育锻炼的人数比例反映了体育公共服务的广泛程度、居民对体育的参与程度与亲和程度，在一定程度上反映了国民体质测定合格率，经常参加体育锻炼的人数比例与国民体质监测结果息息相关。

（7）信息宣传。

信息宣传是指政府或社会各界通过基于现代网络、计算机技术等的新媒体平台，利用全民健身日等活动开展科学健身文化宣传，将体育公共服务相关信息最大限度地传递给社会公众。体育局官方网站信息发布数量是体育信息宣传的直观体现，微博微信、电视、广播是体育文化的重要载体和传播渠道，是体育公共服务信息宣传的重要组成部分，其数量能反映文化的繁荣程度和可及程度。全民健身日宣传活动也是体育文化宣传的重要手段，是推进体育文化传播与发展的重要内容。

2.1.2.4.5 指标体系的评价方法

（1）标杆值法。

由于每个指标都有不同的维度和目标值，不具有数值上的可比性，因此每个指标都必须是无量纲的。标杆值法直接以国家规划目标值和评价标准为依据。其中，《全民健身计划》《体育发展“十三五”规划》是引导体育公共服务发展的纲领性文件，《〈全民健身计划〉实施情况评估标准》是建立综合评价体系的重要依据，也是建立各级指标尤其是一级指标的参考。本研究运用标杆值法主要从以下两个方面进行评价：

一是以纲领性文件中的目标任务为评价标准值，即当前我国体育公共服务发展状况与 2020 年预期目标之间的差距。数值高低代表目标的实现程度，而非绝对发展水平，数值越接近 100，说明目标实现程度越高。例如，《江苏省全民健身实施计划（2016—2020 年）》明确对“经常参加体育锻炼的人数”“国民体质测定合格率”“人均体育场地面积”等指标提出了预期性或倡导性目标要求。其计算公式为

$$Z_i = \frac{X_i}{X_j} \times 100$$

其中，X_i 为某个指标的现状值，X_j 为该指标的目标值，Z_i 为该指标的评分值。当 $X_i \geqslant X_j$ 时，取 $Z_i = 100$。例如，2020 年合肥市要实现人均体育场地面积 2.0 平方米以上，当年实际达成的人均体育场地面积为 1.52 平方米，则该指标分数值为 $\frac{1.52}{2} \times 100 = 76$。

二是参考《〈全民健身计划〉实施情况评估标准》中，将全民健身计划实施效果按 A 类、B 类和 C 类三类评估标准进行量化。例如，县级以上全民健身领导、协调组织机构覆盖率达 90%以上为 A 类标准，本研究将其赋值为 100 分；覆盖率达 80%以上为 B 类标准，赋值为 80 分；覆盖率达 70%以上为 C 类标准，赋值为 60 分。

（2）局部拟合法。

对于部分没有明确目标值和评估标准的指标，应根据当地体育发展实际情况制定拟合标准，使其具有数值上的可比性，同时注意省市级采集评定标准的不同。例如，“年承办省级以上体育赛事”，其省级采集评定方法为：① 国际级体育比赛（40 分），举办 30 次国际级体育比赛计 20 分，每增加 1 次加 1 分，满分 40 分，30 次以下不计分。② 国家级体育比赛（30 分），举办 50 次国家级体育比赛计 20 分，每增加 1 次加 1 分，满分 30 分，50 次以下不计分。③ 省级体育比赛（30 分），举办 100 次省级体育比赛计 20 分，每增加 1 次加 1 分，满分 30 分，100 次以下不计分。

（3）差异分析法。

进行一体化测度是为了比较区域间体育公共服务发展水平的差异，差异分

析法就是对现象之间的差异或某一总体内部各单位之间的差异进行分析的方法。研究长三角体育公共服务一体化的差异，常用以下几种差异测算指标（表 2-2）。

表 2-2 主要的差异测算指标

测算指标	计算公式	说明
极差	$R=x_{\max}-x_{\min}$	最大值与最小值之差
极差系数	$V_R=\frac{x_{\max}}{x_{\min}}$	最大值与最小值之比
变异系数	$CV=\frac{SD}{\overline{X}}\times 100\%$	标准差与算术平均数之比

其中，$x_{\max}$和$x_{\min}$为该指标在所有评价区域中的最大值与最小值。例如，2019 年江苏省 13 个市的人均体育场地面积最高为 3. 49 平方米（苏州），最低为 1. 51 平方米（宿迁），则极差为 1. 98 平方米，极差系数为 2. 31。SD 和 $\overline{X}$为该指标在所有评价区域中的标准差和算术平均数。例如，江苏省 13 个市的人均体育场地面积标准差为 0. 54 平方米，算术平均数为 2. 53 平方米，则变异系数为$\frac{0.54}{2.53}\times 100\%\approx 21.34\%$，其数值越大，说明区域间的差异越大。

2. 1. 3 长三角体育公共服务一体化的实证分析

长三角体育公共服务一体化的程度、结果、途径如何，需要逻辑判断和客观评价。一体化评价是评判长三角体育公共服务发展是否符合当前长三角发展状况和未来发展潜能的必然过程。因此，从战略层面和区域视野，开展长三角体育公共服务一体化实证分析，凝练系统理论和支撑体系，是长三角体育公共服务一体化研究中不可或缺的内容。长三角体育公共服务一体化研究，既可以采用以定性分析为主的规划形式，也可以采用以定量分析为主的计量模型形式。然而，长三角体育公共服务一体化作为客观系统本身是一个庞杂的系统工程，任何一方面都受诸多因素的影响。因此，长三角体育公共服务一体化既是一个内部联系错综复杂的现实系统，也是一个蕴含丰富理论知识的逻辑体系。[1] 基于

[1] 阎耀军. 城市人口、资源、环境、经济、社会协调发展综合评价指标体系研究 [J]. 南方论丛，2003（2）：21-26.

此，针对长三角体育公共服务一体化的研究，不仅需要从制度层面予以规范，也需要开展实证分析。构建客观的一体化评价指标体系，从综合层面对长三角体育公共服务一体化进行客观评判分析，对深化对长三角体育公共服务一体化内涵的认识、全面把握长三角体育公共服务一体化决策依据和指向、促进长三角区域间体育公共服务发展的横向比较与借鉴、重新审视过往对长三角体育公共服务一体化评价的研究、揭示长三角体育公共服务一体化当前发展程度和未来发展趋势、明晰长三角体育公共服务一体化过程中面临的矛盾与问题、分析产生的原因并提出准确的调控建议，均具有重要意义。

2.1.3.1　数据来源

数据采集是多指标综合评价研究中的重要环节。数据的真实性、有效性，直接影响实证研究的准确性及指标体系的合理性。长三角体育公共服务一体化各项指标数据来源于上海、江苏、浙江、安徽 29 个省市级体育局官方统计资料，具体通过查阅各省市统计年鉴、政府职能部门工作报告及征询相关政府人员等渠道，收集整理 2019 年长三角体育公共服务相关数据。

2.1.3.2　指数计算

长三角体育公共服务一体化指数虽然只是一个实数，却综合了多方面的指标信息，并且反映了每一个指标信息的重要程度。因此，一体化指数的高低，综合反映了区域体育公共服务一体化发展的程度。根据多指标综合评价方法的评价步骤，选择适当的指标聚合方法（或模型），对长三角体育公共服务一体化指标进行聚合。其指数函数用线性加权和表示为

$$Z = W_1U_1 + W_2U_2 + \cdots + W_iU_i = \sum_{i=1}^{n} W_iU_i$$

其中，$\sum_{i=1}^{n} W_i = 1$，U_i 是第 i 个评价指标的数值，W_i是第 i 个评价指标的权重。根据上式及长三角体育公共服务一体化评价指标和权重，计算长三角体育公共服务一体化各项指标的综合评价指数（表 2-3 和表 2-4）。

表 2-3 长三角体育公共服务一体化指数计算结果及排名（省级）

项目	经费支持	场地设施	体育组织	赛事活动	健身指导	体质监测	信息宣传	综合评分	排名
上海	13.524	18.556	6.638	17.122	17.568	14.790	5.066	93.264	1
江苏	12.007	19.458	7.315	17.742	19.032	10.874	5.660	92.088	2
浙江	9.502	19.281	7.400	17.208	18.544	12.250	5.660	89.845	3
安徽	9.100	18.202	6.679	13.112	16.592	8.722	5.660	78.067	4
最大值	13.524	19.458	7.400	17.742	19.032	14.790	5.660	93.264	—
最小值	9.100	18.202	6.638	13.112	16.592	8.722	5.066	78.067	—
平均数	11.033	18.874	7.008	16.296	17.934	11.659	5.512	88.316	—
极差系数	1.486	1.069	1.115	1.353	1.147	1.696	1.117	1.195	—
变异系数	0.190	0.031	0.058	0.131	0.060	0.218	0.054	0.079	—

表 2-4 长三角体育公共服务一体化指数计算结果及排名（省辖市）

项目	经费支持	场地设施	体育组织	赛事活动	健身指导	体质监测	信息宣传	综合评分	排名
苏州	14.080	20.360	7.400	18.190	18.056	13.308	5.660	97.054	1
宁波	13.802	20.360	6.424	17.122	19.032	14.790	5.363	96.893	2
南京	13.641	19.909	7.230	18.190	18.544	13.061	5.660	96.235	3
杭州	12.324	18.202	7.400	18.190	19.520	14.790	5.512	95.938	4
无锡	14.080	20.360	7.210	14.765	19.520	14.296	5.066	95.297	5
常州	13.202	19.233	7.019	17.742	17.568	14.296	5.660	94.720	6
扬州	13.178	20.360	7.230	16.918	18.788	14.296	3.878	94.648	7
绍兴	11.955	20.360	7.400	18.190	16.592	13.802	5.660	93.959	8
金华	11.021	20.360	4.138	16.710	19.520	14.296	5.660	91.705	9
盐城	10.482	17.252	6.720	17.742	19.520	13.308	5.512	90.536	10
湖州	11.066	19.774	6.002	14.252	18.544	14.543	5.660	89.841	11
南通	10.573	17.654	7.315	14.389	19.520	13.308	4.472	87.231	12
合肥	11.451	16.672	7.230	18.190	11.712	14.543	5.660	85.458	13
镇江	12.924	12.984	7.230	14.322	17.909	12.814	5.066	83.249	14
嘉兴	10.723	19.821	4.140	16.672	12.200	13.308	5.660	82.524	15
泰州	12.348	18.105	6.509	11.335	13.420	13.308	5.512	80.537	16

续表

项目	经费支持	场地设施	体育组织	赛事活动	健身指导	体质监测	信息宣传	综合评分	排名
台州	6.188	18.741	7.217	17.294	8.296	14.394	5.163	77.293	17
马鞍山	11.641	12.936	4.586	9.434	16.592	10.698	8.214	74.101	18
滁州	7.187	13.417	5.331	13.372	14.884	13.099	4.801	72.091	19
芜湖	8.849	14.424	6.119	13.992	10.443	11.932	4.947	70.706	20
舟山	10.371	18.105	4.012	8.416	12.444	12.396	3.420	69.164	21
安庆	8.266	10.911	4.985	10.517	12.932	11.932	5.500	65.043	22
铜陵	13.107	7.218	3.646	9.971	9.516	12.603	5.215	61.276	23
宣城	8.266	11.534	3.121	14.729	10.004	5.688	5.500	58.842	24
池州	5.081	14.465	4.164	8.761	9.028	10.559	5.660	57.718	25
最大值	14.080	20.360	7.400	18.190	19.520	14.790	8.214	97.054	—
最小值	5.081	7.218	3.121	8.416	8.296	5.688	3.420	57.718	—
平均数	11.032	16.941	5.991	14.776	15.364	13.015	5.363	82.482	—
极差系数	2.771	2.821	2.371	2.161	2.353	2.600	2.402	1.682	—
变异系数	0.226	0.217	0.241	0.223	0.256	0.148	0.155	0.158	—

计算结果显示，长三角体育公共服务一体化水平地域差异显著。这种一体化发展特点与长三角经济差异规律不尽一致。上海市作为直辖市，辐射带动力强，经济发达，城市化水平高，体育公共服务发展也较快，因此体育公共服务一体化水平在长三角地区最高。通过变异系数的计算和分析，可以了解长三角体育公共服务一体化过程中各项内容的差异程度。从省级层面来讲，各项指标的差异程度由高到低依次为体质监测、经费支持、赛事活动、健身指导、体育组织、信息宣传、场地设施。

2.1.3.3 **实证分析**

2.1.3.3.1 综合分析

本研究根据三省一市指标的原始数据，以及体育公共服务一体化实现程度评估标准，将长三角体育公共服务一体化指数计算结果绘制成图形进行分析（图 2-2）。

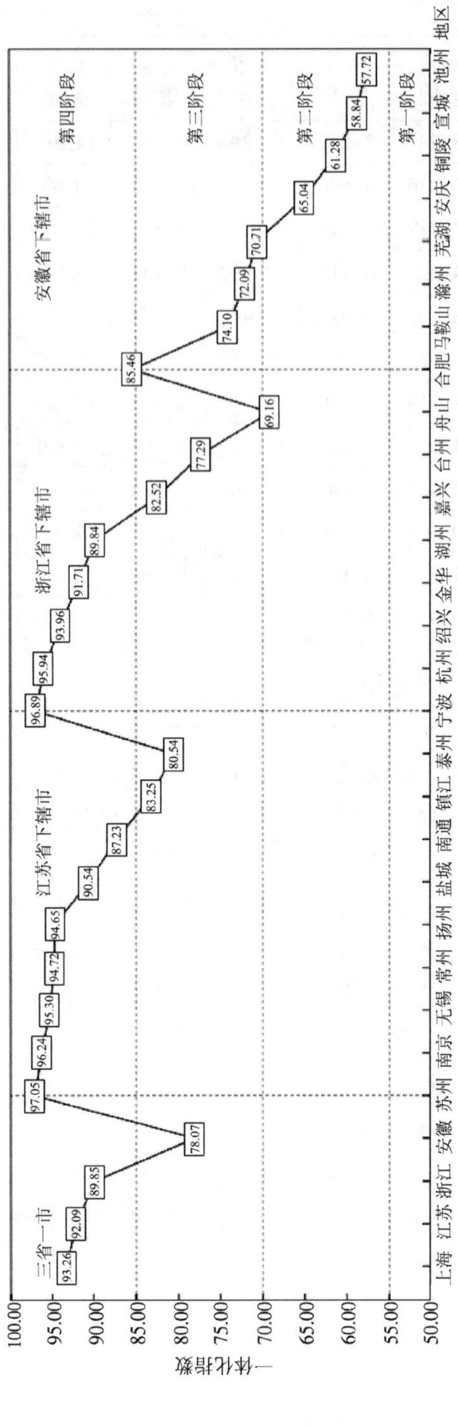

图 2-2　长三角体育公共服务一体化指数评估图

从整体上看，2019 年长三角体育公共服务发展状况良好，但不同地区体育公共服务一体化指数存在一定程度的差异。从长三角体育公共服务一体化指数的发展轨迹来看，长三角体育公共服务一体化大体可分为四个阶段：第一阶段（$Z<55$）为体育公共服务一体化缓慢发展阶段，长三角三省一市和 25 个城市均完成了这一阶段。这说明随着体育公共服务的不断发展，各项目间一体化已初见雏形。第二阶段（$55\leqslant Z<70$）为体育公共服务一体化过渡阶段。在这一阶段，体育公共服务发展差异化程度较大，原因在于：经济发展是基础，这一阶段的经济发展对公共体育的发展起到了决定性作用。其中，处于这一阶段的有舟山、安庆、铜陵、宣城、池州 5 个城市。第三阶段（$70\leqslant Z<85$）为体育公共服务一体化基本完成阶段。在这一阶段，体育公共服务一体化进一步提速，地区之间的差距进一步缩小。其中，处于这一阶段的有安徽、镇江、嘉兴、泰州、台州、马鞍山、滁州、芜湖 8 个城市（省）。第四阶段（$Z\geqslant 85$）为体育公共服务一体化全面完成阶段。随着中央一系列大力推进长三角体育一体化高质量发展政策的出台，长三角城市群体育体制逐步完善，综合实力进一步增强，一体化步入全面完成阶段。其中，处于这一阶段的有上海、江苏、浙江、苏州、宁波、南京、杭州、无锡、常州、扬州、绍兴、金华、盐城、湖州、南通、合肥 16 个城市（省）。由此可见，目前长三角多数城市已进入体育公共服务一体化全面完成阶段。

2.1.3.3.2 经费支持分析

经费支持是衡量一个区域体育公共服务发展水平的重要因素，而一个区域公共体育经费支持在一定程度上与该区域的人均 GDP 水平存在关联。本研究根据长三角体育公共服务一体化评价指标体系，综合计算出经费支持指数，并以折线图的形式将其与 2019 年长三角三省一市人均 GDP 水平做对比。通过该折线图可清楚地看出，长三角体育公共服务一体化水平与人均 GDP 水平的吻合情况（图 2-3）。

本研究将长三角 25 个城市体育公共服务一体化过程中经费支持这一综合指标进行排序，并与人均 GDP 排序进行对比。结果发现，体育公共服务一体化过程中经费支持指数虽然与人均 GDP 有很大的相关性，但并非十分吻合。换言之，人均 GDP 水平并不能代表体育公共服务一体化过程中经费支持水平，而只是反映体育公共服务经费支持的一个方面。本研究将对比结果分为三组：第一组为体育公共服务经费支持指数排序与人均 GDP 排序基本吻合地区，第二组为体育公共服务经费支持指数排序高于人均 GDP 排序地区，第三组为体育公共服务经费支持指数排序低于人均 GDP 排序地区（表 2-5）。

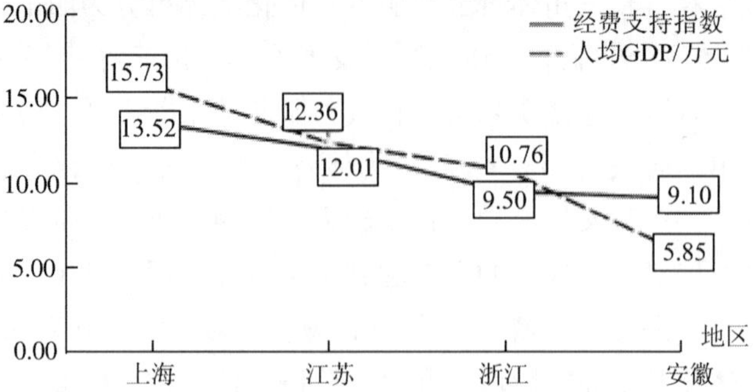

图 2-3　长三角三省一市体育公共服务一体化经费支持指数与人均 GDP 对比折线图

表 2-5　长三角体育公共服务一体化经费支持指数排序与人均 GDP 排序对比

体育公共服务经费支持指数排序与人均GDP 排序基本吻合地区			体育公共服务经费支持指数排序高于人均 GDP 排序地区			体育公共服务经费支持指数排序低于人均 GDP 排序地区		
城市	经费支持指数排序	人均GDP 排序	城市	经费支持指数排序	人均GDP 排序	城市	经费支持指数排序	人均GDP 排序
苏州	1	1	铜陵	7	23	杭州	10	2
无锡	2	4	镇江	8	16	合肥	13	7
宁波	3	5	马鞍山	12	19	南通	17	6
南京	4	3	湖州	14	18	盐城	18	9
常州	5	8	舟山	19	24	台州	24	13
扬州	6	10						
泰州	9	12						
绍兴	11	11						
金华	15	15						
嘉兴	16	14						
芜湖	20	17						
安庆	21	20						
宣城	22	22						
滁州	23	21						
池州	25	25						

通过分析体育公共服务经费支持指数排序与人均 GDP 排序三组结果不难看出，位于第一组的地区表现出两种类型：一种是经济发展水平较高的地区（如苏州、无锡、宁波等），这些地区公共体育经费水平与经济发展水平联系紧密，这是一种高水平的吻合，也是体育公共服务一体化最终追求的一种状态；另一种是经济发展水平较低的地区（如滁州、池州等），这些地区生产力落后，区域体育公共服务发展还处于起步阶段，这是一种低水平的吻合。第二组是体育公共服务经费支持指数排序高于人均 GDP 排序的地区，多是近年来经济发展较快的地区，这些地区公共体育基础设施建设速度较快、体育产业资金要素流转较快，如铜陵、镇江等。第三组是体育公共服务经费支持指数排序低于人均 GDP 排序的地区，这些地区经济发展水平相对较高而体育公共服务发展相对滞后，如杭州、合肥等。这说明经济发展水平较高的地区，体育公共服务一体化发展不一定较好；反之，经济发展水平较低的地区，体育公共服务一体化发展也有其理性一面，经济发展水平与体育公共服务一体化发展水平并不一定正相关。

2.1.3.3.3 场地设施分析

场地设施是开展体育公共服务的重要物质保证，是体育服务民生的先决条件。2019 年，长三角地区已初步形成省、市、县、乡镇（街道）、行政村（社区）五级公共体育设施网络。从各地区人均体育场地面积和体育场地设施数量来看，2019 年省级人均体育场地面积排名从高到低依次为江苏、上海、浙江、安徽，省辖市人均体育场地面积排名前 3 的依次为苏州、南京、常州；省级体育场地设施数量排名从高到低依次为浙江、安徽、江苏、上海，省辖市体育场地设施数量排名前 3 的依次为杭州、宁波、苏州。从变异系数来看，变异系数越小，说明各地区场地设施的差异越小，均等化程度越高。调查结果表明，2019 年人均场地面积变异系数由低到高依次为浙江、安徽、江苏（表 2-6）。

表 2-6　长三角各省市体育场地设施情况（2019 年）

省级			江苏省下辖市			浙江省下辖市			安徽省下辖市		
	人均场地面积/(m^2/人)	场地设施数量/个		人均场地面积/(m^2/人)	场地设施数量/个		人均场地面积/(m^2/人)	场地设施数量/个		人均场地面积/(m^2/人)	场地设施数量/个
上海	2.38	14 462	南京	3.15	14 901	杭州	2.10	27 952	合肥	1.52	18 526
江苏	2.79	123 994	苏州	3.49	23 160	宁波	2.43	24 410	芜湖	1.70	18 310
浙江	2.34	183 472	无锡	2.84	13 305	嘉兴	2.37	15 816	马鞍山	2.00	15 263
安徽	2.00	171 100	常州	2.99	12 297	湖州	2.73	8 038	铜陵	1.35	12 106
			南通	2.50	9 481	绍兴	2.51	17 693	安庆	1.80	14 472
			盐城	2.30	6 653	金华	2.53	21 154	滁州	1.82	11 598
			扬州	2.80	8 065	舟山	2.53	8 976	池州	1.80	8 617
			镇江	2.19	6 130	台州	2.20	20 309	宣城	1.80	9 365
			泰州	2.50	6 976						
变异系数	0.136			0.153			0.083			0.117	

数据来源：由调研数据与官方网站数据整理而来。

“10 分钟体育健身圈”是指在县级以上主城区，居民以正常速度步行 10 分钟左右（直线距离在 800—1 000 米），就有一处可供开展健身活动的场馆（地）或设施。[1] 近年来，长三角各省市坚持将城市社区“10 分钟体育健身圈”建设作为群众体育工作的重要抓手和建立基本体育公共服务体系的重要内容。各级政府都有出台相应的地方性城市社区“10 分钟体育健身圈”建设实施方案或在体育产业发展“十三五”规划、全民健身实施计划及年度体育工作报告中明确提出“10 分钟体育健身圈”建设的具体目标任务。除此之外，为提升农村体育公共服务水平，各地市政府也不断加强农村体育健身圈的建设，并提出了不同的政策措施（表 2-7）。

[1] 江苏省体育局．江苏省城市社区“10 分钟体育健身圈”建设实施方案[EB/OL].(2012-11-26)[2021-04-18].www.jiangsu.gov.cn/art/2012/11/26/art_46737_2669559.html.

表 2-7　江苏省部分城市“10分钟体育健身圈”基本情况

省辖市	措施提法
苏州	打造“10分钟体育休闲生活圈”
无锡	加快“15分钟社区服务圈”“10分钟体育健身圈”“5分钟便民生活圈”建设
常州	全部建成“10分钟体育健身圈”，推进农村“10分钟体育健身圈”建设
泰州	建设城市社区“10分钟体育健身圈”、农村“20分钟体育健身圈”

长三角地区体育场地设施开放率不高是制约公共体育发展的主要因素。在积极建设体育场馆的同时，盘活现有体育场馆资源也十分重要。体育场馆免费或低价向公众开放是体育公共服务功能的重要体现。尽管长三角体育系统直属场馆提供的体育公共服务形式各不相同，但都在节假日和特定时段向公众免费开放，开放率基本实现100%。除此之外，长三角体育场馆资源主要分布在教育系统。因此，体育场地设施服务体系建设必须要考虑到更好地利用学校体育场地设施服务公共体育这一重要因素。

2.1.3.3.4　体育组织分析

体育组织主要包括政府体育组织和社会体育组织两类主体。一个健全的政府体育组织可以增强其对体育公共服务整合的领导能力。社会体育组织是政府联系群众的重要纽带，不仅能够减轻政府负担，提供多样化的体育公共服务，而且能够表达不同群体的体育诉求。根据各项指标无量纲化后的标准值绘成雷达图（图2-4），可以清楚地看到长三角各省市体育组织在其所属城市中的发展呈现不均衡的态势，城市间的差异较为明显。

若以长三角体育公共服务一体化过程中体育组织指数最高的苏州（7.4）为标准化评价值1，则最低的宣城仅为0.42，前者是后者的2.38倍。评价值的标准差为0.197，算术平均数为0.81，变异系数为0.243，反映了离散程度，其数值越大，则表明长三角体育公共服务一体化过程中体育组织发展越不平衡。

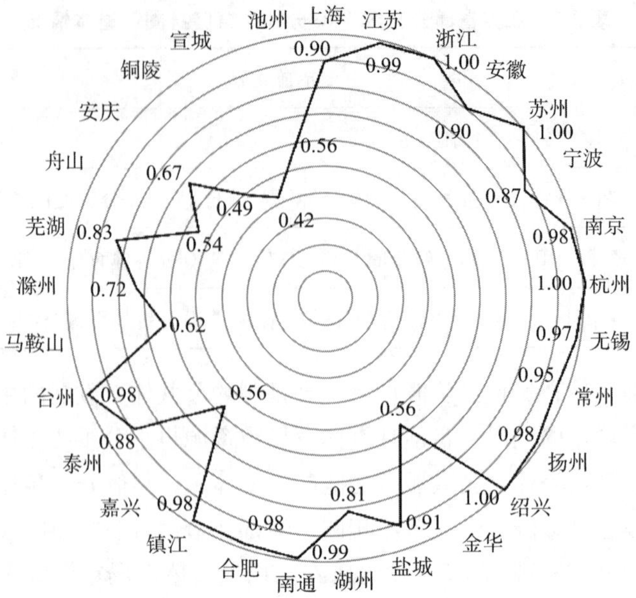

图 2-4　长三角体育公共服务一体化体育组织指数雷达图

2.1.3.3.5　赛事活动分析

开展丰富多彩的全民健身活动，广泛增加体育活动的内容，提升体育活动的效果，进而吸引居民群体广泛参加，是体育赛事活动的主要功能。当前，长三角体育赛事活动主要由两类构成：一类是制度化、规范化的体育赛事，包括承办的省级以上体育赛事和举办的自主品牌体育赛事；另一类是体育社团协会举办的各种不定期的全民健身活动（表 2-8）。

表 2-8　长三角体育赛事活动统计表（2019 年）

城市（省份）	年承办省级以上体育赛事/项次	年举办自主品牌体育赛事/项次	年举（承）办群众性体育活动/项次	举（承）办群众性体育活动参与人数/万人	城市	年承办省级以上体育赛事/项次	年举办自主品牌体育赛事/项次	年举（承）办群众性体育活动/项次	举（承）办群众性体育活动参与人数/万人
上海	163	36	6 000	560	嘉兴	65	3	1 210	78
江苏	535	32	13 576	766	湖州	20	3	1 256	76
浙江	397	32	10 824	670	绍兴	49	6	1 330	88

续表

城市（省份）	年承办省级以上体育赛事/项次	年举办自主品牌体育赛事/项次	年举（承）办群众性体育活动/项次	举（承）办群众性体育活动参与人数/万人	城市	年承办省级以上体育赛事/项次	年举办自主品牌体育赛事/项次	年举（承）办群众性体育活动/项次	举（承）办群众性体育活动参与人数/万人
安徽	121	31	4 262	604	金华	70	4	1 180	82
南京	130	8	2 066	90	舟山	15	2	1 013	76
无锡	76	3	1 300	86	台州	60	2	1 070	80
常州	52	2	1 500	88	合肥	28	7	1 050	90
苏州	105	8	2 500	100	芜湖	16	3	800	77
南通	26	3	1 300	85	马鞍山	14	3	330	81
盐城	35	2	1 250	87	铜陵	16	3	340	63
扬州	39	2	1 160	86	安庆	11	5	900	85
镇江	36	2	900	70	滁州	12	3	350	68
泰州	36	2	1 600	74	池州	12	3	230	61
杭州	68	8	1 765	100	宣城	12	4	262	79
宁波	50	4	2 000	90					

数据来源：由调研数据与官方网站数据整理而来。

根据调查得知，2019 年长三角 26 个城市共承办国际级、国家级、省级体育赛事 1 216 项次，举办自主品牌体育赛事 131 项次，举（承）办群众性体育活动 34 662 项次，参与人数达 2 600 万余人，占长三角 26 个城市人口的 12.6%。浙江省体育公共服务体系的创新内容之一，就是建构了全民运动会体系。体育赛事活动对全民健身具有引领、示范和促进作用，可以激发人们参与体育活动的积极性，吸引人们广泛参与体育活动，增强人民体质，是全面推进“体育强国”和“健康中国”建设的重要举措。

值得一提的是，自 2004 年起，浙江、江苏、上海等地就提出轮流举办区域性群众体育交流活动——“长三角体育圈全民健身大联动”的构想。经过近二十年的发展，长三角体育圈全民健身大联动已成为长三角健身爱好者的运动盛会（表 2-9）。长三角体育圈全民健身大联动为区域性体育发展提供了先行示范，是建立区域体育品牌很好的抓手，为打通融合通道，进一步发挥区域群众体育在推动经济发展和社会和谐进程中的引领作用，推进长三角全民健身大发展、大融合，构建多角度、全方位、立体化的体育圈具有一定的积极作用。

表 2-9 “十三五”期间长三角体育圈全民健身大联动情况

届次	时间	地点	主要形式
13	2016 年	江苏常熟	“同舟共济”“抢占先机”“愿者上钩”“为了队友”等 7 个项目
14	2017 年	浙江衢州	拔河、渔业丰收、气排球
15	2018 年	上海	环球港垂直马拉松和环球港商场定向赛
16	2019 年	江苏常州	保龄球、卡丁车、真人 CS、攀岩、射箭、滑冰
17	2020 年	浙江嘉兴	木球、飞盘、裹粽子、皮划艇、鬼步舞、啦啦操

2.1.3.3.6 健身指导分析

体育公共服务离不开专业的社会体育指导员队伍。结合调研和统计数据，对长三角体育公共服务一体化与健身指导要素指标的 Pearson 相关系数及系数的显著性水平进行分析。从表 2-10 可以看出，万人拥有社会体育指导员数量和新增社会体育指导员数量与长三角体育公共服务一体化水平呈显著的正相关关系，社会体育指导员数量较多的地区，体育健身指导开展得较好，因而体育公共服务一体化水平较高。

表 2-10 长三角体育公共服务一体化与健身指导要素指标的 Pearson 相关性分析

指标	长三角体育公共服务一体化指数	万人拥有社会体育指导员数量	新增社会体育指导员数量
长三角体育公共服务一体化指数	1	—	—
万人拥有社会体育指导员数量	0.726**	1	—
新增社会体育指导员数量	0.390*	0.284	1

注：* 表示 $P \leqslant 0.05$，** 表示 $P \leqslant 0.01$，*** 表示 $P \leqslant 0.001$。

调查结果显示，截止到 2019 年年底，长三角三省一市共拥有社会体育指导员 64.95 万人，万人拥有社会体育指导员数量达 28.6 人，是长三角体育公共服务发展的重要人才保障。长三角 26 个城市共拥有社会体育指导员 43.38 万人，占长三角社会体育指导员数量的 66.79%。其中，2019 年新增社会体育指导员 2.79 万人（图 2-5）。

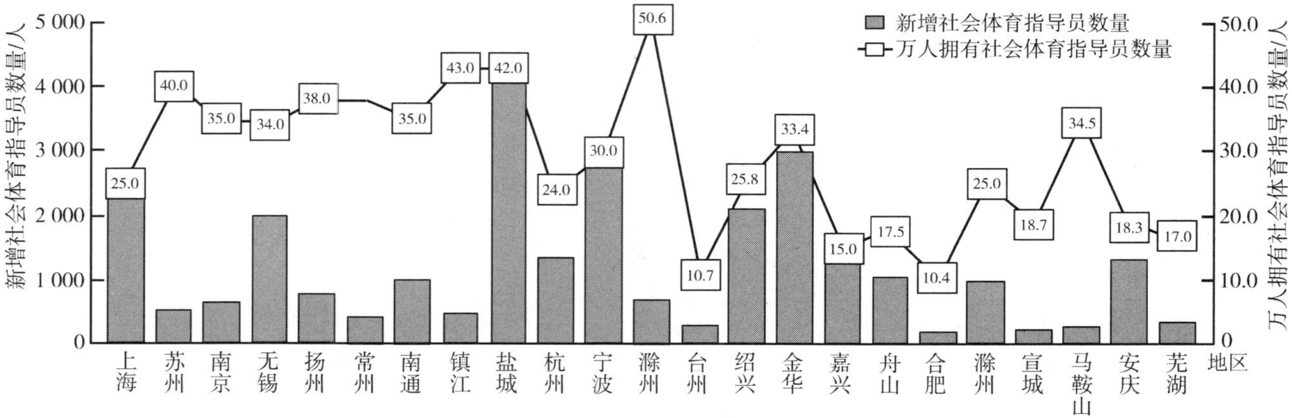

图 2-5　长三角城市群社会体育指导员数量（2019 年）

但目前参与社会体育指导员培训的人群，特别是参与一级以上社会体育指导员培训的人群，多为学校各级体育部门的教职工，他们较少参与到基层实际指导过程中；而且从培训类型来看，以管理型社会体育指导员培训居多，技能型社会体育指导员培训较少，这造成了社会体育指导员一线上岗率低，基层社会体育指导严重缺乏。例如，2019 年上海市经常在健身站点提供服务的社会体育指导员占全市社会体育指导员的比例仅为 64.2%。

2.1.3.3.7　体质监测分析

国民体质强弱是事关国家前途命运和个人身体健康的战略性问题，也是体育公共服务综合建设质量的体现。在“体育强国”和“健康中国”双重战略目标驱动下，目前长三角地区已形成以省级国民体质监测与健身指导为龙头，按照省、市、县（区）、镇（乡、街道）四级层层布局，在市、县（区）建设国民体质监测中心，在镇（乡、街道）建设国民体质监测站，逐步形成健全的国民体质监测网络，基本实现体质测定与运动健身指导站点全覆盖。

参加体育锻炼的主要功能是增强体质健康水平。因此，一个地区国民体质测定合格率与该地区经常参加体育锻炼的人数比例存在一定相关性。根据图 2-6 统计结果显示，在长三角三省一市中，上海的国民体质测定合格率与经常参加体育锻炼的人数比例最高，分别为 97.7%和 43.3%，远高于江苏、浙江和安徽。其中，国民体质测定合格率已超过《上海市全民健身实施计划（2016—2020 年）》中规定的 2020 年发展目标（96%）1.7 个百分点。

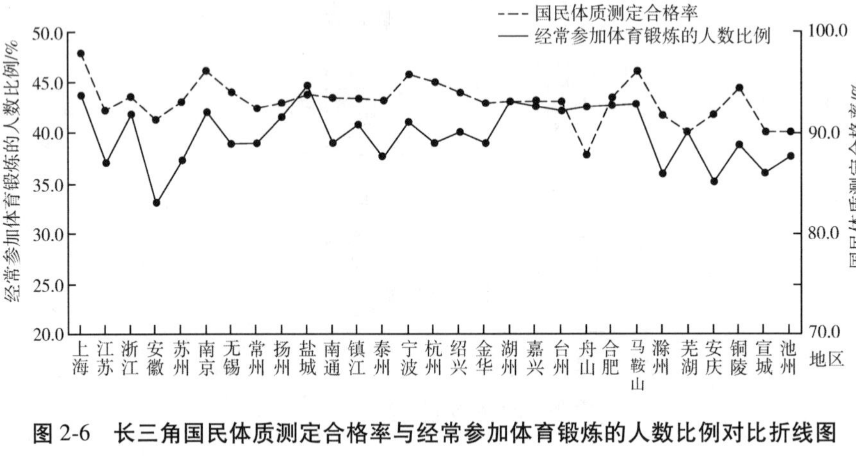

图 2-6　长三角国民体质测定合格率与经常参加体育锻炼的人数比例对比折线图

2.1.3.3.8　信息宣传分析

公共体育信息宣传是对公共体育政策制定、公共体育管理制度安排与执行、体育活动组织管理等相关体育信息进行开放的过程，是行使公民体育权益的基础。本研究关于长三角体育公共服务一体化过程中信息宣传现状的分析，主要从体育局官方网站信息发布数量、媒体健身栏目覆盖率和全民健身日宣传活动这三个指标进行研究。从政府信息主动公开情况来看，长三角三省一市体育局官方网站信息发布数量从高到低依次为浙江、江苏、安徽、上海（图 2-7）。

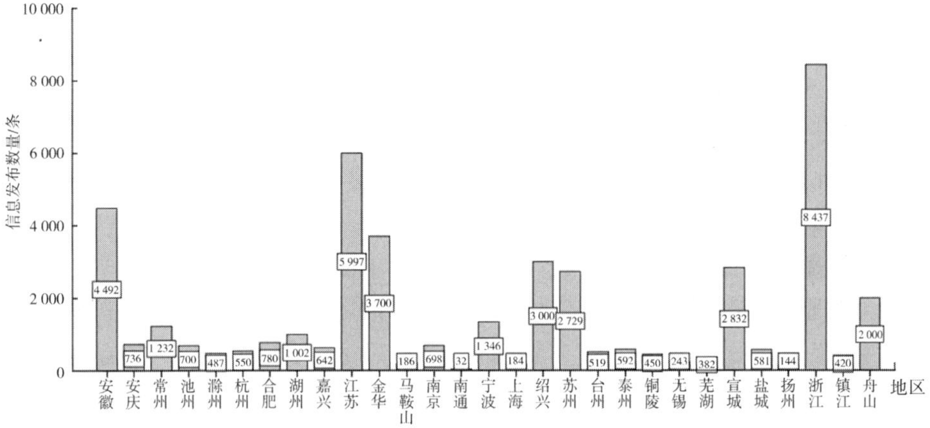

图 2-7　长三角体育局官方网站信息发布数量（2019 年）

现代通信、网络和计算机技术高度发达，为公共体育信息的快速传播提供了技术支持。在“数字体育”建设的带动下，2019 年长三角基本实现了媒体健身栏目全覆盖。一是用好“两微”平台，做好工作信息发布和互动回应工作；二是强化各类媒体报道，通过《人民日报》《中国体育报》等专题报道、中央电视台体育频道赛事直播、中央人民广播电台专题访问等方式，发挥新闻媒体信息公开作用；三是推进“互联网+体育”模式，建立智慧健身公共服务平台，如苏州市的苏体通、苏州体育、苏州体育博物馆、智慧广场舞系统等平台。这类平台以数字化为基础，以网络化为条件，以智能化为核心，利用云计算等智能技术对海量信息进行处理和分析，市民可以通过这类平台查询报名信息、比赛成绩、赛事照片等，并能提前预约各类健身场馆，享受精准便捷的服务。

2.2 长三角体育公共服务一体化优势分析

21 世纪是人类社会的一个新纪元。在这个新世纪里，经济全球化、一体化已经成为一种不可逆转的趋势。“经济贸易及金融活动的国际化、全球化，必然对不同地区和不同民族的文化、政治、科学技术和社会结构等方面产生前所未有的影响。众多领域，从原来自然形成的差异走向趋近或趋同的态势。”[1]

作为中国经济社会发展水平较高的区域，长三角自 20 世纪 80 年代开始，就认识到区域合作的关键性，积极进行区域一体化发展的各种尝试。在近 40 年的发展历程中，长三角合作覆盖经济、文化、交通、旅游等多个领域，区域协同创新机制持续健全，空间网络格局日趋优化，分工协作关系趋向深化。[2]

公共服务一体化对推动区域资源要素流动、促进经济社会繁荣发展、促成区域公共服务资源共享、提升公共服务能力、推进区域体制机制改革等具有积极意义。[3] 因此，公共服务一体化是经济发展的“重要引擎”，也是加快区域一体化发展的根基。体育公共服务是公共服务的重要组成部分，体育公共服务一体化影响着公共服务一体化的整体水平。基于此，长三角体育公共服务一体化受到了区域政府相关部门、社会组织的广泛关注，长三角体育公共服务一体化实践工作蓬勃开展。

根据目前所掌握的相关文献和新闻报道来看，长三角体育公共服务一体化的实践发端于 2004 年 6 月 6 日由沪苏浙两省一市体育局共同主办、杭州市承办的长三角体育圈全民健身大联动，这也是我国首次跨省市区域举行全民健身活动。主要内容包括：全民健身项目展示（健美操、轮滑等）、群众性体育竞赛（健步趣味走、西湖自划船等）、环太湖公路自行车赛、长三角体育圈全民

---

［1］ 郝卫国，李玉仓．走向景观的公共艺术［M］．北京：中国建筑工业出版社，2011：138.

［2］ 陆岷峰，周军煜．区域金融一体化动因、现状与对策研究：以长三角为例［J］．广西经济管理干部学院学报，2019，31（4）：15-21.

［3］ 卿成．成渝经济区公共服务一体化建设探析［J］．中共四川省委党校学报，2012，14（2）：42-45.

健身论坛等。[1] 此后，长三角体育圈全民健身大联动每年举行一次，由沪、苏、浙轮流承办，活动内涵日益丰富、时间跨度逐渐延长，为跨区域体育公共服务合作交流打造了优质“模板”。继长三角体育圈全民健身大联动之后，长三角体育公共服务交融互动更加紧密，由最初的体育公共服务生产要素合作逐渐转向制度化合作，一体化进程也由浅表一体化向纵深一体化发展，逐步形成全方位、多层次、宽领域的一体化发展格局。尤其是在长三角进入更高质量一体化发展的时代背景下，三省一市相关职能部门和社会团体紧密围绕区域体育公共服务创新合作新机制“落地”、深入对接发展规划、注重体育公共服务领域重大战略和创新协同、提升体育公共服务合作层级和水准、协同推进区域市场统一开放等方面开展工作，体现出明显的区域优势，并取得了积极的成效。

2.2.1 长三角体育公共服务的合作平台与载体日趋丰富

长三角体育公共服务合作与政府相关部门的倡导和推动密不可分，长三角三省一市政府不断探求体育公共服务合作新路径。2012 年 11 月 24 日，沪苏浙两省一市体育局在上海联合召开长三角地区体育产业工作座谈会，共同倡议建立“长江三角洲地区体育产业发展联席会议制度”，旨在加强更大范围、更多领域、更高层次的合作，加快长三角地区体育产业一体化发展进程，提升长三角地区体育产业的市场竞争力。初步拟定了《长三角地区体育产业协作协议》，意在进一步加强产业资源、产业品牌、科技研发、人才培养交流等方面的优势集成与互补，按照市场原则推进区域合作，拓展合作空间，提升合作层次，优化合作环境，形成互动协作、互惠共赢、协同发展的新局面，使长三角成为我国体育产业发展的先行区、示范区和引领区。此外，建立定期会晤制度，根据体育产业发展实时动态，共同制订年度工作计划，并由年度牵头省或市负责组织实施。2018 年 9 月 27 日，国家体育总局体育器材装备中心、长三角区域合作办公室、上海体育学院及沪苏浙皖三省一市体育局主要领导在上海召开长三角地区体育产业一体化发展推进会，审议并原则同意了《长三角地区体育产业一体化发展三年行动计划（2018—2020 年）》，讨论和确定“建设长三角地区体育产业联盟”“长三角地区青训体系构建”“举办长三角运动休

[1] 上海市人民政府．长三角体育圈全民健身大联动即将开幕[EB/OL].(2020-03-22)[2021-04-21]. http://www.shanghai.gov.cn/nw2/nw2314/nw2315/nw4411/u21aw87804.html.

闲体验季”“举办区域性大型体育赛事活动”“建设长三角体育产业信息平台”等一体化项目20余项，并明确各项目的负责单位。2018年11月23日—24日，首届长三角体育产业高峰论坛在浙江温州举办，沪苏浙皖三省一市体育局主要领导就“汇聚社会力量办体育”“运动健康城市”“长三角体育融合发展”等议题进行经验宣讲和讨论交流，释放出长三角体育联动发展的积极信号。2019年9月11日，沪苏浙皖三省一市体育局领导和相关部门负责人在上海市金山区召开“2019长三角一体化全民健身示范区联盟论坛”，就“构建长三角体育赛事协作与发展平台”“为实施有关体育发展政策提供必要支撑”“推进长三角群众性体育赛事与体育产业协同发展”等议题进行研讨交流。在体育公共服务领域，形成了“通过政策对接、资源共享、科学供给，让更多群众享受到更优质的体育公共服务”“利用长三角一体化全民健身示范区联盟这一平台，在体制创新示范、联动发展示范、平台机制示范等方面，探寻长三角一体化全民健身示范区发展可复制、推广的有效路径”等重要共识。可见，在长三角各级政府、体育部门等主导下，系列指导性文件的制定出台及区域之间联动协调机制的确立，为长三角体育公共服务一体化发展搭建了稳固的合作平台与载体。

2.2.2 长三角体育公共服务一体化体制机制逐渐完善

在长三角一体化上升为国家战略的背景下，长三角三省一市各级政府在体育公共服务领域的合作意向日益增强，主要体现在以下几个方面：一是对接发展规划，成立职能部门，构建科学分工、各具特质的功能格局。例如，长三角三省一市体育局积极探索区域体育竞赛协同发展模式创新、理念创新、机制创新，具体举措包括成立长三角体育竞赛联盟，建立日常工作机制，设立秘书处，定期召开工作会议，研究制定阶段性合作重点及具体措施，协调解决工作推进中出现的问题。培育长三角原创赛事品牌，发挥核心城市的赛事引领和辐射作用，带动长三角体育竞赛协同发展等。二是战略协作，三省一市共同探索改革之路，共享创新成果。例如，上海在人均体育场地面积相对较小的客观现实下，通过免费开放公共体育场馆和社区公共体育设施、推进共享运动场投入使用、向市民发放健身消费补助、为市民提供免费体质监测等，为市民提供了相对完善的公共体育服务。[1] 苏浙皖三省借鉴上海的优良举措，相继采用发放体育消费券、提高公共体育场馆使用率、合理利用城市公共空间为居民提供健身场所等措施，推动本省公共体育服务的发展。三是专项合作，聚焦群众性体育健身项目展演交流、体育竞赛表演、体育旅游等领域，逐步提升专项合作的覆盖面和影响力。例如，从 2004 年开始每年举办的长三角体育圈全民健身大联动，各省市全民健身特色项目的介绍展示是活动的主要亮点；借助马拉松赛事的影响力，长三角各个城市大力推进马拉松赛事与旅游产业深度融合，开发出众多体育旅游产品，丰富民众的体育文化生活等。四是协作机制逐渐完善。在政府战略规划引导、体育部门与高校协调布局、社会组织团体等市场主体协同执行的基础上，进一步健全常态化、长远化的体制机制。例如，“1（上海市）+3（江苏省、浙江省和安徽省）+1（上海体育学院）”的长三角体育产业合作机制，就是在国家政策指引和市场要素推动下，三省一市体育部门与上海体育学院协同制定规划、解析问题、落实具体合作项目等，积极发挥市场在资源配置中的核心作用，逐步建立规则统一公开、资源要素互动及标准互认的市场环境。

2.2.3 长三角体育联盟出现并不断提质扩容

近年来，为了有效推动长三角体育公共服务的合作、交流与互鉴，由长三角三省一市体育局、单项体育协会及相关社会团体牵头，成立了众多体育联盟。虽然长三角各体育联盟的成立时间、发起单位、合作形式等各不相同，服务内容亦各有侧重，有的侧重于体育产业发展、有的侧重于群众性体育健身活动推广、有的侧重于群体竞赛等，但是各联盟均有明确的发展目标定位、密切的合作伙伴、健全的组织机构及科学周密的活动安排。这些体育联盟为长三角民众构建了沟通交流与活动健身的平台，为推动长三角体育公共服务资源互通、活动互建、成果互惠等做出了积极的贡献。长三角部分体育联盟的相关信息如表 2-11 所示。

[1] 骆晓昀．上海启示：公共面积少，体育服务不能少［N］．瞭望东方周刊，2019-10-24.

表 2-11 长三角部分体育联盟相关信息一览表

序号	成立时间	联盟名称	发起单位	宗旨和目标	主要活动内容
1	2017 年 9 月	长三角“六城市+”门球活动联盟	上海市浦东新区门球协会、杭州市门球运动协会、宁波市门球协会、昆山市门球协会、湖州市门球协会、嘉兴市门球运动协会	推动门球运动的普及，为长三角门球爱好者搭建沟通交流、联结友谊、健身活动与资源共享的平台	长三角六城市联盟门球联谊赛
2	2018 年 6 月	环淀山湖体育联盟	上海市青浦区体育局、昆山市体育局、吴江区体育局、嘉善县体育局	优化四地体育领域顶层设计和战略协作，整合资源，优势互补，构建项目合办、人才互训、体育赛事互动、体育健身设施共享、体育社团互联等方面的联动发展格局，提高环淀山湖地区体育影响力和辐射力	长三角“环淀山湖”男子篮球邀请赛、淀山湖水上马拉松公开赛、长三角“环淀山湖”男子足球邀请赛、上海世界华人龙舟邀请赛暨长三角“环淀山湖”龙舟交流赛等
3	2018 年 9 月	长三角地区篮球联盟	上海市篮球协会、江苏省篮球运动协会、浙江省篮球协会、安徽省篮球协会	围绕小篮球赛事、培训、业余篮球赛事共建等方面开展合作，形成区域资源共享、区域文化互通、区域优势互补的良性态势，推动区域内青少年篮球项目普及与篮球后备人才培养	长三角地区小篮球联赛
4	2019 年 5 月	“嘉昆太”体育联盟	上海市嘉定区体育局、昆山市文体广电和旅游局、太仓市文体广电和旅游局	突破地域界限，开发区位优势，拓展民间赛事，促进全民健身、竞技体育、体育产业等领域的广泛合作，推动区域体育事业健康发展	嘉昆太城市定向系列赛、嘉昆太乒乓球联盟俱乐部联赛、马术嘉年华、农事趣味赛等

续表

序号	成立时间	联盟名称	发起单位	宗旨和目标	主要活动内容
5	2019年5月	长三角城市老年人体育协会联盟	上海市松江区老年人体育协会、苏州市老年人体育协会、宁波市老年人体育协会、宣城市老年人体育协会	建立长三角城市老年人体育协会协调共商发展机制，加强长三角城市老年人各项体育运动项目的交流互动，建立长三角老年人体育协会信息互通共享平台	上海市老年人体育联赛高智尔球公开赛暨长三角地区交流赛
6	2019年6月	长三角跳绳联盟	上海市跳绳协会、江苏省毽球跳绳运动协会、上海市杨浦区体育总会、南通市体育总会	通过跳绳项目贯彻落实长三角一体化国家战略，以江苏对接上海为契机，实现资源共享、优势互补、互利共赢的目标，推动跳绳项目在长三角地区的广泛开展，促进青少年提高身体素质，有序推进沪苏两地体育事业的改革与发展	长三角跳绳锦标赛
7	2019年9月	长三角网球发展联盟	上海市网球协会、江苏省网球运动协会、浙江省网球协会、安徽省网球协会	推进长三角网球项目战略规划、战略布局、服务供给和体制机制建设，加强各网球协会的交流协作，联合使用各地资源，实现各地共享共赢，推动网球运动的普及	上海城市业余联赛上海市民网球节·国际静安城区精英网球挑战赛、长三角友好城市网球团体邀请赛等

续表

序号	成立时间	联盟名称	发起单位	宗旨和目标	主要活动内容
8	2019年11月	长三角高校国际标准舞联盟	上海财经大学体育教学部、复旦大学体育教学部、同济大学体育部、东华大学体育教学部、南京大学金陵学院体育部、东南大学体育系、浙江大学公共体育与艺术部、中国科学技术大学体育教学部、合肥工业大学体育教学部	增强长三角地区各高校之间体育舞蹈文化交流与互鉴，让长三角高校大学生在竞技舞台上体验艺术荣光，为长三角体育舞蹈人才培养、体育舞蹈推广及艺术教育提供持久动力，使体育舞蹈在全民健身中发挥出更大的积极作用	上海国际标准舞公开赛暨长三角高校国际标准舞锦标赛
9	2020年1月	长三角文体旅大健康产业联盟	《中国企业报》集团中企产经（北京）信息科技有限公司、张江跨国企业联合孵化平台、德胜文旅集团、米袋集团、南通五洲国际文创设计产业园、邹轩（上海）体育文化发展有限公司、骆新书房、杭州小河驿·序空间、上联智库	通过强强联手、协调推进、资源共享、竞争优势互补等举措，推动文化、旅游、体育、大健康等产业在更大范围、更广层面、更高平台上的融合发展。积极探寻长三角文体旅大健康产业的新市场与新动力，构筑新格局下资源互通共建服务平台，促进长三角文体旅大健康产业高质量协同发展	构建文化+旅游+体育+大健康产业信息交流平台、举办中国企业文化创意大赛等

2.2.4 长三角体育公共服务产品联合开发推广取得一定成效

长三角各级政府和体育部门一直主动致力于区域体育公共服务产品的联合营销，通过积极有效的举措，不断创新合作形式与内容，推动长三角体育公共服务产品的交叉融合和联合推广，在满足区域民众的体育公共服务需求上取得了积极成效：2014年5月—6月，由上海市体育局、江苏省体育局和浙江省体育局携手主办的“首届长三角运动休闲体验季”，分别在浙江淳安、江苏溧阳、浙江平湖、上海浦东、浙江长兴 5 地依次举行。该活动以运动休闲为主题，以户外运动为主要形式，以城市联动为依托，助推长三角体育健身、体育旅游、体育文化、体育装备制造等体育产业发展。其主要内容既有山地徒步、单车骑行、登山等竞技比赛项目，也有户外拓展、亲子游戏、野外露营、康复养生、体育装备展示等趣味项目，还包含房车、航模竞技、南狮北狮表演、LED 夜风筝表演等展示活动。通过提供丰富的体育公共服务产品，提升服务覆盖面，满足更多民众的体育需求。2019 年 5 月，上海户外联盟联合江苏、浙江、安徽的多家户外俱乐部，在上海松江举办“首届长三角国际户外挑战赛”。此次活动利用长三角地域山水体系发达的地理优势，创新户外运动活动内容和组织形式，将皮划艇、速降、横渡、越野跑等倍受欢迎的户外项目进行有机整合，推出全新的比赛项目和趣味体验项目，满足广大民众对户外运动的需求，促进长三角全民健身和相关竞技体育的发展。2019 年 11 月，沪苏浙皖三省一市的游泳协会在绍兴召开长三角游泳协会一体化发展大会，议题之一是如何利用三省一市现有游泳资源，加强协会之间的联动，助推群众性游泳活动的广泛开展。会议确定每年由三省一市轮流举办冬泳锦标赛、全民健身游泳锦标赛、公开水域游泳锦标赛等竞赛活动，为长三角游泳爱好者提供交流和参赛的机会。可以看出，长三角三省一市相关部门已经在体育公共服务产品推广合作上迈出坚实一步，也为推动区域体育公共服务深度合作奠定重要基础。

2.2.5 长三角体育公共服务与管理日趋完善

长三角各级政府及相关部门积极探索在体育公共服务与管理层面的一体化发展，在场地资源共用、管理经验共享、专业人才培养等方面，努力尝试服务与管理的“无缝隙对接”，取得了一定的实践成果：2019 年 9 月，上海市民体育公园一期（足球公园）建设完工，上海市体育局领导代表长三角体育圈全民健身大联动组委会向场馆运营公司授牌，确定上海市民体育公园为“长三角体育圈全民健身大联动共享基地”，从空间体量上填补健身场地的短缺并坚持公益性的服务定位，为长三角民众进行体育健身休闲提供便利，推动全民健身的开展。2019 年 10 月，合肥马拉松、杭州马拉松和南京马拉松赛事组委会宣布，自当年起，三地的国际马拉松赛事实行 50 个名额互通，三座城市的居民可以通过本地马拉松赛事组委会报名参加省外两座城市举办的马拉松赛事。

2019年12月，江苏省教育厅体卫艺处联合上海市教委体卫艺科处、上海市教育人才交流服务中心在上海体育学院举办"'长三角一体化'体育教师培养高层论坛"，长三角三省一市共16所体育教育人才培养院校相关领导受邀参加。论坛围绕贯彻执行教育强国、体育强国、健康中国的指示要求，秉承"知行合一、强化应用、服务社会"的人才培养理论，加大资源整合、协同创新力度，针对未来体育教师的现实需求，打通沪苏浙皖三省一市体育教师联合培养渠道等内容进行了讨论交流，初步达成组建一个联盟（长三角体育教育联盟）、构筑一个平台（长三角体育教育人才服务平台）、健全一项机制（共建共享的人才培养机制）、建成一批基地（体育教师实训实践基地）的合作意向。由此可知，长三角体育公共服务与管理的日益规范，积极助推长三角体育公共服务的一体化发展。

2.2.6 企业和群众性体育社会团体协同推进

在长三角体育公共服务一体化进程中，部分企业和社会团体主动参与区域体育公共服务互动协作，出现了一批区域行业组织，为推动长三角体育公共服务一体化发展贡献了巨大力量。温州市是我国"社会力量办体育"唯一试点城市，自2007年社会民营资本与政府体育部门"联姻"创建温州市体校心桥体操艺术俱乐部开始，温州社会各方共建体育社团1 477个，已成为推进全民健身事业发展的主要力量。社会力量运营体育产业，每年超过500万元的专项资金助力体育产业发展。两届全民运动休闲大会均由社会力量主办，搭建了全民参与、狂欢的运动休闲大舞台。2020年1月8日，上海市体育局和腾讯公司签署重要合作协议，在国家全面加速建设体育基础设施、大力发展"体育+互联网"的战略指导下，双方将在"第三届上海市民运动会""共享公共运动场馆""全面推进场馆智能化改造"三方面进行合作。在具体操作层面，腾讯微信将协同配合上海市体育局实现市辖区内各级体育主管部门、赛场场馆运营机构、赛事管理机构、相关企事业单位和相关参与大众的"无缝对接"，提升上海市体育系统管理的现代化、互联网化水平。在"共享公共运动场馆"方面，上海市公共运动场馆管理部门和腾讯微信合力构建共享公共运动场馆管理系统，打造利民、亲民、便民的"一站式"体育信息服务平台。通过服务平台，切实解决市民去哪儿运动、怎么运动、找谁运动、与谁分享运动等难题，为市民享受更优质、更便捷的体育公共服务提供信息支撑，促进上海全民健身和全民健康深层次融合。长三角各省市的群众性体育社会团体（篮球协会、足球协会、网球协会、门球协会、乒乓球协会、健美操协会等）纷纷扩大各自的“朋友圈”，通过建立联盟、发表共同宣言、签署合作协议等方式，推动群众性体育竞赛和体育项目展演活动的有序开展，实现多方共赢。企业和群众性体育社会团体在体育公共服务领域的积极参与和主动作为，有助于科学整合长三角体育公共服务资源、创新体育公共服务模式、拓展体育公共服务供给主体和内容，从而推动区域体育公共服务高质量发展，使更多的民众受益。

2.3 长三角体育公共服务一体化存在的问题分析

通过电话访谈、信函咨询、实地考察等形式，对长三角体育公共服务一体化存在的问题进行调研。参加 2019 年 12 月在上海财经大学举办的首届“长三角国际论坛”，在“区域一体化：合作与发展”“长三角一体化背景下的政府公共服务供给”“数据赋能与长三角一体化”等分论坛，与参会专家、学者进行交流，掌握长三角体育公共服务一体化的发展态势与存在的问题。与参加“2019 长三角一体化全民健身示范区联盟论坛”的部分领导、专家进行交流，了解长三角一体化全民健身示范区的建设现状与未来趋向，为研究长三角体育公共服务一体化存在的问题提供借鉴。

2.3.1 体育公共服务一体化推进主体较为单一

目前，长三角体育公共服务一体化的推进主体依然是各地方政府体育部门，其他政府部门参与体育公共服务的程度不够，出现体育系统“唱独角戏”的局面，推动长三角体育公共服务一体化的“统一主体”未真正形成，而较为单一的推进主体不利于体育公共服务一体化的深入发展。此外，长三角体育公共服务一体化体制机制建设的纵深发展尚有不足，体现在两个方面：一是区域合作的体制机制仍局限于联席会议制度、合作协议、共同宣言、指导文件等形式，尚未形成协同高效、具备强劲执行力的合作机制。具体表现在决策层、协调层对区域体育公共服务进行顶层设计和统筹协调后，执行层在领会、执行、落实相关精神和部署时出现问题，影响实际效果。二是区域公共体育合作领域还局限在体育竞赛、体育表演、体育旅游等层面，在场地资源共享、专业人才共用、体育信息共通等方面还存在缺陷，相关的体制机制亟待建立健全。

2.3.2 体育公共服务一体化合作不对称

长三角三省一市所处的经济社会发展阶段不尽相同，各地基于自身的经济发展水平、现实社会状态、民众期望等因素，对相同的问题会产生不同的观点，也会出现不同的利益诉求。改革开放以来，长三角部分省市利用多种优势条件，抢抓机遇，实现经济快速发展；而部分省市受区位、资本、技术、人才等要素短缺的影响，经济社会发展缓慢，经济长期处于低位发展状态，与长三角其他省市的差距不断拉大。

区域合作体现的是“双赢”或“多赢”的博弈，能否通过合作让自己获得最大的利益，是合作各方关注的焦点，也是区域合作的首要前提。但是，在现实社会中，经济发达地区拥有更强大的话语权和资源调配权，在合作机制的建立过程中势必会占据引领地位，导致利益取向和分配均会向其倾斜，这会使经济欠发达地区合作意愿弱化。因此，经济发达地区间的跨区域合作关系更容易建立起来。从前文列举的“区域体育联盟”来看，更多的是沪苏浙两省一市及其下辖县（市）之间展开合作，上述省（市）与安徽省的体育公共服务合作略显欠缺。除地理因素外，经济发展不平衡是一个重要的影响因素。

长三角部分省市经济实力突出，体育公共服务基础设施建设较为完善，具备优越的硬件条件；但在一体化发展的背景下，经济发达省市如何兼顾邻近省市体育公共服务的发展现状和建设目标，通过区域体育公共服务合作，使各方均获得“正收益”，还需要实践探索和突破。

2.3.3 体育公共服务一体化发展受制于行政壁垒

长三角区域内的41座城市分属沪苏浙皖三省一市，行政隶属关系较为复杂。受长三角行政区划条块分割的影响，不同地方政府有着各自的利益考量，影响着以市场为依托的区域联动机制的全面建立。各地方政府在疾呼“主动对接”“联动发展”的同时，不可避免地会考虑自身可以获得多少实际利益。在体育公共服务领域的实际合作中，部分地方政府的“计划经济下的惯性思维和举措”仍然存在。政府布局、干预经济活动的现象较普遍，直接表现在地方政府紧密把控体育公共服务优质资源、限制其自由流动，造成生产资源配置不合理和生产结构非优化的局面，导致政府之间处于“竞争合作”状态，而非“合作竞争”状态。区域内各地方政府的行政区划关系削弱甚至取代了市场条件下的区际关系，使区域体育公共服务资源优化配置和一体化发展很难实现。

长三角要素禀赋较为相似，产业趋同现象比较普遍，会导致区域内体育公共服务产品之间“过度竞争”而影响协同发展。而受“地方保护主义”思想的影响，各地方政府又会推出各类举措，维护本地区利益，主要体现在：出台对本地区有利而对区域整体利益不利的政策，推行“诸侯经济”；营设诸多或隐性或显性的行政壁垒和经济贸易壁垒，阻碍区域内优质体育公共服务资源的流动与配置；片面强化本地区体育公共服务的“虹吸效应”，减少“辐射效应”，表现在将其他地区的体育公共服务优势资源强势“吸引”至本地区，减少本地区的体育公共服务优势资源对其他地区的影响与带动，导致无序竞争和非良性竞争，拉大地区间的差距；等等。由此可见，行政壁垒的存在，影响着长三角体育公共服务大局观的形成，使长三角体育公共服务一体化空间格局的优化难以实现。

2.3.4 体育公共服务产品单一

目前，长三角体育公共服务产品主要出现在群众性体育健身项目的交流与展示、群众性体育竞赛等领域。合作省份（市）主要是沪苏浙两省一市且行为主体集中在体育部门、单项体育运动协会或群众性体育俱乐部，安徽省参与程度较低。从体育公共服务产品的内容来看，各地区还没有充分发挥优势互补的功能，体育公共服务产品生产、转移与对接的合作机制还没有建立起来，拓展彼此的腹地和市场、打造一体化的体育公共服务产业链还没有实现。因此，长三角体育公共服务产品的内涵和形式都较为单一，尚未实现“1+1+1+1>4”的累加效应，导致体育公共服务产品的覆盖面不广和影响力不强，未形成统一的长三角区域性体育公共服务品牌。

2.3.5 体育公共服务市场化机制不完善

当前，长三角体育公共服务合作仍停留在政府合作层面，以市场为导向、以企业为主体的合作格局正在形成中。在这一过程中，政府职能角色转变与市场主体切入的契合度还不太高，以政府为主导的合作格局仍占据主导地位，企业及相关社会团体的微观市场主体地位仍需进一步确认。目前，长三角体育公共服务合作往往采用不同地方政府部门签订合作协议、签署备忘录、发表共同宣言等形式，但由于缺乏专业机构和人士的参与，真正实现市场化操作的内容很少。除此之外，长三角符合市场化发展需求的统一市场和一致准则还有待完善，保障区域体育公共服务发展互通联动的常态有效合作机制尚未建立；跨地域的体育公共服务合作共识在不同地区的执行力度存在差异，没有形成统一的市场监督管理体系，体现出市场化程度的地区差异性。长三角缺少统一的体育公共服务信息平台、相互协调的区域体育公共服务一体化发展规划及区域体育公共服务标准，在联合培养专业人才，推动人才、资金、技术等要素自由流动，提升区域体育公共服务整体竞争力等方面并没有形成具有实效性的联动机制和行动计划；而要弥补上述“缺口”，建立健全市场化机制势在必行。

与此同时，长三角体育公共服务合作更多的是依靠政府间的行政磋商，各方按照合作协议履行各自的职责。然而，多数合作协议并没有落实到具备行政法规效力的操作性规章的践行上，也没有强制性的实施操作方案，缺乏必要的经济奖惩、法律制度约束等齐抓共管的举措。在体育公共服务市场诚信建设、统一行政执法管理、行为主体权益保障等方面，未形成各方协同治理、联合执法的局面；当一体化合作中出现瓶颈、不规范的竞争行为，有关方面由于利益分配出现矛盾时，也就无法对其进行约束与管理，从而阻碍了一体化进程。因此，如何加快合作机制的法制化进程，建立健全区域体育公共服务市场监督管理机制，是长三角体育公共服务一体化发展中亟待解决的一个问题。

2.3.6 社会力量参与体育公共服务力度不够

区域合作实践证明，社会力量是参与区域合作不可或缺的重要组成部分，是对政府组织体系的有效互补与完善。社会力量参与程度低，将给政府带来沉重负担，导致政府部门终日忙碌，继而影响区域治理效果。[1] 目前，长三角体育公共服务一体化发展更多的是依靠政府主导，大多停留在政策与政府间协作层面，而到具体执行阶段往往“后劲不足”。虽然已有一些企业、社会团体参与到长三角体育公共服务一体化的进程中并发挥了一定的作用，但也仅是“星星之火”，尚没有形成“燎原之势”。与此同时，相关企业、社会团体及专业力量之间的分工协同成熟度不够，未能形成合力，表现出“各自为战”的状态，导致各种社会力量无法优化组合并最终转化为市场效应，从而影响到体育公共服务一体化的深入发展。

---

[1] 王庆五 . 2015 年新常态下深化一体化的长三角 [M]. 北京：社会科学文献出版社，2015：141.

3　长三角体育公共服务一体化理论框架构建

3.1　长三角体育公共服务一体化理论框架构建依据

3.1.1　区域文化认同：一体化理论框架构建的逻辑起点

3.1.1.1　区域文化认同与区域一体化的逻辑推演

在当今时代，经济社会的不断向前发展，离不开先进文化的指引和支撑，因为文化已经渗透到社会所有领域，并取代政治、经济等传统因素跃居社会生活的首位。[1] 脱离深厚的文化底蕴和人文内涵，即便技术动力高速增长、知识体系飞速完善，人类社会也不会全面、健康地发展，这是由“文化人本精神与技术理性之间的分离，造成人在新经济中的扭曲和社会的畸形发展”[2] 决定的。

区域文化是社会文化的一个独特子集，它内在地体现着一个区域独有的风格和精神状态。[3] 区域文化包含区域共享的价值观、信仰、态度、思维方式、行为规范等，是区域软实力的“重要拼图”；而区域软实力能够动员社会各类资源，为区域经济社会的健康发展服务。因此，在区域发展过程中，要实现区域经济协调、有序、快速发展，需要区域文化的正确指导和强力支撑：充分发挥区域文化在协调区域社会经济系统运行、提升区域发展品位、吸纳区域外生产与消费要素、打造优质区域品牌等领域的功能，为区域发展服务。[4]

---

[1] 布尔迪厄．文化资本与社会炼金术：布尔迪厄访谈录［M］．包亚明，译．上海：上海人民出版社，1997：81-86.

[2] 王立人．长三角区域文化共同发展之思考［J］．江南论坛，2004，12（3）：15.

[3] 陈柳，于明超，刘志彪．长三角的区域文化融合与经济一体化［J］．中国软科学，2009，24（11）：54.

[4] 习裕军．长三角区域文化的承接与发展［J］．科学发展，2014，7（1）：89-90.

区域文化认同是区域内不同文化之间或同种文化内部、部分与部分之间的接触同化过程，是区域内人们分享共同的文化模式（信仰、价值观、规范、习俗等），彼此在文化上具有共同的心理情感和意识。[1] 区域文化认同也是一个区域在其漫长的历史演变中，留在区域民众身心之上的共同“烙印”。区域文化认同所体现出的对本区域文化共性和文化传统的传承与弘扬，形成一股强劲动力，影响着民众对跨越地域的政治或经济机制的抉择，能够消弭区域文化的碰撞与冲突，形成将区域民众紧密联系的文化合力，继而使民众对区域发展保持长期的关注与支持等，而这些恰恰又是实现区域一体化不可或缺的因素。

3.1.1.2 区域文化认同是区域一体化发展的重要根基

3.1.1.2.1 区域文化一脉同源

自先秦时期开始，长三角就隶属于吴越文化区。[2] 由于地处长江入海前的冲积平原，区域内并无“高山险阻”，因此地域毗邻。相同的地理位置，不仅具备相似的气候条件、自然环境等，也会产生“在相似自然条件下孕育的生产生活方式”，继而生成相近的语言符号、民风习俗、社会关系、文化传统等。

（1）长三角区域文化的相异之处。

从历史发展来看，长三角不只是一个地理概念，更是一个文化概念。长三角一直是中国人口密集、经济发达、文化繁荣的人文荟萃之地，具有深厚的文化根脉和鲜明的文化标识。但受地理条件、社会环境、经济、历史、政治等多种因素的影响，长三角内多种文化并存，并且各自彰显鲜活的“个性”，其中以吴文化、越文化和海派文化为代表。

以江苏为代表的吴文化，依托先吴和吴国文化根基，历经战国、秦、汉、魏晋南北朝的积淀，至隋、唐、宋、元、明逐渐达到顶峰。[3] 而从清代到近代，随着中国封建社会的日趋衰落和资本主义萌芽的“悄然出现”，吴文化开始由传统文化逐渐向现代文化转型。在吴地独有的自然、人文环境作用下，逐

[1] 陈雯，何雨．从文化资本到文化整合：新时期长三角一体化的重要战略［J］．现代城市研究，2009，24（10）：27.

[2] 姜建．长三角城市群内在文化精神的同一性［J］．文化艺术研究，2008，1（2）：14-15.

[3] 陈雯，何雨．从文化资本到文化整合：新时期长三角一体化的重要战略［J］．现代城市研究，2009，24（10）：26.

渐形成了农耕文化、商旅文化、水乡文化、市井文化相互依存的现象。[1] 正是在多种文化融合共存的过程中，赋予了吴文化丰厚的内涵：勤劳、智慧、心灵手巧、精于计算、务实、求稳、包容、开放及浓厚的市场观念和竞争意识等[2]，使吴文化成为江苏地区的主流文化。

以浙江为代表的越文化，则表现出“讲求实效，注重功利”[3] 的文化精神。与江苏不同，浙江人口众多而耕地较少，有“七山二水一分田”之称。自然资源相对匮乏，淡化了民众对地理环境消极依附的心理，表现出较强的忧患意识。由于濒临大海，受海洋文化影响，越文化又深藏着机智勇敢、乘风破浪、为追逐利益勇于冒险的文化底蕴，有着“三千越甲可吞吴”的气概。而倡导经世致用的浙东学派则为浙江留下了“义利并存，工商皆本”的文化元素，浸润于越文化之中并传承至今，对浙江经济社会产生深远的影响。在当代，迎难而上、博采众长、敢为人先等特色，赋予越文化更浓厚的色彩。

上海是海派文化的“代言人”。自近代开埠以来，西方的物质文化、生活样式、科技成果、宗教思想等接踵涌入上海，中西方文化在“上海滩”展开激烈的交汇、争锋与融合，迅速推进了上海城市的近代化。相比于中国其他区域，上海对外来文化的接受程度最高、融合性最强。因此，海派文化具有“海纳百川、善于吸纳和融合外来文化”的豁达风格。近现代上海文化的生成，是基于多元、复合的格局展开的。传统与现代、本土与外洋、南来与北往、高雅与通俗多种元素的融汇，形成上海与众不同的文化风貌。[4] 可见，植根于中华优秀传统文化沃土、汲取吴越文化的精髓、融合吸纳外来文化的精华继而形成包容并蓄、长于扬弃、力争卓异等独有个性的海派文化，包容性和多样性是其本质特征，吸引更大范围的人、物、信息、资金、技术等汇聚上海，彰显其国际大都市的独特魅力，也奠定其在长三角的龙头地位。

（2）长三角区域文化的共性之处。

长三角区域的吴文化、越文化、海派文化等，其内涵存在历史差异性。然而，作为同在长三角这片沃土滋养下而产生、发展的文化，它们也拥有着相近

[1] 李明波．长江三角洲地区文化认同的历史与现状［J］．华东理工大学学报，2005，20(1)：89-93.

[2] 戴先杰，王丽娟．吴文化与江苏经济［J］．人文地理，2001，16（4）：86.

[3] 陈立旭．浙江经济发展的历史和文化底蕴［J］．中共浙江省委党校学报，2002，18(3)：38.

[4] 陈伯海．上海文化史：现代化都市文明的生长史［J］．社会科学，2000，22（2）：60.

的价值认同和主旨精神，展现出积累基础上的共性之处。

① 包容并蓄的开放理念。环顾长三角的地理环境，地域开阔、水道密布是其主要特色。长江、太湖、京杭大运河等，将长三角原本割裂的区域“串联”起来。上善若水，水具有流动性和包容性：流动性代表着生生不息的进取之力，包容性则诠释着多元并存的容纳之度。开放的地理空间和广阔的水域面积，影响着长三角居民的生活习俗和文化心态，也使长三角区域文化具有内在的、自觉的开放性。

② 精进谦让的朴实风格。长三角地区气候湿润、物产资源丰富，适宜人居。自六朝以来，大量北方人口迁居南方，长三角耕地面积相对减少，出现“地少人稠”的困境，但这也间接促进了长三角精耕细作、勤劳简朴民风的形成。在大自然的丰腴馈赠和人类的聪颖智慧的双重作用下，长三角民众有余暇和才艺去追寻更美好的精神生活与审美情趣，将他们对美的感知延伸至生活中的各个领域。在启迪智慧、磨砺艺术的进程中，人们的洞察力和想象力得以极致发挥，品格修养和智慧风骨也得以“精雕细琢”，体现出精益求精的人生意境，诠释出“精进”二字的真正内涵。此外，“谦让之风”也在长三角区域文化中留有印记：“和为贵，谦受益”思想植根于民众心中。谦和的气质、礼让的品质，使长三角民众在与人交往中，更易建立良好的人际关系，赢得他人的尊重。

③ 经世致用的工商传统。自宋明之后，优越的自然禀赋加上良好的人文环境，使长三角成为中国的“鱼米之乡”、富庶繁华之地，营造出一座座经济中心城市；而城市的演进又衍生出大批的市民阶层，推动了工商业的快速发展。在这种社会文化氛围中，原本处于“末端”的工商业获得了广阔的发展空间。从一定程度上讲，近代中国民族工商经济发端于长三角，涌现出南通张謇、苏州贝氏家族、无锡荣氏兄弟、常州盛宣怀等具有爱国情怀的工商巨子，是历史的必然。长三角注重工商的传统，又引申出诚信精神和突破意识，表现为：注重诚信，遵守秩序，按规矩办事，擅长与他人和谐共事；敢于突破地域、空间、资源、文化的限制，寻求更大的利益和效用。在发扬区域工商传统的基础上，结合西方的经济金融准则和法制体系，上海成为近代中国工商业的“领跑者”，直至发展成为当代中国的国际经济、金融和贸易中心。

④ 崇文善学的价值取向。人杰地灵的长三角地区一直重文重教，鸿儒才子不可枚举。自北宋范仲淹在苏州创办学堂开始，长三角地区办学兴教蔚然成

风：无锡东林书院、苏州紫阳书院、南京尊经书院等相继涌现，声名鹊起；私塾家学遍及城乡，尊学之风日渐鼎盛。在明清两代的科举应试中，长三角考生独领风骚：明代状元出生分布前五位的省份，浙江、江苏、安徽分别位居第二、第三和第五；清代状元出生分布前五位的省份，江苏、浙江、安徽三省再次跻身其中，分别位居第一、第二和第三。时至当代，长三角高端人才贡献率依然排名全国前列。以“两院院士”籍贯分布排名为例，截止到2017年1月，江苏、浙江、安徽、上海分别以450人、375人、111人和84人位列第一、第二、第七和第九，分别占院士总人数的19.24%、16.03%、4.75%和3.59%，即全国近半数的院士出生于长三角，区域精英人才密集度之高令人惊叹。深思之，这与长三角地区历久弥新的崇文之风、潜心向学的勤勉之念和孜孜不怠的实效之功密不可分。

长三角沪苏浙皖三省一市气候相似、地域相近、交通相连、人缘相亲，虽存在吴、越、海派等亚文化圈，但整体上属于同一文化圈，拥有共同的文化底蕴。[1] 一脉同源促成了长三角经济、社会、文化等多领域的统一性与一体化趋向。就文化层面而言，更容易形成一致的理想信念、文化价值观、道德标准、行为约束等，反映出区域社会群体利益与期望，调控人们的行动，协调社会关系，推动经济社会协同发展。诚如费孝通先生所言：“洲级经济区域概念的提出，也许是走向这个共同体的一个起点。但这也仅仅是一种可能，如果没有共同的价值观念，仅是经济上的联系，将不易达到。”[2] 因此，实现长三角体育公共服务一体化，既需要借助政策、法律、制度、市场、资源等的规制与支撑，实现协调联动、分工协作、共同发展，更需要突破“各守其土”的本位思想禁锢，树立体育公共服务一体化的价值观念，统一思想、统一认识、创造氛围、主动融合、形成合力，以无形的文化调节方式助推一体化发展。

3.1.1.2.2 现实发展“圈群效应”

社会现实的不断演变与促进，是区域文化认同推动长三角体育公共服务一体化发展的另一个基础，主要集中在两个层面。

从内部诉求来看，在长三角一体化上升为国家战略之后，区域内多座城市

---

［1］ 宋言奇，马乙玉. 以文化认同促长三角经济合作［J］. 江南论坛，2004，12（10）：20.

［2］ 刘晓凤，任卫峰. 长江三角洲经济一体化的文化机理研究初探［J］. 嘉兴学院学报，2004，16（4）：21.

的领导动态发生了细微变化，除去常规的学习交流与招商引资，建立新型城际合作关系正成为各地决策者外出期间经常完成的“规定动作”。利用形式不一的城际合作，长三角各城市纷纷“拉圈建群”，或成为“群主”，或踊跃“进群”，不断扩容自身的“朋友圈”，长三角城市“圈群效应”逐渐显现。[1]

长三角城市“朋友圈”一派繁荣景象的产生，是这些城市（主要是市、县级）在长三角一体化国家战略背景下，紧紧抓住高质量发展这个“牛鼻子”，积极作为，加强跨区域、远距离、“跳棋式”的城际合作，不再被动等待三省一市层面的推进。长久以来，长三角一体化的主要推动力量有两种：一种是自上而下的政策推动；另一种是市场这一“无形之手”的驱动。然而，从三省一市宏观层面的政策推动到市场主体感受到“获得感”，中间环节较为漫长。受行政区划和地方保护主义思想的影响，部分城市尤其是地级市饰演着“中梗阻”的角色，导致区域资源流动不畅，区域间同质化现象严重。如今，长三角各城市的“活跃”，使其成为加快长三角一体化发展的第三种力量，对疏通地方保护主义这一“淤塞”、畅通资源要素流动渠道、打通区域一体化的“任督二脉”具有积极的意义。

长三角各城市的“活跃”现象，也与其“内部诉求”息息相关。自我国经济体制从计划经济转向市场经济以来，长三角经济社会飞速发展，已建立起良好的区域一体化基础和区域城市间紧密的经济联系，成为国家示范区域。[2] 但仍存在许多问题，包括城市间行政壁垒依旧存在、区域资源要素流动不畅、城市间缺乏科学的分工合作、一体化发展的制度建设滞后等亟待化解。此外，区域一体化为城市经济社会发展带来的“红利”，已被城市决策者们深深感知。区域一体化的“红利”主要集中在以下几个方面：

第一，区域一体化能够推动各地区积极发挥自身优势，实现优势互补，利用规模集聚效应，提升整体效益，达到“1+1>2”的成效。

第二，在经济全球化的背景下，地方政府之间已由“单纯的逐利竞争”转向“理性的竞合模式”。利用区域协作，实现“将竞争外部性内部化和收益

---

［1］ 夏自钊 . 城市“圈群”重塑长三角［J］. 决策，2019，27（5）：12.

［2］ 唐亚林，于迎 . 主动对接式区域合作：长三角区域治理新模式的复合动力与机制创新［J］. 理论探讨，2008，25（1）：28-35.

共享”[1] 的目标，在追寻“更多利益”的过程中，实现自身的一份作为。

第三，区域一体化可以促进地区间资源要素的自由流动和市场整合，加强地区之间的联系，实现社会公共产品和资源要素的共享，降低一体化区域内部平均成本，增加各地方政府通过相互联合而获得的净收益。

第四，各地区可以借力一体化进程，构建统一的合作联盟或者大型的一体化区域。通过区域影响力，充分发挥对外周地区资源要素强力的虹吸效应，降低边际效应，从而增强该区域在全国甚至国际上的竞争优势和彰显度。

因此，直视区域经济社会发展过程中存在的问题、正确领会一体化发展对区域发展的积极作用，使长三角地方政府更加明晰自身的“切实需求”，进而形成统一的认识和行动规范，主动作为，推动区域一体化发展。

区域公共服务一体化对推动区域高质量、可持续一体化发展，具有极其重要的作用。改革开放以来，长三角公共服务一体化经历了由“碎片化”到“协同化”再到“一体化”的推进过程。在长三角一体化上升为国家战略的背景下，长三角各级政府部门转变发展思路、采取积极举措，大力推进长三角公共服务一体化进程，包括整体性规划引领、法治化理念推动、体制机制创新保障、数字治理技术嵌入、多元主体共同参与在内的区域公共服务一体化创新模式，正在逐步构建起来。

体育公共服务是公共服务的重要组成部分，体育公共服务一体化水平影响着公共服务一体化整体发展水平。在长三角体育公共服务发展过程中，服务供给主体、服务供给方式、服务体系构建等领域不断发展完善，但依然存在供给种类单一、服务不便捷、公益性不高、资源配置行政化、决策交流互动不足等问题。因此，妥善解决长三角体育公共服务发展过程中存在的实际问题、提升体育公共服务质量、推动区域体育公共服务一体化发展，受到长三角地方政府领导的高度关注，各地方政府逐渐达成共识，采取了一系列积极举措：沪苏浙两省一市体育局共同举办“长三角体育圈全民健身大联动”，开展跨省市区域的全民健身活动；沪苏浙皖三省一市体育部门领导就体育产业合作达成共识并签署合作协议，审议并同意《长三角地区体育产业一体化发展三年行动计划（2018—2020 年）》，规划了“举办长三角体育产业高峰论坛”“建设长三角

[1] 王珏．长江三角洲地区政府合作过程与合作模式的博弈分析［D］．北京：中国科学院大学，2014.

地区体育产业联盟”“建设长三角体育产业信息平台”等20余个项目；上海市嘉定区体育局与昆山市文体广电和旅游局、太仓市文体广电和旅游局合作，合力构建“嘉昆太”体育联盟，突破地域界限，开发区位优势，推动全民健身、竞技体育、体育产业等领域的全面沟通与合作。由此可见，长三角体育公共服务一体化发展的“内部诉求”，促使区域政府领导达成共识，将体育公共服务一体化提上重要议程，积极开展区域合作，推动一体化不断向前发展。

从外部推进来看，长三角地区是我国人口最密集、经济活跃度最高的区域之一，在中国甚至世界经济格局中都占有一席之地。以上海为核心的长三角经济圈借助区域综合优势，发展成为中国第一大经济圈和世界第六大城市群，是中国经济对接世界的重要窗口。长三角通过开拓发展空间、扩大区域范围、加强区域分工协作等举措来推进一体化发展，这对构建良好的区域发展环境、提升区域整体竞争力具有重要意义。从国家层面来看，推进长三角一体化发展对引领长江流域及沿海区域发展、为其他区域提供发展经验、带动全国区域协同发展、提升国家经济综合实力、增强国家国际竞争力和抵御风险能力等也有深远的意义。因为资本、劳动力、技术等资源要素在区域内的快速流动，促进了区域经济社会政策协调与协作交流不断扩展。在市场的驱动下，区域内的投资、交易和信贷关系等更加密切，国家逐步认识到国家利益已与区域利益不可分割且两者的关系越来越紧密，区域的繁荣发展可成为国家经济社会全面发展的重要依托和坚强后盾，进而产生对区域重要性的认同。

进入21世纪以来，中央政府及其职能部门高度关注长三角公共服务一体化发展，陆续出台区域整体性规划：2010年6月，国家发展和改革委员会印发《长江三角洲地区区域规划》，提出加强长三角地区与周边地区的联合与协作，以改善民生为重点，强化政府社会管理和公共服务职能，建立和完善区域基本公共服务均等化保障机制；2016年5月，国务院批复《长江三角洲城市群发展规划》，要求更好发挥政府在公共服务供给方面的作用，提升公共产品和公共服务水平，建立共建共享的基本公共服务一体化发展机制。可见，中央政府及其职能部门通过加强顶层设计、统一筹划，明确长三角各级政府公共服务职能要求、制定区域公共服务一体化发展目标和关键领域，从制度层面全力推进长三角公共服务一体化建设。

多项国家重大战略决策的出台，为长三角体育公共服务一体化发展提供了政策红利和外部推动。受发展战略叠加效应的影响，长三角各地方政府更能够统一思想、凝神聚力、达成共识、突破创新，继而完善区域体育公共服务体制机制，提高体育公共服务保障水平，推动区域内体育公共服务有机衔接，构建体育公共服务制度体系，加快长三角体育公共服务一体化建设进程。

综上所述，内部诉求、外部推进等社会现实的演变，推动长三角各地区经济社会领域的发展趋势和彼此之间的关系不断发生变化，逐渐达成对区域重要性和区域发展前景的认同并构建相关体制机制，是助推长三角一体化发展的重要驱动力。长三角各地区体育公共服务发展水平不尽相同，资源要素缺乏流动性、合作机制不健全、法规制度保障不完善等问题，成为长三角体育公共服务发展的瓶颈；而构建“长三角体育公共服务一体化区域”，可实现区域内体育公共服务的有序衔接和相得益彰，突显“多方共赢”效应。受内外部环境的影响，不同地区因体育公共服务现实困境和具体事项而联系在一起时，“地区主义实效性”的理念会随之增强，继而对区域体育公共服务一体化发展产生认同；认同感越强，区域内各地方政府就越容易对某方面问题达成共识并建立较成熟的协作机制，合作程度就越深入，合作领域就越宽广。因此，构建深层次、宽领域的区域文化认同，是持续推动长三角体育公共服务一体化发展的先决条件。

3.1.1.3 区域文化认同促进体育公共服务一体化的价值诠释

3.1.1.3.1 区域文化认同为体育公共服务一体化提供聚合力

长三角区域文化虽同根同源，但受不同行政区划归属、经济社会发展水平、文化意识等影响，区域内文化差异客观存在。长三角体育公共服务一体化发展，需要跨越行政区划边界，极可能因为文化差异而产生意见分歧和矛盾。为了避免或减少分歧，实现多方共赢，构建区域文化认同就十分必要，这是因为区域文化认同是长三角体育公共服务一体化的“黏结剂”和“增韧剂”，能促进区域性合作组织的形成、紧密团结区域内的民众使其自觉维系共同利益，增加区域内组织与成员之间的信任度和协调性，推动体育公共服务一体化协调发展。区域文化认同产生的精神力量，代表着区域成员的共同情感，具有聚合效应。这种效应有助于消除行政壁垒、动员区域内一切资源要素、加强跨区域的交流与协作，为区域体育公共服务一体化发展服务。

3.1.1.3.2 区域文化认同为体育公共服务一体化营造良好的文化氛围

文化氛围与区域发展有着密切的关系，文化氛围中所蕴含的人文精神是区域发展的精神支柱。因此，区域文化氛围是区域发展必不可少的重要保障，而文化氛围的营造，又与区域文化认同息息相关。在区域发展过程中，各个行动主体都会感知到文化背景的强大力量，而不同的文化背景往往通过经济活动不同的样式、范围、水平等间接地展现。区域发展变革，一般是从文化理念的革新开始的：优性文化可以成就繁荣的经济，非优性文化将引致落后的经济。在相异的文化区域内，即使实行相同的经济体制和发展方式，也将产生不同的效果。

长三角是我国经济发达地区，促成其经济繁荣的原因有多种，历史传承、行为理念等区域文化因素是主要方面。经过历史长河的涤荡，"迎难而上、包容并蓄、务实创新"的文化特质，已在区域群体间形成文化认同，成为长三角区域文化的共同标识，逐渐形成共同的文化氛围，为长三角一体化发展提供延绵不断的精神源泉和智力支撑。体育公共服务一体化是区域一体化的重要组成部分，在一定程度上决定着区域一体化的发展水平。长三角良好的文化氛围，可构建并巩固体育公共服务相关主体间的"非契约关系"、促进区域间体育公共产品和服务的自由流通、改善体育公共服务的外部软环境等，为体育公共服务一体化发展提供原动力。

3.1.1.3.3　区域文化认同可降低区域交易成本，推动体育公共服务合作

交易成本包括事前准备合同及事后监督和强制履行合同的成本，与生产成本不同，它是履行一个合同的成本。具有相似的文化背景、地缘相近的若干行政区域，为实现共同发展，较容易建立区域合作关系。而拥有优良的社会人文环境及其"孕育"出的区域文化认同，会降低区域合作中的交易成本，尤其是事后监督和强制履行合同的成本，保障区域合作的有序进行：一方面，区域文化认同有助于降低履行合同过程中出现的风险成本，推动区域合作；另一方面，区域文化认同可以降低磨合成本。进行跨区域经济合作的双方（或多方），如果彼此对对方的文化内涵缺乏准确认知，则必须付出磨合成本，这不利于区域合作的深入开展。区域文化认同可以促进合作各方之间的交流与沟通，让其找到共同的文化表达方式。这些先天的聚合要素，可以消除合作主体之间的陌生感和距离感，为实现区域合作奠定稳固的文化基础。长三角体育公共服务一体化进程中，跨地域合作是重要环节。在合作中既要考虑人力、物力、财力等资源要素的前期投入，又要考虑合作的稳固性和长久性。而借助区域文化认同建立诚信互惠的共同认知、增强区域认同感、使各方自觉维护区域整体利益、降低合作中的各类风险成本等，对长三角体育公共服务一体化的健

康发展具有积极的意义。

3.1.1.3.4　区域文化认同为体育公共服务制度创新开拓空间

制度层面的创新活动在很大程度上受到社会文化因素的影响。学习、参照并应用优质的制度必须思考其与社会文化因素的契合度，而对原有制度进行变革或者创建新制度也要探究相关区域的文化特质，否则会增加制度变革的摩擦成本。这是因为区域文化是在持续的交流、碰撞、融合中发展的，在选择、吸纳和借鉴各地区文化的基础上，逐步内化和凝练出自己独有的文化特质。这种区域文化特质既对制度变革形成制约，又为制度创新开拓空间。[1] 构筑区域文化认同，提炼区域共同文化特质，谨慎找寻制度创新与区域文化摩擦成本最小化的交叉点，使之成为制度创新的原点。通过构建共同的价值观、利益观等，使区域成员和组织认识到个体利益与区域整体利益是一体的，为制度创新创造有利条件。长三角体育公共服务一体化的实现，需要突破“各自为政”的行政壁垒，重视制度创新，实现区域间协同并进、联动发展；而制度创新的达成，既需要行政指令和法规的指导与规划，更需要区域内个体和组织的自发倡导与施行。这种依托区域文化认同形成的制度创新，对创建新制度和体育公共服务一体化发展具有重要的推动作用。

3.1.2　智慧城市建设：一体化理论框架构建的现实溯源

进入21世纪以来，人类社会正迈向一个全新的时代：高科技手段和新兴产业不断涌现、交融、革新并应用于社会发展的各个层面；以物联网、大数据、信息共享平台等为标杆的新一代信息技术“独领风骚”，成为推动世界经济、社会、文化等多个领域不断发展的强劲动力之一。与此同时，“智慧地球”“信息社会”“知识爆炸时代”“智慧城市”等新名词，出现在公众视野中。

“智慧城市”这一概念由美国IBM公司在2009年正式提出，旨在借助多种信息技术或创新理念，将城市的系统与服务串联、聚集，提高资源配置与利用效率，提升城市治理和服务水平及市民生活质量。[2] 十余年来，国内外学

[1] 汪伟全．长三角区域文化融合研究：基于区域一体化的思考［J］．现代管理科学，2014，33(4)：85.

[2] 肖隆平．单志广：智慧城市将成下一个增长极［N］．新京报，2019-01-04.

者对智慧城市概念进行探究，观点各异，其中有两种不同的观点：一种观点认为，智慧城市是新一代信息技术在城市特定领域的应用。其根本目的是利用智能化的过程，为城市某一建设区域寻求最大效益和可持续发展。另一种观点认为，智慧城市是新时期的信息城市或数字城市，是城市信息化发展新阶段，体现城市的智慧化。虽然观点不同，但智慧城市的内涵，即通过新一代信息技术在城市发展实践中的应用，满足城市发展的“智慧化”需求，继而推动城市可持续发展，已得到学界的一致认可。[1]

3.1.2.1 长三角智慧城市建设概况

3.1.2.1.1 上海智慧城市建设概况

20世纪90年代初，上海提出城市信息港建设，将城市网络建设列为建设重点。到20世纪90年代末，在信息化重点应用项目建设试点的基础上，上海城市信息化建设逐渐延伸至城市建设各个领域。经过十余年的发展，截至2011年，上海城市信息化建设水平在国内处于领先地位，部分指标已接近世界发达国家水平，一批新兴技术成果在上海世博会上“崭露头角”。基于此，上海于2011年9月发布《上海市推进智慧城市建设2011—2013年行动计划》，也被称为上海智慧城市建设第一轮三年行动计划。在这三年中，上海智慧城市建设快速推进，全面实现各项目标：上海城市信息化综合指数排名全国第一；光纤入户覆盖率和用户人数排名全国第一；无线局域网覆盖范围和规模排名全国第一；城域网出口带宽排名全国第一；等等。纵观上海智慧城市建设第一轮三年行动计划可以看出，上海正以新一代信息技术为抓手，紧紧围绕基础设施建设、人工智能、信息通信和信息产业等领域开展城市信息化建设工程。上海智慧城市建设是新一代信息技术的推动者，是城市信息化快速发展的助推器，是城市现代化智慧的催化剂。

在智慧城市建设第一轮三年行动计划的基础上，上海于2014年12月发布《上海市推进智慧城市建设行动计划（2014—2016年）》，也被称为上海智慧城市建设新一轮三年行动计划。在新一轮三年行动计划中，建设重点领域转向信息感知和智能应用，取得较明显的阶段性成果：建立健全惠及民众的智慧生活服务体系，继续扩大民生服务信息化覆盖范围；建立全面立体的城市管理信

---

［1］ 王操．城市智慧化理念演进：从工具理性到价值理性——基于上海智慧城市十年发展考察［J］．城市观察，2020，12（4）：146-148.

息系统，提高城市管理运行效率；构建与经济转型升级相适应的新型智慧经济体系，促进信息技术与产业融合发展。智慧政务服务体系日益完善，推动政府信息化深入发展。智慧城市建设逐步“渗透”到基层，智慧城市在社区、乡镇等基层单位的试点示范工作深入开展。[1] 从新一轮三年行动计划的发展成果可以看出，此阶段的上海智慧城市建设具有两个显著特征：一是将信息感知和智能技术领域的研究推向深入，并与城市发展紧密结合；二是将智慧城市建设融入上海国际大都市建设体系之中，其建设意义和价值日益突显。

经过两轮三年行动计划的推动，上海智慧城市建设水平日益提升。为了进一步推进智慧城市建设，使新的信息技术更好地服务于经济社会发展，上海于2016年9月发布了《上海市推进智慧城市建设“十三五”规划》。经过几年的规划和发展，信息化助力民生的功能不断增强，城市信息化管理水平不断提升，数字经济快速发展，信息基础设施建设不断推进，数据资源不断丰富并实现共建共享，网络安全性极佳。2020年2月，上海市人民政府发布《关于进一步加快智慧城市建设的若干意见》，提出到2022年，将上海建设成为全球新型智慧城市的排头兵，国际数字经济网络的重要枢纽，引领全国智慧社会、智慧政府发展的先行者，智慧美好生活的创新城市。在新规划的指引下，上海智慧城市建设进入新阶段。

3.1.2.1.2 江苏智慧城市建设概况

2019年，江苏人均GDP为123 607元，位居中国各省榜首；综合竞争力、地区发展与民生指数也都位居中国各省第一。江苏是我国经济社会综合发展水平最优的省份。依靠优越的经济社会发展条件和具有前瞻性的发展战略，江苏智慧城市建设稳步推进，并取得了丰硕成果。

南京的智慧城市建设在江苏甚至全国起步较早。2009年，南京市委、市政府正式提出加快智慧城市建设的战略构想，并将其作为提升城市发展能级、提高城市综合竞争力的重要战略举措。2011年12月，南京市人民政府发布《南京市“十二五”智慧城市发展规划》，为南京智慧城市建设加速。2013年9月，南京市对信息基础设施、智慧行业应用、集成协同应用等领域共计46个智慧产业重点项目开启智慧化运作，并建成一批信息化示范应用项目。该批项目在提升城市管理层次、提高市民信息化生活品质、引领智慧城市产业发展

[1] 陈渊源．上海全方位推进新型智慧城市建设［J］．上海信息化，2017，14（1）：10-15.

等方面发挥了关键性作用。

无锡智慧城市建设也较早开始，并取得了优异成绩：2012—2015 年蝉联中国智慧城市发展第一名，获得中国智慧城市建设示范领先奖、全国智慧城市建设模范城市等荣誉称号。无锡市政府持续推进城市大数据信息平台、电子商务信息平台、城市综合管理信息服务平台、民生综合服务信息平台等建设，加大新型信息化技术在城市经济、文化、生活等诸多领域的引领力和覆盖面。在此基础上，无锡首创了“政府引领、企业融合、社会参与、市场运作”的智慧城市建设运作模式，吸引企业、社会团体等多主体参与智慧城市建设；倡导构建无锡智慧城市建设创新发展联盟及智慧交通、智慧教育、智慧健康、智慧养老等产业发展联盟，推动相关产业及城市转型发展。无锡智慧城市建设理念、成果和经验，正被江苏乃至全国的城市学习和借鉴，它已成为智慧城市建设的“标杆”之一。

苏州是长三角重要的中心城市之一，其智慧城市建设亦取得了显著的成绩。2013 年 4 月，苏州市人民政府发布《苏州市信息通信基础设施建设发展规划（2013—2015 年）》，明确指出“十二五”期间构建智慧医疗、智慧交通、智慧物业、智能电网、智慧旅游、智慧农业、智慧社区、智慧城管、智慧安全 9 大智慧苏州示范工程。经过多年发展，智慧苏州的整体框架已经形成，公共信息服务平台和操作系统等日趋完善，并逐步应用于教育、卫生医疗、就业等多个公共服务领域，为广大市民提供更加便捷化、智能化的信息服务。

常州智慧城市建设始于 2012 年，该年它被国家工信部列为全国第二个“智慧城市”试点城市。同年，利用试点城市的契机，常州市人民政府出台了《常州“智慧城市”发展规划（2012—2016 年）》，提出了依托“四库四平台”，发展六大智能产业，实施八大应用工程，最终实现社会管理信息化、居民生活智慧化、装备制造智能化、智能技术产业化的“四化”目标。经过多年发展，智能化、信息化技术在常州城市可视化运行管理、政务服务、交通运输服务、教育服务、卫生医疗服务、旅游服务等领域广泛应用，实现社会诸多领域的智慧化操作与管理，助力城市健康发展。

除上述城市外，江苏省所辖其他地级市的智慧城市建设也呈现出良好的发展态势，13 个地级市均已出台关于智慧城市建设的规划或意见，20 个市（区、县、镇）先后入围国家智慧城市试点名单。可见，江苏全省已全面开启智慧城市建设新征程，“百花争艳”的智慧城市建设新格局已经形成，江苏智慧城市建设跨越式发展可期。

3.1.2.1.3 浙江智慧城市建设概况

浙江是我国民营经济发展基础好、发展水平最高的地区之一。省域互联网覆盖范围大、新信息技术应用领域广，使其智慧城市建设整体水平领先于国内其他省份。阿里巴巴、海康威视等知名信息技术企业诞生于此，造就了马云、张勇、胡扬忠等一批新信息技术行业领军人才。信息技术的广泛应用、互联网经济的蓬勃发展，助推浙江在全球信息革命浪潮中“激流勇进”，也加快了浙江智慧城市建设的改革步伐。

在探索、推动智慧城市建设的进程中，浙江走在全国前列。2011 年 10 月 9 日，浙江省人民政府办公厅印发《浙江省人民政府办公厅关于开展智慧城市建设试点工作的通知》，指出要在医疗健康、城市管理、交通出行、能源管理、环境保护等老百姓最关注的民生领域，分批次建设 20 个智慧城市示范点项目。强调要以示范点项目建设工作为抓手，以点带面，科学、务实、全面推进全省智慧城市建设。

在具体建设实践中，浙江以组织体系构建、政策落实、财政保障、宣传推广等为抓手，全面统筹推动智慧城市建设工作，为全国智慧城市建设工作开展提供了“浙江样板”：构建以工信部、国家标准委、浙江省人民政府及智慧城市建设具体项目涉及的业务单位为主体的组织机构，制定完善的组织保障体系，推动智慧城市建设；积极开展“智慧健康”试点工作，全面推广基于信息技术服务的个性化医疗及防治并举的医疗卫生服务新模式；利用大数据计算、云平台等信息技术，构建覆盖浙江高速路网的兼顾协调监管和民众交通出行服务的信息化运营管理平台，使智慧出行“飞入寻常百姓家”；依托浙江政务服务网，破除信息壁垒，实现信息共享，深入推进“最多跑一次”改革，努力实现“让数据多跑腿，让民众少跑路”，全省“最多跑一次”达成率为 87.9%，民众满意率为 94.7%；稳步开展智慧城市领域政府首购云服务试点，签署政府购买云服务协议，针对智慧城市建设专用软件、装备电子、云服务、信息数据处理等重点内容创建省级重点企业研究院，做到产学研相结合；各级政府主导建立智慧城市相关产业技术创新试点，推动阿里巴巴、大华、海康威视等优质企业研发信息技术应用产品，以软件产业带动城市相关产业协同发展；等等。[1]

迄今为止，浙江全省11个省辖市均将智慧城市建设列为城市发展建设的重要内容之一，陆续出台相关的政策、指导意见、发展规划等。嘉兴、宁波、杭州等多座城市陆续被国家授予“全国新型智慧城市标杆市”“中国领军智慧城市”“中国智慧城市示范城市”等荣誉称号。浙江全省在探索智慧城市建设的道路上已迈出坚实一步，并将沿着科学建设的方向稳步前行。

3.1.2.1.4 安徽智慧城市建设概况

安徽地处长江下游，通江达海，经济文化繁荣，与上海、江苏、浙江共同构成的城市群已跻身世界六大城市群之一。2014年，安徽被授予“中国最幸福的省份”荣誉称号，并被列为我国首个新型城镇化试点省份和全国第二个开展创新型省份建设试点工作的省份。

2012年年末，住建部发起了国家智慧城市试点工作。在前两批共计193个试点城市中，安徽占10席。2014年，在住建部公布的第三批国家智慧城市试点名单中，安徽省的滁州市（含定远县）、六安市金寨县、亳州市、宿州市、阜阳市太和县（扩大范围试点）5个城市（县）入围。15个城市（县、区、镇）先后入选国家智慧城市试点城市，使智慧城市建设在安徽省内蓬勃开展并取得显著成效。

合肥利用国家科技成果并结合本地实际，制定出台详尽的智慧城市建设方案，焦点集中在交通、医疗、旅游、网络设施建设等方面。在智能交通领域，创造性地将交通信息与交警资源有机整合，利用科技平台实现道路资源信息的交互共享，为市民交通出行提供便捷化服务；在城市管理领域，构建智慧城市公共信息平台，将数字城管系统纳入智慧城市建设体系中，建立城市统一的地域空间信息平台及实体建筑数据库，进而建设智慧城市公共信息平台，为广大市民办理各项事务提供便利。

蚌埠借助大数据技术推动智慧城市建设，重点服务民生领域。在城市管理、教育医疗、食品卫生等领域引进大数据监管，推动城市公共信息服务平台、城市公共基础数据库、智慧社区服务系统等重点项目建设，提升政府管理与公共服务的能力和实效。紧密围绕国家智慧城市示范区建设，加强数据资源

[1] 浙江省经济和信息化委员会．智慧城市建设的“浙江样板”[J]．中国建设信息化，2018，24（12）：36-39.

开发利用，建立起一批具有示范效应、高效运行的智慧城市示范项目。

铜陵于2011年提出打造“智慧铜陵”的目标，并于2012年入选住建部首批国家智慧城市试点城市。通过多年规划和建设，铜陵已建成云计算数据中心，为有关职能部门提供计算与存储服务。利用已有的数据资源和存储系统，构建城市公共信息综合服务平台，为各部门提供信息支持和资源共享。

淮南是安徽较早开展智慧城市建设的城市之一，也于2012年入选国家首批智慧城市试点城市。近年来，淮南不断推进城市信息化建设，扶持发展云计算、大数据等电子信息产业，取得了积极的成效：持续完善光纤网络、政务平台及卫星网络建设，大力提升信息网络基础设施条件；推行数据资源收集和信息共享机制改革，健全基础信息数据库，拓展信息资源平台目录；利用信息服务、物联网等新信息技术，实施传统产业转型、新兴产业发展战略，为淮南产业转型升级与经济发展打造了优良的平台和环境。

当下，安徽正在为实现“经济强省、文化强省、生态强省”的目标不懈努力，而无论是迅速崛起的经济强省，还是具有强大软实力的文化强省及生态绿色、适宜人居的生态强省，均需要智慧城市建设的支持和“催化”，这是由智慧城市建设的主旨和目标决定的。随着智慧城市建设不断深入，智慧城市助推安徽经济、社会、文化事业发展的功效将日益彰显。

3.1.2.2 长三角智慧城市建设推动体育公共服务一体化的重要举措

3.1.2.2.1 构建以民为本、智能高效的体育基础设施和体育公共服务体系

高质量发展是长三角体育公共服务一体化发展的一个显著特征，而构建以民为本、智能高效的体育基础设施和体育公共服务体系是高质量发展的重要前提。体育基础设施是体育公共服务一体化发展的首要物质基础和有力支撑，体育公共服务则是城市公共部门向民众提供的体育公共产品和服务。

长三角是我国经济社会较发达地区，体育基础设施建设呈现良好态势，但区域间发展不均衡的现象依然存在。区域体育公共服务体系及其架构、服务成效等方面尚存在诸多问题，影响着发展质量的提升。因此，在长三角一体化发展的背景下，体育基础设施和体育公共服务体系建设的重点应聚焦在发展层次与服务质量的提高上。

智慧城市建设以智能城市为根基，充分借助新一代信息技术，突出城市“以人为本”与“信息技术”的有机衔接。智慧城市的“人本”理念与体育公

共服务的根本宗旨完全契合，其“信息技术”的应用与推广也助推了体育基础设施和体育公共服务体系建设。一方面，在智慧城市建设过程中，智能视频监控、信息感应装置等信息采集端，局域网、无线网等信息传导设备，以及大数据、云计算等信息化基础设施逐步建立和完善，推动城市体育基础设施与城市交通、城市管理等融合发展，避免体育基础设施的重复建设及功能趋同，有利于体育基础设施在体育公共服务中发挥更大功效；另一方面，互联网、移动通信技术等新信息技术应用于体育公共服务领域，有助于提升体育公共服务效率和服务水准，使服务方向转向“人本”领域。通过政府网站、社交网站、政务平台等实时追踪了解民众服务需求，构建满足居民个性化需求的动态服务模式。利用信息技术提供的大数据，准确“把脉”体育基础设施运行及体育公共服务过程中存在的问题，营造更加人性化、智能化、便捷化的体育基础设施和体育公共服务体系，提升体育公共服务一体化发展质量。

3.1.2.2.2　以技术创新带动长三角体育公共服务一体化发展

长三角体育公共服务高质量发展与制度创新、技术创新密不可分。制度创新需要政府、市场等协同配合，构建有利于体育公共服务一体化发展的制度体系，包括奖励体系、评估体系、监测体系等。而技术创新则需要突破原有技术、模式和路径的限制，通过技术创新驱动提升发展效率和质量。

智慧城市建设中的技术创新为体育公共服务一体化发展提供技术支持，并与制度创新、管理创新、模式创新等形成叠加效应，为体育公共服务一体化进程提供强劲的推动力。通过物联网、人工智能、云计算等新一代信息技术，以深入落实民众体育公共服务体验为导向，以技术创新拓展体育公共服务惠民举措、优化惠民服务目标和服务路径；在充分整合城市体育公共服务信息资源的基础上，加强体育公共服务信息资源基础设施建设，打造协同统一、惠民便民的体育公共服务平台；加强体育公共服务大数据建设与监管，健全数据资源管理制度。依照社会需求，分批次构建区域统一、实时更新、共建共享、官方发布的体育公共服务信息资源目录体系，依法公开体育公共服务信息；逐步完善对体育公共服务信息资源的分类管理，统筹基础信息资源并进行动态更新，保证相关部门实现信息资源的“无门槛式”共享，确保数据信息的及时性、完整性、精准性和可达性；逐步加强体育公共服务数据信息共享互换平台建设，利用不同平台实现信息共享交换。在此前提下，明晰信息交换的边界与用途，倡导通过信息系统对接、联机操作、批量下载等形式，明确体育公共服务信息共享互换平台的建设标准和服务形式；科学推动移动网络和基础信息数据库优化升级，借此创新体育公共服务信息化服务模式和路径，使互联网、新信息技术成果在体育公共服务领域发挥更大的惠民便民作用；不断拓展智慧城市建设成果在体育公共服务领域应用的深度和广度，使更多的民众亲身感受到智慧城市惠民服务成果，提升民众在体育公共服务领域的获得感和满意度。

3.1.2.3 长三角智慧城市建设推动体育公共服务一体化的动力

智慧城市建设就其本质而言是综合应用现代信息技术手段，全面提升城市发展的过程。体育公共服务一体化发展是区域城市发展的一个重要环节，关系到民生福祉。在智慧城市建设的时代背景下，体育公共服务应积极与智慧城市建设“接轨”并努力寻求智慧城市“发展红利”助力自身发展。长三角智慧城市建设推动体育公共服务一体化的动力呈现在以下几个方面。

第一，体育公共服务信息系统更加协同开放。在传统信息管理模式下，信息相对闭塞和自上而下的信息管理模式形成的“信息壁垒”，阻碍了体育公共服务信息资源的共享。智慧城市建设驱动了城市体育公共服务信息平台的构建。借助信息网络技术强劲的平台支撑功能，实现体育公共服务信息共享、大数据分析及群体智慧的交互共享，使体育公共服务决策者及时了解相关信息，做出更科学的体育公共服务信息决策。

第二，体育公共服务更加智能化和个性化。破解城市发展中遇到的难题，建设更加智能化、个性化的城市服务体系，是智慧城市建设的目标之一。长三角体育公共服务发展基础较好，但也面临很多问题，诸如体育公共服务供给主体的单一性、供给内容的非公众选择性、供给非均衡性等。智慧城市建设通过大数据、云计算、物联网等新信息技术手段，利用技术创新，并结合城市体育公共服务资源禀赋、基础设施条件、民众对体育公共服务的切身需求等因素，使城市体育公共服务处处展现智慧化特点，彰显城市体育公共服务自身特色和个性，打破“千城一面”的体育公共服务发展窘境，实现科学配置体育公共服务资源、提升体育公共服务的发展效率和质量、提供更加智能化和个性化的体育公共服务等目标。

第三，体育公共服务以人为本的主旨更加突显。智慧城市建设的出发点和落脚点是“以人为本”，建设的目的是更好地满足人民对城市生活日益增长的个性化需求，让市民享受更高质量的城市生活；而体育公共服务的主旨也是以人为本，两者“不谋而合”。而当下，受多种因素影响，我国体育公共服务的发展面临很多难题，其中之一便是体育公共产品和服务供给与广大民众真实的体育公共服务需求不对称。智慧城市建设通过大数据、云计算等信息技术手段，可以有效改善体育公共信息服务领域存在的“技术”与“人”互动不足、“信息化”与“人本化”协同不充分、“信息孤岛”等问题。通过信息化服务，为民众参与体育健身活动提供便利信息和指导，提升民众对体育公共服务的参与度和满意度。

3.2 长三角体育公共服务一体化理论框架结构及要素解析

3.2.1 理论框架结构

自20世纪90年代以来，区域一体化已成为最具活力的经济现象之一，其与经济全球化一同推动全球经济的飞速发展，塑造了当今世界经济格局。[1]

《规划纲要》指出，长三角一体化的核心有二：一是区域内各类资源要素的自由流动；二是高质量发展。在已掌握的文献资料中，关于长三角体育公共服务一体化的研究，较集中在城乡一体化背景下对体育公共服务一体化进行阐述，并且大部分为描述性研究，仅对不同地区城乡体育公共服务一体化发展现状进行探讨并提出建议，尚未形成一个框架性的体育公共服务一体化理论阐释；将一体化理论应用于体育公共服务领域的广度和深度还很有限，无法正确诠释体育公共服务一体化理论的目标、维度、要素等核心内容，这制约了体育公共服务一体化理论研究。

依据复杂系统理论、战略管理理论、区域文化理论及协同治理理论，尝试构建“一个目标、两个维度、四方互动、六个要素”有机融合、相互推进的长三角体育公共服务一体化理论框架（图3-1）。要素互动围绕“区域文化之根、智慧城市之源、数字化发展之魂”三个核心要素进行。

[1] 陈航航，贺灿飞，毛熙彦．区域一体化研究综述：尺度、联系与边界［J］．热带地理，2018，38（1）：1.

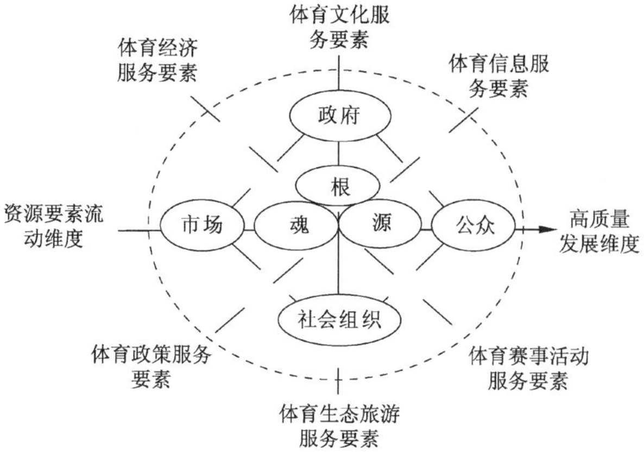

图 3-1　长三角体育公共服务一体化理论框架图

3.2.2　要素解析

3.2.2.1　一个目标

一个目标就是体育公共服务一体化。长三角体育公共服务一体化发展过程，是区域内地方政府破除影响资源要素自由流动的体制机制障碍，充分发挥市场、社会组织等的优势，推动资源要素自由流动，实现一体化发展的动态过程。长三角体育公共服务的发展目标就是实现一体化。

具体而言，一体化目标就是坚持“平等、开放、创新、共享”的体育公共服务理念，积极发挥长三角三省一市在市场、管理、资金、人才、场地设施等领域的各自所长，强化上海在引领一体化发展中的龙头作用，激发江苏、浙江两省的“侧翼”效用，挖掘并发挥安徽的后发优势；科学利用资源要素集聚和跨地域协同效应，推动各类资源自由流动、资源合理配置、市场有序竞争及场地设施互通共享；培育和吸纳更多的引领推动区域体育公共服务发展的行业自组织，丰富区域体育公共服务行为主体，动员更多的社会力量参与区域体育公共服务发展；努力构建法规制度健全、监管全面有效、奖惩客观透明的区域一体化发展新机制，打造具有影响力的区域体育公共服务品牌；构筑良性运作、客观规范、服务氛围浓郁、全民动员的区域体育公共服务发展格局，满足区域民众日益增长的多元化、个性化体育公共服务需求，助推民众发展层次提升，为我国其他区域体育公共服务一体化发展提供示范和借鉴。

3.2.2.2 两个维度

两个维度就是区域内体育公共服务各类资源要素自由流动和高质量发展。长三角体育公共服务追求的一体化，其中一个维度就是实现区域内体育公共服务人力资源、投资资源等顺畅流动、互利共荣。体育公共服务资源要素的流动应从两个方面把握：一是利用体育公共服务发展较好的区域的资源要素及其辐射效应，打通资源要素单向流动路径，带动暂时落后地区体育公共服务水平提升；二是根据不同区域体育公共服务资源要素的优势与短板，促进资源要素双向流动，使各方均有收益，共同发展。

因此，应采取有效行动为区域内各类资源要素的流动提速，如：加大长三角体育公共服务领域改革创新力度，加强区域政策协同、借鉴推广“放管服”改革经验和优良举措，为推动区域内资源要素的便利流动创造良好的外部环境；积极完善体育公共服务配套设施建设，提升民众在一体化进程中的满意度和幸福指数，满足民众多元化、个体化的体育公共服务需求；大力推进区域内体育公共服务基础设施一体化建设，提升基础设施合作共建和互联互通水平，构建分工明确、高效互补的体育公共服务基础设施体系，增强对区域体育公共服务一体化发展的支撑能力；全面把握长三角不同区域体育公共服务资源现状，厘清各区域体育公共服务发展中的资源诉求，科学掌控更具互补性和匹配意义的资源要素流动方向与路径，提高资源流动的实效性；建立健全长三角体育公共服务资源市场机制，构建区域性资源流动市场，破除阻碍资源流动的行政壁垒，提升不同区域参与资源流动的积极性；搭建区域体育公共服务资源共享平台，加强资源信息的分类、推介与共享工作，使各方从海量的资源要素中遴选出与本区域体育公共服务发展密切相关的信息，降低资源搜寻成本，实现资源需求信息对称，促进资源要素的双向或多向流动；构筑体育公共服务资源市场运行监督管理机制，政府相关部门应履行监管责任，科学防控由于资源要素自身的逐利性而引致的资源流动盲目性，保障资源要素在合理范围内流动；充分利用流动资源价值，提升资源配置水平，结合资源特性及其实际情况进行资源集聚并创设更适宜其发展的外部环境，达到更优化的资源互补，实现价值最大化；重视体育公共服务发展水平较落后区域的资源诉求，鼓励、引导较发达区域将其优势资源向落后区域转移，通过弥补资源短板带动较落后区域体育公共服务快速发展并逐渐缩小其与较发达区域之间的差距，以契合区域体育公共服务一体化发展。

长三角体育公共服务一体化的另一个维度则是高质量发展。而要真正实现高质量发展，就要在“一个理念”“三个结合”“三个领域”上做好“功课”。

一个理念，即应坚持以新发展理念带动体育公共服务一体化发展。长三角是“一带一路”和长江经济带两个国家战略的交汇处，是国家经济的重要增长极之一，是区域一体化起步最早、底基最好、发展程度最优的区域。当下，长三角正处于产业转型、经济升级的重大历史时期，急需经济增长新动力和经济发展新空间，以实现经济高速增长向高质量发展的转变。长三角体育公共服务也应紧跟时代步伐，紧抓发展契机，秉持改革、创新、开放、共享的新发展理念，持续推进体育公共服务领域的智慧创新型发展、城乡一体化发展，构建体育公共服务绿色发展方式和区域居民健康的体育生活方式，助力体育公共服务一体化发展。

三个结合：一是体育基础设施建设与软环境建设相结合。长三角体育公共服务一体化发展应以国家战略为支撑点，以区域体育基础设施建设与利用为抓手，深化区域合作。加强区域软环境建设的合作推进，增强区域软实力。二是政府指导与市场主导相结合。在一体化进程中，政府部门应转变职能，由“主导者”变为“指导者”，为一体化发展搭建平台、创设优良的发展环境。在体育公共服务合作项目开发、推进及合作过程中，采用市场化手段平衡利益相关者，以入股、控股等投融资形式带动项目合作，使各方受益。三是散点突破与面状引领相结合。长三角三省一市经济社会发展水平不尽相同，各自体育公共服务发展基础、发展动能、实施效果等也具有差异性，可采用散点突破和面状引领相结合。倡导地理位置临近、体育公共服务发展水平接近的地区加强体育公共服务的横向协作和纵向合作，在长三角大区域内率先打造若干合作示范点，为其他地区做出示范和提供借鉴。以建立长三角体育公共服务区域集群合作体系为方向，充分发挥核心城市（上海）的龙头作用，带动区域内次核心城市及中小城市建立密切合作关系，逐步形成协作共进的一体化格局。

三个领域主要指资源配置领域、智慧创新领域和体制机制领域。资源配置领域旨在破除长三角内“地方保护主义”思想，推动区域市场统一规则体系构建，发挥不同区域的“先发”或“后发”优势，推进人才、资金、场地设施等有形资源及政策法规、信息等无形资源的自由流动，形成各地资源要素共享互补。智慧创新领域旨在鼓励创新资源的跨区域流动，促成创新主体的互信与合作，增强体育公共服务智慧产业与高端技术创新，使长三角成为我国体育公共服务智慧创新发展的策源地和示范区。体制机制领域旨在从中央层面为长三角体育公共服务发展提供政策新动能，推动各省（市）体育公共服务政策与法规的同一，为体育公共服务发展提供政策支持。提倡体育公共服务合作机制市场化、多样化、信息化发展，支持企业、社会组织等成为体育公共服务市场化合作的新主体。

3.2.2.3 **四方互动**

长三角体育公共服务一体化发展需要政府、市场、社会组织和公众四方协同“发力”。在“有职能”的政府、“有效能”的市场、“有动能”的社会组织和“有潜能”的公众的联合推动下，四方各扬所长、各弃所短。只有通过协同整合形成合力，一体化发展才能持续深入。

3.2.2.3.1 *政府带动*

（1）政策驱动。

近年来，多项国家重大发展战略“落地”长三角，呈现出叠加效应，为长三角全面转型升级、创造历史性突破及建设具有世界影响力的城市群提供了重大发展机遇，也是促成长三角一体化发展的政策红利和强劲“助推器”。2018年11月18日，中共中央、国务院颁布《关于建立更加有效的区域协调发展新机制的意见》，提出一体化发展过程中，应注重完善基本公共服务均等化机制、提升区域基本公共服务保障能力、推动区域间基本公共服务衔接、建立一体化制度体系，为区域公共服务一体化发展提供了政策指引。体育公共服务是公共服务的重要组成部分，体育公共服务的发展程度直接影响到公共服务的发展质量和水平；而要实现体育公共服务一体化，首先要从政策层面对其进行指导和引领。

当前，长三角体育公共服务一体化已具备一定的发展基础和优势条件。因此，在相关政策的研究、制定与颁布上，需要中央政府及相关职能部门揆情审势，强化“以人为本”的理念，经过全面调研、听证、多方认同等程序，形成具有刚性引领、长久性、可操作的政策文本，引领体育公共服务一体化的发展方向。政策的本质是着手解决体育公共服务跨地域、战略性、紧迫性和先导性的重大问题，为区域体育公共服务一体化发展创设有利的外部环境并提供具有可操作性的若干实施细则。[1] 提前谋划、及早出台长三角体育公共服务一体化整体性规划方案，确立体育公共服务一体化建设的关键领域，制定一体化发展目标，明确地方政府服务职能，建立健全制度机制，调整长三角体育公共服务发展模式，以此提升长三角体育公共服务一体化的共治共享水平。

长三角各地方政府应在学习领会国家政策的基础上，制定本省（市）、市、县（区）体育公共服务发展规划，实现与国家政策的衔接。根据中央政府出台的相关政策指导意见，积极对接长三角体育公共服务一体化建设，结合本地实际，研究、制定并出台本区域体育公共服务具体规划和行动方案；做好本省（市）与长三角其他省（市）关于体育公共服务政策之间的交流与协调工作，加强彼此之间在体育公共服务一体化发展、体育公共服务基础设施建设、体育公共服务制度创新等领域的对接，规避重复建设与同质化竞争；完善新、老政策之间的过渡工作，将长三角一体化建设与本省（市）体育公共服务工作串联起来，健全协调发展机制，形成体育公共服务发展新格局；做好本地经济发达地区与经济欠发达地区、城市与乡村之间的体育公共服务政策衔接工作，在综合考量本地不同区域体育公共服务发展实际的前提下，推进具有差异性的一体化发展，提升本地体育公共服务的整体发展水平。

（2）城际互动。

长三角一体化数十年的发展实践表明，在不同时期，面对不同的内部条件和外部环境，区域发展的关键议题和推进路径各不相同，长三角各城市之间的竞合关系和合作模式也必然不同。在改革开放初期，长三角探索并建立了在中央领导下各城市之间互补型的横向协作模式，使城市之间的关系由原来的功利性竞争转向互惠互利的竞争合作。随着改革开放的不断深入，长三角多座城市抓住经济全球化和诸多重大历史发展机遇（上海浦东开发开放、中国加入WTO等），实现了经济社会的快速发展。城市之间的经济发展水平差异逐渐缩小，长三角城市群格局也由上海的“一家独大”转向“群城争先”的“多中心格局”。各城市为实现自身高速发展，积极寻求合作并组建各类联盟和合作平台，表现出“互相竞争、彼此促进”的城际关系。自长三角一体化上升为国家战略开始，区域内部分城市能够就区域内的共同利益、共同使命等最大化

[1] 于迎，唐亚林．长三角区域公共服务一体化的实践探索与创新模式建构［J］．改革，2018，31（12）：95-96.

地达成一致共识和统一行动，城市之间紧密互动，逐渐形成“共同体式的自发有机联结”。[1]

一般而言，推动一体化发展的主导力量是宏观层面的政策引导推动和微观层面的市场导向驱动。然而，受行政区划、地方保护主义等的影响，长三角各城市尤其是跨区域城市之间的互动仍然欠缺、合作程度有限，这使得宏观政策的执行力度不够、市场“无形之手”难有“用武之地”。因此，只有充分调动各城市的互动积极性并为之创造优越的外部条件，将区域一体化发展的原动力由“政策引导+市场导向”的“双轮驱动”转为“政策引导+城际互动+市场导向”的“三驾马车”，长三角一体化发展才能真正落到实处，体育公共服务一体化也是如此。

当代长三角的城市格局是“一核多强”，即上海为核心城市，南京、杭州、苏州、无锡、宁波等经济强市迅速崛起，各个城市既有自身优势，也有发展短板，需要相互融合、扬长避短；而城际互动，更多的是在地方政府的宏观指导下，充分发挥市场主体在推动跨界合作中的强劲动力，平衡、协调区域之间的发展。[2] 在此背景下，长三角各城市之间应加强联系、互鉴互学、协作分工，共同下好长三角体育公共服务一体化这盘棋。各城市行政部门既要建立体育公共服务合作机制又要创造良好的合作环境，通过沟通协作和部署规划，逐渐消除体育公共服务一体化发展的行政障碍，建立以市场为导向、符合市场需求和规律的运行机制，推动一体化发展；优先推动跨区域体育公共服务基础设施建设，利用区域交通便利条件，构建跨区域体育公共服务场地设施共享通道；政府部门与企事业单位、社会团体等紧密协作，共同构建跨区域体育公共服务信息共享平台，推动体育公共服务信息网络建设；打破行政区划限制，推行和认同“非本区域居民”的“市民待遇”，为长三角民众跨区域参加体育公共服务交流活动、共享体育公共服务成果等创建“绿色通道”。综上，长三角各城市在体育公共服务发展进程中，应坚持“有所为、有所优先为”的思路，相关政府部门应通力合作、主动作为，共同探索体育公共服务一体化发展的新机制、新动能和新模板，携手推动体育公共服务一体化的深层次发展。

---

[1] 徐琴．从横向协作、竞合联盟到区域共同体的长三角一体化发展［J］．现代经济探讨，2009，28（9）：27.

[2] 许欢科．长三角地方政府在区域经济一体化中的作用分析［J］．行政论坛，2006，13（6）：27-28.

3.2.2.3.2 市场联动

以市场为依托进行跨地域的资源配置和生产要素自由流动，是一体化科学发展的重要基础，也是一体化发展的核心驱动力。[1] 在市场化条件下，市场机制对区域经济发展进程中科学配置资源的影响力将持续增强，并促进区域间共同市场的形成，推动投资、贸易等经济活动自由化程度不断提高。[2] 建立健全市场机制并使其良性运行，对抑制地方保护主义出现、降低合作成本、突破行政区划限制及推动生产要素转化为有效生产力大有裨益。[3] 分工是效率提高和经济增长的动力源，也是一体化的核心要素之一。市场为分工创造了条件，市场环境的缺失，抑制了城市之间比较优势的彰显和科学化分工的快速出现，导致城市同构和同质化竞争现象的发生，跨区域的分工协作、产业链、价值链等不易形成。[4] 市场化进程的深入将带动经济社会快速发展，推进政府部门权力重构，自下而上的跨区域合作日益增多，催发社会和民间团体的建立，促使更多的社会资本参与市场化建设，推动区域一体化发展。

因此，长三角体育公共服务一体化的有序发展，应在区域社会分工和经济活动繁荣发展的基础上，构建一个相互依存、有机统一的市场。而统一市场的出现需要“四点支撑”：一是突破区域行政条块分割和市场分隔，促进区域体育公共服务相关事项的交流协作；二是规范市场运行，实现体育公共服务不同行为主体的权利对等和机会均衡，确保合作过程的公平性和有效性；三是构建市场化的竞争性合作机制，催发区域内体育公共服务资源要素自由流动的内在动力及扩大其流动范围；四是积极营造优质的市场流通外部环境和基础设施条件，实现体育公共服务商品和资源要素在更广阔空间内的通畅流动。

利用市场联动推动体育公共服务一体化发展，还应遵循行政推动与市场导向相统一的原则：加速推进政府职能转变，明确市场配置资源的决定性地位，健全市场化、法治化的外部环境，形成对体育公共服务供给主体合理、高效的

---

[1] 陈建军．长江三角洲区域经济一体化的三次浪潮［J］．中国经济史研究，2005，20（3）：120-121.

[2] 李郇，殷江滨．国外区域一体化对产业影响研究综述［J］．城市规划，2012，36（5）：92.

[3] 李志勇，周云波，崔芳君．基于政府适应市场化的京津冀一体化研究［J］．商业研究，2010，43（3）：42-43.

[4] 王维然，赵凤莲．欧亚经济共同体对中亚区域一体化影响的研究［J］．国际经贸探索，2012，28（10）：73-74.

激励约束；实现区域市场的充分开放和自由竞争，淡化政府行政干预，真正让市场充当配置各类资源的主体；通过政府推动、市场运作、利益共享、公平竞争、风险共担、统一运营，加快长三角体育公共服务一体化建设；通过构建统一开放的市场，打破行政区经济和地方保护的局限性，有效发挥市场在资源配置中的关键性作用，借助市场机制激发区域体育公共服务发展潜能；依靠市场利益诱发机制，链接体育公共服务各类创新要素资源，进行区域内体育公共服务职能分工与结构调整，实现优势互补和规模效应，提升区域体育公共服务整体竞争力。

3.2.2.3.3 社会组织推动

从长三角过去的发展实践来看，政府强有力的推动对长三角一体化发展所起到的重要作用是毋庸置疑的，并且政府力量将作为主要力量长期存在。区域一体化发展需要政府积极发挥自身作用，但不能将政府力量视作区域一体化发展的主导力量，因为要实现区域一体化发展，必须借助区域内部的自组织力量，并且这种自组织力量是融合政府力量的内生于区域的力量。[1]

在长三角民众体育公共服务需求日益增长和多样化的时代背景下，各类市场组织、社会团体、企事业单位等在区域体育公共服务供给中的角色和地位将更加突显。上述组织可以跨越政府、市场及社会领域的界限，提供具有针对性、灵活性和多样化特征的区域公共服务[2]，是自组织的重要组成部分，是提高区域体育公共服务的公平性和可达性、促进区域体育公共服务一体化发展的主要推动力量。

长三角体育公共服务一体化发展，需要构建自组织机制。而自组织机制的形成，需要政府“华丽转身”：政府部门应聚力于区域体育公共服务一体化的政策制定、制度确立、监管评估等领域，积极吸纳行政组织、市场主体、社会团体等多元主体加入长三角体育公共服务一体化治理体系之中，着力打造政府宏观指导、多元主体参与、形式丰富的区域体育公共服务供给机制。在政府“主动退出”过程中，促使企业、社会团体、行政组织等多元主体充分博弈，达成各方认可并自觉遵照和维系的规则与秩序，避免地方政府对区域体育公共

[1] 刘志彪．区域一体化发展的再思考：兼论促进长三角地区一体化发展的政策与手段［J］．南京师范大学学报（社会科学版），2014，60（6）：43-44.

[2] 王阳亮．公共服务供给的瓶颈与绩效特征［J］．改革，2017，30（5）：74-81.

服务一体化发展及相关资源要素的自由流动进行人为政策限制；充分利用市场机制主导作用，确立企业推动体育公共服务一体化发展的主体地位，运用市场力量推动一体化发展。企业主导的区域体育公共服务合作应从不同企业的区域分工合作和企业内部的区域分工合作两方面着手，苏浙皖地区的相关企业既要关注本地区体育公共服务领域的相关动态与进展，也应“走出去”，实现跨省的交流与合作，更应“向海图强”——积极融入上海体育公共服务领域并谋求发展。上海相关企业也应将苏浙皖地区体育公共服务领域视为进一步拓展的“辐射范围”，通过不同层面的分工合作，实现共同发展。充分发挥、合理利用以各单项体育协会为主的“第三方”作用，为实现政企合作、企企合作搭建坚实平台。从某种意义上说，体育协会是贯通政府与企业的桥梁和枢纽，可以通过构建企业交流平台、健全民间协作机制及促进民间交流合作，推动区域体育公共服务领域的分工与协作，强化区域体育公共服务领域的经济关联和市场分工。体育协会的沟通与协调作用，集众家之所长，有利于提升政府体育公共服务决策的科学性。近年来，长三角各单项体育协会以横向协作、组建联盟等形式建立起体育公共服务联络协作机制，在全民健身项目的展示与推广、群众性体育竞赛的扩容与互通等方面已取得较丰硕的成果。今后，应更加主动地引导体育协会参与到体育公共服务一体化发展更广阔的领域中，最大限度地发挥其积极作用；尝试设立政府、行业、企业、学界四个层面的合作与协调组织，主要研究体育公共服务政策、市场规制、重大决策的一致性问题。通过一个超脱于地方利益、跨区域、法律化的正式协调机构来研究、协调和管理体育公共服务事务，推动体育公共服务一体化发展。

3.2.2.3.4　公众参与

体育公共服务的对象是公众，公众的体育需求能否得到满足，公众的切身利益是否得到维系，公众的体育参与是否得以实现，是评价体育公共服务是否有效、政府的体育公共服务职能是否履行的唯一标准。因此，打通公众体育需求表达路径、倾听公众切身体育需求、推动公众体育参与，是体育公共服务提供过程中政府部门能够及时掌握公众需要什么、需要多少的关键环节。

在我国体育改革发展进程中，体育公共服务领域存在若干问题：一是公众体育服务需求表达机制缺失，各级政府“与民争利”“代民做主”的现象屡有发生，切实反映出公众表达体育服务需求的渠道“阻塞”；二是公众体育服务需求表达制度性建设滞后于体育公共服务改革实践，缺乏制度性支撑；三是社会中弱势群体的体育服务需求表达未得到应有的重视。基于此，在长三角体育公共服务供给过程中，要重点关注公众的参与和需求表达，应从以下几个方面着手：

第一，加强公众体育参与意识教育，提升公众的参与能力。通过各类平台，大力宣传国家关于体育公共服务的政策方针、法律法规和制度文件，使公众在潜移默化中掌握体育公共服务的内容和具体形式，借助新闻媒体的正确引导，唤醒公众主动参与的意识。积极开展与体育公共服务密切相关的知识培训，使公众了解体育公共服务的基本常识，知晓体育参与的重要性、体育公共服务供给主体的多元性、体育公共产品和服务的多样性、参与体育公共服务的方式和途径等内容。通过培训，提高公众的参与能力、激发公众的参与动力。

第二，转变政府体育公共服务治理理念。政府体育公共服务治理理念、职能方式的转变，将为公众参与开辟更广阔的空间。长三角体育公共服务一体化需要多元供给主体的参与，要求政府及时转变职能和服务方式，不可再“扮演”全能型政府的角色。政府应将一部分事务交予非政府组织，充分发挥其职能；增强政务信息的透明度和延展度，按照国家要求完善体育公共服务信息公开制度，使公众充分了解与体育公共服务相关的政务信息，增强政府工作的公开性和透明度，保障公众的知情权和参与权。政府要强化与公众的互动，倾听公众的体育呼声，在政府部门官网、公众号等开辟有关体育公共服务的建言献策专栏，为公众开辟需求表达新渠道。政府部门通过汇总、反馈有关信息，掌握公众体育需求，加强与公众沟通，以此提升工作成效。

第三，完善法规制度建设。建立健全相关法规制度，从法律层面保障公众的体育参与，强化公众的法治思维，使公众在体育参与过程中的权利得到法律的支持与保护，防范公众参与体育活动的法律风险。通过科学立法，明确规定公众体育参与应遵循的规章制度，明晰公众的权利和义务，聚焦公众体育参与的“可为”与“不可为”，准确界定公众体育参与的途径与形式，对公众的参与给予客观合理的指引、激发与支持，使公众参与体育活动的每一个环节都“有法可依”。

第四，发挥社会组织的积极作用。社会组织是调动公众参与的“组织者”，是公民与政府之间的桥梁，具有重要作用。[1] 因此，应充分发挥社会

[1] 完颜君侠．新时代公众参与社会治理面临的挑战及实现路径［J］．西部学刊，2021，9（1）：160.

组织的优势，引导公众参与社会组织的活动，培育扶持具有“标杆”作用的优秀体育社会组织，提升社会组织的公信力和使命感，拓展其社会价值空间。强化社会组织的制度建设，健全管理细则和规章条例，为其提供法律支撑。鼓励公众以志愿者身份加入社会组织，通过对志愿者的培训，提升其体育公共事务管理能力。公众通过社会组织积极参与体育公共服务，既实现自身价值，又为体育公共服务的健康发展增添动力。

3.2.2.4　六个要素

3.2.2.4.1　体育经济服务要素

经济因素是推动一体化发展的重要物质基础。长三角体育公共服务一体化发展需要经济基础的支撑。政府部门应加强资金保障机制建设，通过完善财税支持政策，放宽资金准入门槛，设立体育公共服务专项资金，加强与企业、社会组织的协作，引导社会资本投入等方式，加大体育公共服务配套资金和专项经费的投入力度，为一体化发展提供资金保障。

3.2.2.4.2　体育文化服务要素

加强体育文化建设，利用长三角文化的同根同源、相亲相近，构筑长三角文化认同，发挥区域优性文化的积极作用，引导区域民众建立“健康第一”的体育文化理念，营造优良的体育健身社会文化氛围。

3.2.2.4.3　体育信息服务要素

构建互联网、大数据和云计算平台，为区域体育公共服务信息的接收、传递、存储和处理提供应用系统支持；充分借助网络信息平台，建立区域体育公共服务信息网络共同体；尝试建立跨区域、跨部门、跨层级的体育公共服务信息资源共享体系，最大限度地挖掘、整合和利用各种体育公共服务信息资源，摆脱区域体育公共服务信息开发与共享存在的“信息孤岛”“信息烟囱”等困境。

3.2.2.4.4　体育赛事活动服务要素

体育赛事活动是体育公共服务的重要工作内容，是民众参与体育运动最直接的表现形式和最便捷的渠道。长三角部分区域（沪苏浙交界地区）已经开始进行群众性体育健身赛事大联动，具有较好的基础。但就区域整体而言，联动的地理范围偏小，大部分地区在赛事活动方面交流较少，这影响到一体化进程，亟待改善。

3.2.2.4.5　体育政策服务要素

长三角体育公共服务一体化是一项缜密的系统工程，涉及区域建设的多个领域，区域各地方政府是推进一体化发展的规划者、部署者和指导者，是重要的建设力量。因此，各地方政府应切实发挥主导作用，做好前期调研和整体谋划，共同颁布推动区域体育公共服务一体化发展的体育政策，从政策制度层面规范各地方政府的行为、落实各方的权利和责任、协调各方利益关系、保障各方协作顺利推进等，为一体化发展服务。

3.2.2.4.6 体育生态旅游服务要素

体育活动与生态旅游"牵手"，既可以提升民众参与体育活动的积极性，又可以达到强健体魄、休闲娱乐、保护绿色生态环境的目的。深入挖掘体育活动与生态旅游的利益契合点，积极探寻体育生态旅游发展新路径，对拓展群众体育健身活动项目、满足民众个性化的体育需求、保护生态环境、推动体育和旅游产业发展及推动一体化的健康发展，均具有重要的意义和价值。

3.3 理论框架结构动态优化

一体化的要素流动是跨行政边界的流动，"这涉及行政边界、地理边界、社会文化边界、经济边界耦合问题"[1]。《规划纲要》的发展目标之一就是资源要素有序自由流动，统一开放的市场体系基本建立。行政壁垒逐步消除，一体化制度体系更加健全。打破行政壁垒和条块分割，促进公共服务资源的合理流动与优化配置是长三角一体化发展中的重点工作。

体育公共服务供给自然是其中不可忽略的一个重要议题，尤其是我国的体育公共服务资源是以行政区为界进行统筹和配置的，存在地方政府财政不均衡、协调能力亟待提升、体育公共服务供给水平差异显著等问题。

长三角体育公共服务一体化就是将27个城市的体育公共服务经验、优势有机地联合在一起所形成的体育公共服务协作或联合。而这个协作或联合不存在行政区划那样具有垂直支配关系的组织体系，它的动力来源是区域体育公共服务价值的最大化，目的就是通过长三角分工协作、要素互补实现体育公共服务创新共建、协调共进、民生共享、协同共治，实现利益协调和利益共享。从制度层面来看，长三角体育公共服务一体化强调区域内民众享有相同的体育公

[1] 王琳杰. 长三角"一体化"到底是什么? [EB/OL].(2019-06-21)[2021-04-25].https://www.thepaper.cn/newsDetail_forward_3733789.

共服务的权利和机会；从空间维度来看，长三角体育公共服务一体化是长三角不同空间位置上体育公共服务的互动发展；从时间维度来看，长三角体育公共服务一体化是渐进式、逐步缩小不同地区体育公共服务的差距，实现区域内体育公共服务的均衡发展；从发展本质上看，长三角体育公共服务一体化是在满足民众基本的体育公共服务需求的基础上，体现不同地区各具特色、形式多样的体育公共服务繁荣发展。

长三角体育公共服务一体化是区域内体育公共服务资源的双向或多向互动、不同地区文化交融互补的发展过程。它不是简单地避免体育公共服务发展水平较高的地区对发展水平较低地区的体育公共服务资源要素的“虹吸效应”，也不是单纯地推动发展水平较低的地区更好地利用发展水平较高地区的“溢出效应”，而是不同地区互相吸收、借鉴体育公共服务先进和健康的要素，摒除阻碍地区间体育公共服务协同发展的不利因素，逐渐实现一体化发展的动态演进过程。从发展态势来看，长三角体育公共服务一体化是一个逐步推进、长久发展的过程，它不是一个结果，其重点是缩小而不是消除不同地区体育公共服务的差距。

在长三角体育公共服务一体化实践中，一体化的运行应在一个合理的范围内，如果超越这一合理范围，将造成体育公共服务系统的功能失衡、效率下降，严重妨碍体育公共服务一体化进程的稳步推进。根据有关学者的研究及长三角体育公共服务一体化实践，通过构建的长三角体育公共服务一体化评价指标体系累计各方面的总得分，可以给长三角体育公共服务一体化评定相应等级，本研究将体育公共服务一体化的运行状态划分为四个区间，每个区间对应一个级别，以对长三角体育公共服务一体化的实现程度进行评估。

本研究对长三角体育公共服务一体化水平进行分层的标准，主要以社会经济发展、体育政治决策为依据，按照评价指标体系的采集评定方法，以经费支持、场地设施、体育组织、赛事活动、健身指导、体质监测和信息宣传七个方面为主要内容，综合衡量长三角体育公共服务一体化的建设情况（总分 100 分）。根据长三角体育公共服务现状和一体化发展经验，一般认为：当体育公共服务一体化指数低于 55 分时，体育公共服务基本上固定在独立的范围内，各项目分散程度、差异程度较大，此时正处于体育公共服务一体化发展缓慢阶段（第一阶段）；当体育公共服务一体化指数提高到 55 分以上时，体育公共服务开始向周围地区渗透和传播，此时正处于体育公共服务一体化发展过渡期

（第二阶段）；当体育公共服务一体化指数达到 70 分以上时，体育公共服务可及率呈加速增长趋势，各项目之间的关联性和单个项目的规范性均快速提高，此时正处于体育公共服务一体化基本完成阶段（第三阶段）；当体育公共服务一体化指数达到 85 分以上时，体育公共服务各项内容之间的关联性和合作性水平较高，此时正处于体育公共服务一体化完成阶段（第四阶段）。根据体育公共服务一体化进程的阶段性特征，长三角体育公共服务一体化评估标准可做四个级别的划分，如表 3-1 所示。

表 3-1　长三角体育公共服务一体化评估标准划分

阶段	级别	体育公共服务一体化实现程度/分
第四阶段	体育公共服务一体化完成	$Z \geqslant 85$
第三阶段	体育公共服务一体化基本完成	$70 \leqslant Z < 85$
第二阶段	体育公共服务一体化发展过渡期	$55 \leqslant Z < 70$
第一阶段	体育公共服务一体化发展缓慢	$Z < 55$

鉴于长三角体育公共服务一体化是一个动态发展过程，一体化理论框架应伴随一体化进程的深入不断发展、完善和升级，实现持续优化。长三角体育公共服务一体化的动态性和长三角经济、社会发展的动态性高度相关，并在一定程度上受经济发展政策选择的影响。[1] 在不同的经济条件下，体育公共服务发展面临的问题也不相同。总体而言，经济基础较好的地区，体育公共服务发展面临以下问题：如何健全体育公共服务体系；如何在体育公共服务领域运用市场机制；如何提升体育产品和服务的质量，以满足公众多元化的体育需求。经济基础薄弱的地区，则面临以何种形式开展体育公共服务、如何满足公众基本的体育公共服务需求、政府在体育公共服务发展中的角色定位等问题。因此，长三角体育公共服务一体化理论框架并非是一成不变的，而是需要在一体化发展进程中依据公众的实时需要对所提供的体育产品和服务进行适宜的动态调整，继而对理论框架进行完善、升级，推动长三角体育公共服务的稳健发展。

［1］ 樊炳有，李井平．体育公共服务：战略思想、步骤及措施［M］．北京：人民体育出版社，2012：98.

4 长三角体育公共服务一体化战略目标

从1982年12月22日国务院发文“成立上海经济区”开始，长三角一体化发展的最初设想和现实诉求逐渐显现。此后，长三角三省一市各自在不同领域和层面上进行理论探究与实践探索，取得了一定成果。但从某种意义上讲，长三角一体化发展更多的是依靠中央层面的推动。多年的实践证明，长三角一体化发展不能依靠主观人为的美好愿景，而必须正视并遵循其内在的客观规律与逻辑，需要制定并实施适应一体化发展的具体手段与措施；而要正确认识一体化发展的客观规律，就要理性审视过往一体化发展中在思想认知、措施手段等方面是否存在偏差？在顶层设计上，是否还有很多内容需要研讨和调整？是否应该从战略层面对一体化发展进行重新判读与思考？这些都是本研究需要探究和思考的重要问题。

科学正确的战略是经济社会健康、有序发展的重要基础，指引着各项事业前进的方向。当前，长三角体育公共服务一体化建设还处于初级阶段，面临着诸多难题与挑战。长三角体育公共服务一体化发展是一个漫长的过程，需要从理论、实践等多个层面进行研讨与探究，而从宏观层面构建战略规划，将为长三角体育公共服务一体化进程奠定理论基础、指明发展方向。

4.1 战略定位

4.1.1 长三角体育公共服务一体化的愿景与使命

战略管理理论认为，战略目标是企业愿景与使命的具体化和细化，是企业在一定时期内预期要达到的理想效果。战略目标是企业跟踪公司业绩和进度的阶段性标尺，是企业战略的重要组成部分，它反映和体现企业的愿景与使命，也是制订、选择战略方案和战略实施、控制的依据。战略管理理论关于使命与愿景和战略目标关系的论述，为本书研究探讨战略目标的内涵、制定依据、制定原则等内容奠定了理论基础。基于此，对长三角体育公共服务一体化战略目标进行研究，明确长三角体育公共服务一体化的愿景与使命是首要前提。

4.1.1.1 长三角体育公共服务一体化的愿景

对愿景的表述，多见于企业管理理论中。有学者认为，企业愿景是企业战略家对企业的前景和发展方向的高度概括性描述。企业愿景由核心理念和对未来的展望两部分构成。核心理念是企业存续的先决条件，是企业的灵魂，是团结和激励员工的精神动力。未来展望代表企业努力追求和争取的东西，随着企业经营环境的改变而改变。核心理念和未来展望对立统一，是企业发展的内在驱动力。

《规划纲要》指出，长三角一体化发展目标应聚焦在“城乡区域协调发展格局基本形成”“科创产业融合发展体系基本建立”“基础设施互联互通基本实现”“生态环境共保联治能力显著提升”“公共服务便利共享水平明显提高”“一体化体制机制更加有效”等方面。

在长三角一体化发展愿景的引领下，长三角体育公共服务一体化的愿景应体现在以下几个方面：跨界区域、城市和乡村等区域板块体育公共服务一体化发展达到较高水平，基本实现一体化发展，全面建成一体化发展的体制机制；城乡体育公共服务协调发展格局基本形成，上海体育公共服务功能进一步增强，江苏、浙江、安徽体育公共服务的比较优势得到充分发挥，各城市的体育公共服务有效联动，省际毗邻地区和跨界区域体育公共服务一体化发展探索形成经验制度；区域体育公共服务一体化发展体系基本建立，协同创新体系基本形成，成为全国体育公共服务重要创新策源地；体育公共服务基础设施互联互通基本实现，新一代体育公共服务信息设施率先布局成网；体育公共服务的便利性和共享水平得到明显提高，体育公共服务标准体系基本建立，率先实现基本体育公共服务均等化，基本体育公共服务的供给能力和质量得到全面改善，人民群众的体育基本需求得到满足；体育资源要素有序自由流动，基本建立起统一开放的市场体系，行政壁垒逐步消除，一体化体系更加完善，协同开放达到更高水平，制度性交易成本大大降低，体育公共服务运行环境有明显改善；现代体育公共服务体系基本建成，城乡差距明显缩小，体育公共服务水平更加均衡，整体水平达到全国领先水平，成为最具影响力和带动力的体育公共服务强劲活跃增长极。

4.1.1.2 长三角体育公共服务一体化的使命

战略管理理论认为，对于组织或个体而言，使命阐明了组织或个体的根本性质和存在的原因或理由，而这种原因或理由通常是“提供某种产品或者服务”“满足某种需求”“担负某种至关重要的责任”。使命指明了组织或个体对社会进步与经济发展应做出的贡献和应承担的责任，反映组织或个体的价值观、信念和指导原则，界定其主要产品和服务范围及满足服务对象的需求。[1] 因此，研究长三角体育公共服务一体化的使命，应从发展目标、发展思路、服务范围、发展定位、公众形象、利益群体等方面进行探讨。

4.1.1.2.1 发展目标

体育公共服务的发展目标是以满足社会成员的基本体育需求为目的，着眼于提高居民身体素质和生活质量，既给居民提供基本的体育文化享受，也提供基本的体育公共产品和服务，为社会生存与发展提供必需的体育环境与条件。[2] 在充分考量当前长三角体育公共服务发展不均衡、不充分现状的基础上，长三角体育公共服务一体化的发展目标也应从提升区域民众身体素质和生活质量出发，以满足民众多元化、个性化的需求为目的，为民众提供形式丰富、高质量的体育公共产品和服务。

4.1.1.2.2 发展思路

发展思路是对组织活动的目标、目的、原则等问题的思考，是信念、价值观及行动准则的集中体现，是评价现实和将来各种活动的基准体系。[3] 长三角体育公共服务一体化的发展思路应树立一体化发展方向，提供激励，树立形象、基调和宗旨。通过明晰发展思路，更加明确发展目标，界定如何促进一体化发展，体现体育公共服务的区域差异特点，以及指导长三角体育公共服务发展实践。

4.1.1.2.3 服务范围

战略管理理论认为，企业服务范围主要涉及三个方面，即企业经营的业务、市场和采用的技术。体育公共服务的服务范围，应明确体育公共服务的内

---

［1］ 徐飞．战略管理［M］．4版．北京：中国人民大学出版社，2019：38.

［2］ 樊炳有，高军．体育公共服务：内涵、目标及运行机制［M］．北京：人民体育出版社，2010：107-108.

［3］ 龚荒．企业战略管理［M］．2版．徐州：中国矿业大学出版社，2005：11-12.

容、服务群体及其需求。长三角体育公共服务的发展，既要适应社会需求的发展变化，又要与区域体育公共服务的能力特征和资源禀赋相一致。一般而言，服务范围是稳定的，但外部环境一旦变化，应立即做出应答。因此，长三角体育公共服务的发展应密切关注外部环境的变化，尤其是公众需求的变化。

4.1.1.2.4　发展定位

长三角体育公共服务一体化的使命是满足社会对体育公共产品和服务的需求及如何满足这种需求的说明。社会需求是多方面的，并且都以满足消费者的需求为前提，社会生产、生活需求都直接体现在消费者的需求中。体育公共服务若不能满足消费者的需求，其他方面的需求也无法得到满足。因此，在确定一体化的使命时，要深入探究消费者的需求，以市场需求导向为参照进行确定，其中定位问题最为关键。尤其在区域公共体育资源相对稀缺或绝对稀缺的条件下，定位就是要回答消费者体育公共服务某种需求中的“某种”问题。在长三角体育公共服务一体化进程中，各区域应根据自身掌握的资源及所提供体育公共产品和服务的市场，客观评判自身的优势与劣势，进行准确定位，这是确立战略目标的重要基础。

4.1.1.2.5　公众形象

体育公共服务的供给主体无论是政府还是社会组织或个人，均应重视其在公众中的形象，尤其是在向公众提供体育公共产品和服务时。供给主体的公众形象是社会对其整体印象和评价，也是供给主体的表现与特征在公众心目中的映射，取决于满足公众对供给主体期望的程度和实现社会责任的程度。因此，供给主体若要在体育公共服务中树立良好的公众形象，就应在使命中明确如何满足公众对自身的期望，如何尽到自身的社会责任。体育公共服务一体化的使命，不仅要体现长远的规划与憧憬，更应彰显利益相关者的切身诉求，使之能够唤起公众对其好感和热情，积极参与并提供支持，使长三角体育公共服务发展处在一个良好的外部环境和生态群落中。

4.1.1.2.6　利益群体

长三角体育公共服务一体化发展，应考虑体育公共服务内外部相关利益群体的合理要求，做到内外兼顾，实现整体价值的最大化。体育公共服务的利益群体不仅有公众，也有政府部门、企事业单位、社会组织等。上述利益群体均希望体育公共服务按照他们满意的方式开展。长三角体育公共服务一体化进程，要充分重视各利益群体的合理诉求，在为他们尽职尽责提供体育公共产品和服务的同时，树立区域体育公共服务品牌、提升区域体育公共服务影响力，借此建立起更加牢固广泛的利益价值链来推动一体化发展。

4.1.2 影响长三角体育公共服务一体化战略目标制定的因素

对于组织或个体而言，通过外部微观和宏观环境两个层面对其外部因素进行分析，可以寻找到其未来一段时间内面临的外部机会和威胁；通过对组织或个体内部因素进行分析，可以发现其在未来一段时间内拥有的内部优势和劣势。然而，孤立地分析外部因素或者内部因素，并不能全面、系统地把握组织或个体未来的战略方向和战略目标。因此，应综合分析外部因素中的机会和威胁与内部因素中的优势和劣势的匹配关系，从而为制定科学的战略目标奠定基础。基于此，本研究将从外部因素、内部因素两个方面对长三角体育公共服务一体化战略目标制定进行分析。

4.1.2.1 外部因素

4.1.2.1.1 区域经济环境

区域经济政策、经济制度、经济结构、产业布局、经济发展水平、未来经济发展态势等，涉及社会、市场、企业等多个层次和领域，是影响战略目标制定的重要外部因素。在区域经济景气的情况下，区域市场扩展、市场需求增加、经济活动活跃，体育公共服务发展空间大、机遇多，反之则相反。

如前文所述，长三角是我国经济发展最活跃的地区，经济实力强，为区域体育公共服务一体化战略目标制定创造了良好的外部条件，是重要的外部优势。然而，区域内沪苏浙皖三省一市经济发展水平和能级存在差异：上海是长三角经济龙头城市，但 GDP 总量已被江苏、浙江超越；江苏、浙江两省虽 GDP 总量较高，但省内差异明显，存在不均衡现象；安徽经济虽有后发优势，但整体经济发展水平与上海、江苏、浙江尚有较大差距。可见，长三角经济发展不均衡的现状，是制定战略目标必须认真考虑的因素。因此，应客观分析区域经济的发展特征及三省一市的实际经济状况，有的放矢，制定科学的战略目标。

4.1.2.1.2 区域社会环境

区域社会环境包括社会结构、社会风俗、宗教信仰、价值观念、行为规范、生活方式、文化传统、消费偏好、人口规模、地理分布等因素的形成与变动状况。不断变化的社会环境影响着社会对体育公共产品和服务的需求，也制约着体育公共服务的战略选择。

随着时代的发展，社会环境不断变化，公众的价值观念也随之变化，表现在人们对工作、事业、社交、休闲、正义、理性、公正等诸多方面的态度和意见上，直接影响人们对体育公共产品和服务的好恶与取舍，继而影响体育公共服务的供给主体、供给形式、供给内容等。前文提及，长三角文化繁多，吴文化、越文化、海派文化等并存，民众价值观念有“大同”，但也存“小异”。这就要求体育公共服务供给主体应充分考虑到长三角文化的共性特征和个性特征，在体育公共产品和服务的供给上，既要满足区域民众的共性需求，也应满足其个性需求。而上述内容也应反映在战略目标中。

4.1.2.1.3 区域政治环境

区域政治环境影响和制约着体育公共服务的发展，对体育公共服务具有直接的或潜在的作用。政治环境包含社会制度、政治结构、政府政策及导向、政治团体、政治形势等内容。体育公共服务只有在相对稳定的政治环境中，才能获得长期、稳定和健康的发展。其中，区域政策是影响体育公共服务发展最关键的因素。长三角体育公共服务一体化发展，需要区域政策的扶持与支撑，需要破除地方保护主义思想，出台有利于一体化发展的区域政策，推动区域内各类资源要素的自由流动、激发供给主体的参与积极性，为体育公共服务的健康发展营造优良的政治环境。

4.1.2.2 **内部因素**

4.1.2.2.1 实体资源

实体资源是可见、可量化的资源，包括物质性资源和金融性资源。物质性资源是体育公共服务发展的基础，主要包括体育活动场地与设施。当考虑一项物质性资源的战略价值时，不仅要关注其量化的数据，更应关注其产生竞争优势的潜力。对于体育公共服务而言，拥有更多数量的体育活动场地与设施固然是好，但更重要的是体育公共服务主体对体育活动场地与设施的组织、管理和利用能力、对资源的优化配置能力及资源本身的先进程度。

金融性资源即财务资源，是体育公共服务发展所需的各类资金，包括资本金、未分配利润、借入资金等，是最基本的资源。金融性资源一般包括资产结构、负债和所有者权益结构、利润、总成本、现金流量、融资渠道等。[1] 金

---

[1] 徐飞．战略管理［M］．4版．北京：中国人民大学出版社，2019：102-103.

融性资源是体育公共服务稳健发展的重要物质基础，其总量高低直接决定了体育公共服务的发展质量。

长三角各省（市）参与体育公共服务的实体资源种类与数量各不相同，如何合理调配实体资源分布、优化实体资源配置、实现实体资源优势最大化，是构建战略目标需要重视的内容。

4.1.2.2.2 人力资源

人力资源是各类资源中极其重要的一类，也被称作第一资源。人力资源介于有形资源和无形资源之间，是一种特殊资源。生物学层面的人，是有形的；然而，人作为生产力中最为活跃的因素，其身体素质、心理素质、文化素质、技能素质等，却是无形的。在体育公共服务实践中，领导者、管理人员、工作人员等的教育、经验、知识、合作性、职业操守、工作绩效等，是决定体育公共服务发展质量的关键要素。长三角体育公共服务人力资源分布不均，人力资源自由流动性欠佳，这制约着长三角体育公共服务一体化发展。因此，应从战略层面打通人力资源自由流动的渠道，切实发挥人力资源优势，推动区域体育公共服务发展。

4.1.2.2.3 无形资源

无形资源主要包括信誉、口碑、组织模式、管理方式、技术诀窍、品牌形象等。[1] 无形资源不是以实物形式存在的资源，但可以在流通中与有形资源相互作用并产生增效。无形资源因其不可见性和隐蔽性，其价值往往被忽略。对于体育公共服务而言，需要实体资源、人力资源的有效支撑，但更离不开无形资源的强力保障。良好的社会信誉和口碑、健全高效的体育公共服务管理机构、完善的组织模式、先进的管理方式及便捷的信息网络体系，是推动体育公共服务一体化发展的重要因素。

4.2 战略目标体系架构

4.2.1 战略目标的内涵

战略目标是制订、选择战略方案和战略实施、控制的依据。正确合理的战

---

[1] 弗雷德·R. 戴维，福里斯特·R. 戴维. 战略管理：概念部分（第15版）[M]. 李晓阳，译. 北京：清华大学出版社，2017：100-101.

略目标对组织行为具有重要的引领作用，是制定战略的基本依据和出发点。战略目标明确了组织的努力方向，表明了组织的行动纲领。战略目标是组织战略实施的指导原则，可使各项资源和能力集中起来，减少组织内部的冲突和消耗，提升管理效率和经济效益；它还是组织战略控制的评价标准，以便对目标是否实现进行考核评价。[1]

长三角近30年的区域合作基础，为长三角体育公共服务一体化发展打下了扎实的根基。长三角体育公共服务一体化应在深刻领会长三角一体化国家战略的指示精神、《规划纲要》的核心要义、三省一市各自的一体化发展实施方案等政策文件和行动指南的基础上，主动适应区域一体化发展、市场角色和功能的重新定位、互联网+体育、共享经济等新形势和新变化，牢固把握体育公共服务要面向社会全体民众、满足所有民众基本体育需求的服务宗旨，坚持“特征明晰、和而不同、互鉴所长”的原则，着力于提升区域民众身体健康水平和生活质量，既让民众感受到体育文化的“浸润”，也为民众提供多样化和个性化的公共体育产品和服务。利用多种途径不断拓展与提升跨区域体育公共服务交流合作的深度、广度和速度，积极探索、创新发展模式，全力推进长三角体育公共服务一体化进程。

综合前文所述，本研究认为长三角体育公共服务一体化的战略目标是：打破行政区划的限制，破除地方行政壁垒，营造有益于体育公共服务一体化发展的区域经济、社会、政治环境，坚持“共建、共治、共享”的体育公共服务核心思想；优化顶层设计，充分发挥制度改革效应，组建“政府、市场、社会组织”三方联动的组织主体；构建组织完善、监管有力、公开透明、运行平稳、服务意识强、全民参与的体育公共服务发展格局；形成社会资源动员能力强、资源要素自由流动性好、民众满意度高的区域体育公共服务事业；推动体育公共服务从满足区域民众的基本需求向满足区域民众的多元化、个性化需求转变，努力将长三角打造成全国体育公共服务发展强劲活跃区、体育公共服务现代化引领区和体育公共服务高质量供给示范区。

4.2.2 战略目标制定的基本依据

战略目标是在战略思想的指引下，依据对战略主体外部环境和内部状况的

[1] 谢佩洪．战略管理［M］．上海：复旦大学出版社，2014：87-88.

分析，在特定战略时期内为组织或个体确定的发展目标。战略目标是战略主体意志的客观体现，但并非是战略主体主观臆断的，而是战略主体在对外部环境和内部条件进行综合分析的基础上，拟定的客观、可行的发展目标。[1] 因此，应对战略主体的内外部发展环境进行综合分析，依据战略主体的外部发展环境和内部发展条件，制定科学、客观的战略目标。

4.2.2.1　根据愿景和使命确立战略目标

战略目标是愿景和使命的具体化，具有一致性和延续性。因此，必须依据愿景和使命确立战略目标，使战略目标与愿景和使命保持一致。

4.2.2.2　根据社会需求确立战略目标

社会需求是确立长三角体育公共服务一体化战略目标的重要参照。无法满足社会需求的战略目标，将变成空谈，或者无法满足真实需求。因此，全面、准确地把握长三角的社会需求对确立战略目标至关重要。

4.2.2.3　根据现有的社会环境和社会资源确立战略目标

社会需求固然重要，但如果脱离现实状况确立战略目标，将是“空中楼阁”。区域经济、社会、政治环境及有形和无形资源，都是确立战略目标的重要依据。假设仅掌握了社会需求，但不具备满足社会需求的环境和条件，那么确定的战略目标不管有多么严谨和细致，最终都是无法实现的。另外，还要充分考虑人的主观能动性，不应放弃通过主观努力可以实现的、具有激励性的战略目标。

4.2.2.4　从宏观和微观两个层面确立战略目标

战略目标是在一定时间周期内试图实现的一种理想成效，是在愿景和使命指导下确立的在一定时期内达到水平的界定和描述。[2] 因此，确立战略目标既要有大局观，协调各类横向、纵向关系，充分考虑体育公共服务在长三角区域的整体功效，实现资源优化配置，还要从微观层面对战略目标的实现主体、实现条件、实现客体等方面进行细致的考量。

4.2.3　战略目标制定的要求

战略目标制定的基本要求是：围绕一个核心（满足区域民众的体育需

[1] 樊炳有，李井平．体育公共服务：战略思想、步骤及措施［M］．北京：人民体育出版社，2012：68.

[2] 谢佩洪．战略管理［M］．上海：复旦大学出版社，2014：85.

求），提供两种保障（政策保障和实体资源保障），制定三个子目标（构建体育公共服务发展强劲活跃区、体育公共服务现代化引领区和体育公共服务高质量供给示范区），协调四类关系（协调国家与地区之间的关系、协调地区与地区之间的关系、协调城乡之间的关系、协调不同利益群体之间的关系）。

4.2.3.1　一个核心

坚持以人民为中心的发展思想，坚持体育为人民服务、为社会主义现代化建设服务的方针，开展全民健身运动，提升人民健康水平，是体育工作的根本宗旨，是利国利民的伟大事业。将“满足不同公众的体育需求”作为体育公共服务的终极目标，引导更多的民众参与到体育健身之中。

4.2.3.2　两种保障

建立跨行政区的体育公共服务协调管理机构，完善区域政府合作机制，出台有利于体育公共服务一体化发展的区域政策。通过协调实施跨区域统一的体育公共服务发展体系，实现实体资源的跨区域自由流动和优化配置，提高资源的开发率和利用率；制定符合长三角长远发展利益的体育公共服务发展规划与产业布局，制订与区域体育公共服务战略规划相衔接的地方体育公共服务发展行动计划；组织实施跨区域体育公共服务合作项目的研究与论证，统一区域体育公共服务规划与管理，加强体育公共资源的开发与布局，开辟体育公共服务投融资新渠道，树立区域体育公共服务新形象。

4.2.3.3　三个子目标

根据长三角体育公共服务一体化发展要求，结合区域民众切身体育需求及区域体育公共资源现状，合理构建三个子目标，即构建体育公共服务发展强劲活跃区、体育公共服务现代化引领区和体育公共服务高质量供给示范区。三个子目标共同构成体育公共服务一体化战略目标体系，体现出战略目标的多层次性；子目标之间相互联合、彼此制约，从而使战略目标整体优化，体现战略的整体要求。

4.2.3.4　四类关系

目前，长三角区域体育公共服务发展呈现不均衡状态：不同地区之间、同一地区城乡之间、不同社会群体之间享受的基本体育公共产品和服务水平未达到基本一致。因此，应将工作重心放在推进区域体育公共服务一体化进程，重视城乡体育公共服务均等化和城乡居民体育公共服务均等化上。

4.2.4　战略目标制定的原则

长三角体育公共服务一体化战略目标是对长三角体育公共服务一体化的筹划、引导并设立期望达到的目标。制定长三角体育公共服务一体化战略目标，既要根据长三角政治、经济、文化、地理、体育公共服务发展现状等，统筹与体育公共服务一体化相关的各个领域、各个时期之间的关系，也应按照客观原则，制定全局性的谋划目标。

4.2.4.1　全局性原则

战略目标是宏观目标，是对全局的长远筹划。长三角体育公共服务一体化是一个长期的发展过程，战略目标应从宏观层面对未来长三角体育公共服务发展进行全局性的规划并设立宏观目标，谋划长三角体育公共服务整体发展总要求和总任务，确立长三角体育公共服务一体化发展方向。

4.2.4.2　互动发展原则

从本质上讲，长三角体育公共服务一体化是一种双向或多向的体育公共服务互动发展过程。只有注重双（多）向演进、区域互动、错位发展、优势互补，才能真正实现一体化。长三角体育公共服务一体化不是单纯解决体育公共服务暂时落后区域发展的问题，也不是简单依靠体育公共服务优势区域带动落后区域的发展，而是不同区域体育公共服务互动发展的过程。这一原则应在战略目标中加以体现。

4.2.4.3　可分性原则

战略目标的宏观性、全局性特征决定其具有可分性，即战略目标作为总目标、总任务和总要求，应可分解成若干具体目标、具体任务和具体要求。长三角体育公共服务一体化战略目标作为总目标和长期目标，既可以在空间上分解成多个具体目标和具体任务，也可在时间上分解成不同阶段的具体目标和具体任务。战略目标只有具有可分性，才具有可操作性。

4.2.4.4　可接纳性原则

长三角体育公共服务一体化战略目标的实施与评价主要是通过战略目标实施主体和公众实现的。因此，战略目标只有同时被战略目标实施主体和公众接受并符合其利益与预期，才能顺利实现。基于此，长三角体育公共服务一体化战略目标的表述必须清晰准确、易于理解，只有被战略目标实施主体和公众接纳，才能得到他们的响应和认同。

4.2.5 战略目标的具体内容

战略管理理论提出，战略目标不是单一的目标，而是由若干个子目标组成的多层次的目标体系。制定战略目标的有效方法就是构造战略目标体系，明确各子目标的内涵和行动方向，通过各子目标的实现来推动战略目标的达成。[1]

《规划纲要》提出，长三角一体化发展战略定位应聚焦在“全国发展强劲活跃增长极”“全国高质量发展样板区”“率先基本实现现代化引领区”“区域一体化发展示范区”“新时代改革开放新高地”上。《规划纲要》对长三角一体化发展的战略定位，为区域一体化发展指明了方向。体育公共服务一体化是区域一体化的重要“拼图”，其发展也应与区域整体发展相契合。因此，结合《规划纲要》的核心要义，本研究探索性地提出长三角体育公共服务一体化发展战略目标：建成体育公共服务发展强劲活跃区、体育公共服务现代化引领区和体育公共服务高质量供给示范区。

4.2.5.1 目标一：建成体育公共服务发展强劲活跃区

长三角地区作为我国经济发展最活跃、开放程度最高、创新能力最强的区域之一，实施长三角一体化发展战略，是完善我国改革开放空间布局、打造我国区域发展强劲活跃增长极的重大战略举措。就体育公共服务而言，通过一体化发展带动长三角体育公共服务规模扩大和结构优化，促进长三角体育公共服务资源空间集聚，助力体育成为我国经济社会增长的新动能和助推器。体育公共服务一体化能够充分发挥所在地区的区域经济效应和公共体育资源开发重组功能，具有成本相对较低、资源利用率高等优势，通过一体化整合区域的基础设施、文化、旅游、体育等资源，创新发展机制，拓宽体育产业链，促进体育与健康、文化、旅游等相关产业的互通和联动，进而打造区域集多元化服务功能为一体的新型经济增长极。

改革开放特别是党的十八大以来，沪苏浙皖三省一市体育公共服务发展势头强劲，体育公共服务发展水平位居全国前列，长三角已成为我国体育公共服务发展最活跃的区域之一。

上海市体育局与多家企事业单位签署战略合作协议，在国家全面加速建设

---

[1] 谢佩洪. 战略管理 [M]. 上海：复旦大学出版社，2014：89-90.

体育基础设施、大力发展“互联网+体育”的战略指导下，在“第三届市民运动会”“共享公共运动场馆”“全面推进场馆智能化改造”三个方面进行合作，实现市辖区内各级体育主管部门、赛场场馆管理机构、赛事管理机构、相关企事业单位和相关参与群众的无缝沟通，提升全市体育系统管理的现代化、互联网化水平。截至2019年，全市智能化改造公共运动场已达56家（涉及篮球、足球、羽毛球、网球、健身房五大类项目），注册会员近20万人，全年服务近100万人次；自2020年起，全面铺开公共运动场智能化改造，并将此纳入上海市政府实事工程范畴，计划完成200家公共运动场改造，并同时在上海16家市属场馆进行智能化改造建设，为市民享有便捷、高效、优质的体育公共服务提供支撑。

从2013年12月31日国家体育总局和江苏省人民政府在常州签署《建设公共体育服务体系示范区合作协议》到2016年4月6日—9日全国公共体育服务体系示范区工作会议在常州召开，江苏省在全国率先建成功能明确、网络健全、城乡一体、惠及全民的公共体育服务体系示范区。《江苏省公共体育服务体系建设规划（2016—2020年）》（苏体群〔2017〕16号）指出：“全省13个设区市、100个县（市、区）全部参与创建省级公共体育服务体系示范区，第一批、第二批创建评审达标率为85%。”江苏省率先提出并建成城市社区“10分钟体育健身圈”，超额完成“公共体育服务体系示范区”建设指标；在体育公共设施方面，江苏省不断加强全民健身设施建设，继续实施“农民体育健身工程”“雪炭工程”“全民健身路径工程”，支持建设“全民健身活动中心”“全民健身户外活动基地”和社区多功能全民健身设施。

浙江省体育局为了响应国务院、国家体育总局全民健身国家战略，搭建了公共服务类体育综合平台——“浙江省全民健身公共服务平台”，旨在认真贯彻全民健身计划，营造全民健身环境，广泛开展全民健身活动，全面建设“升级”的全民健身服务体系。作为中国的互联网高地，浙江省通过“互联网+全民健身”，扩大和提高全民健身战略的有效性，使全民健身成为健康浙江和健康中国的有力支持。浙江省体育局推出浙江省体育公共服务平台，利用数字技术实现公共体育的“一站式”服务，让数字体育走进千家万户。其中，体育公共服务平台下的全民健身地图已正式启用，包含了全省100%的公共体育设施，90%以上都可导航查询。

2021年，安徽省体育局发布《关于解决我省体育公共服务领域老年人运用智能技术困难的通知》，集中力量推动体育场地设施整改工作，确保各项传统服务兜底保障到位，解决老年人因运用智能技术困难而无法进入体育场馆和使用健身器材的问题。紧紧围绕老年人观看或参与体育赛事活动需求，引导公共体育服务机构、体育类企业提供更多适老化智能产品和服务，让老年人享受智能化服务变得更加普遍。

在今后的体育公共服务一体化进程中，长三角三省一市体育公共服务发展应坚持“省内大循环、省内省外双循环”的理念，推动“体育经济服务要素、体育文化服务要素、体育信息服务要素、体育赛事活动服务要素、体育政策服务要素、体育生态旅游服务要素”在区域内的自由流动，为建设体育公共服务发展强劲活跃区注入新动力。

4.2.5.2 目标二：建成体育公共服务现代化引领区

4.2.5.2.1 共筑体育文化发展新高地

（1）在思想层面，引导公众树立正确的全民健身理念。

长三角各地方政府及相关职能部门要提高对体育公共服务的思想站位，从提高区域民众身体健康水平角度出发，将体育公共服务工作列为长三角经济社会发展的一项重要工作。利用各级各类媒体，采用多种形式，广泛宣传体育公共服务和产品，增强公众体育公共服务的参与意识，谋求公众在体育公共服务思想文化层面的转换，确立体育公共服务是先进体育文化的组成部分。

（2）在体育制度方面，建立科学的体育公共服务管理和评价体系。

增强各级体育管理部门尤其是县级体育管理部门的力量，在人力、财力等方面给予充分的保障。各地体育管理部门应与教育、文化、旅游、民政等管理部门协同参与体育公共服务管理。注重“重心下移”，充分发挥乡村文化站在体育公共服务宣传与组织上的作用，激发农民参与体育公共服务的积极性，推动长三角城乡文化体育事业向前发展。

在评价体系层面，积极开展省级、市级、县级体育公共服务绩效评价工作。在制定具体评价体系和标准时，既要参考其他区域的经验，更应结合长三角实际，做到客观、全面、真实，使之成为推动长三角体育公共服务发展的先进制度文化。在评价过程中，应以先进地区（单位）为榜样，大力宣传推广其体育公共服务举措和发展经验，带动体育公共服务后发地区（单位）发展，推动长三角体育公共服务发展迈向新台阶。

（3）在体育物质技术层面，丰富体育设施和活动体系。

长三角各级政府及相关职能部门要将体育公共服务设施建设纳入地方建设规划，因地制宜地丰富体育公共服务设施的种类和数量，优化体育公共服务设施的布局，满足公众的体育文化需求。鼓励社会力量援建或组建面向公众的体育公共服务经营实体，改善体育公共服务物质条件。

在体育活动层面，深入凝练、弘扬长三角特色体育文化和资源优势。在传统文化节日，增添体育活动内容，为公众更广泛地参与体育活动创造更多的机会；利用独具特色的体育文化活动吸引公众，引导其树立正确的文化价值观。体育活动内容和方法的选择，应突出“源于长三角、群众基础强、锻炼价值高、简便易操作”导向，注重长三角传统体育活动与现代体育运动的有机结合。

4.2.5.2.2 构建协同、高效的信息服务新平台

现代化是我国体育公共服务工作始终坚持的发展基准和优化方向。推动长三角体育公共服务一体化发展，提高资源集聚度、区域连接性和政策协同效率，在引领全国体育公共服务现代化建设中具有举足轻重的战略地位。“创新、跨界、智能”将成为新时代体育公共服务的核心主题，在以大数据、物联网、云计算等技术提供的数据基础、机器学习算法、图像处理计算能力，以及全社会对人工智能技术的接受和认同的背景下，要实现长三角体育公共服务现代化，须以互联网为基础，通过借助尽可能多的大数据网络资源，建设高速、安全、便捷的新一代区域信息基础设施，打造“智能化、数据化”的新型体育公共服务信息数据平台。

体育信息服务是长三角体育公共服务在信息领域的拓展，它与社会信息化、现代化发展水平和社会大众的生活紧密相连。开放化的经济社会发展环境，决定了公共体育信息服务与保障的社会化需求，基于社会、经济的发展，消除信息鸿沟，平衡社会信息需求，需要在现代信息环境下，建设和开发公共体育信息服务平台。[1] 长三角公共体育信息服务平台的建立，可以实现公共体育服务信息的有效传递和共享，完善长三角跨省、市、区的信息保障体系，协调、统一、全面管理各区域信息服务活动，可以保障并推动长三角公共体育

［1］ 丁青，王家宏，陆柳，等．我国公共体育信息服务的发展现状分析及对策研究［J］．南京体育学院学报（社会科学版），2015，29（2）：67.

信息服务一体化更好更快地发展。

体育行政部门在公共体育信息服务的供给过程中，主要通过门户网站向社会公众提供公共体育信息服务，信息传播渠道相对单一。体育行政部门应进一步加强公共体育信息服务传播渠道建设，努力拓宽公共体育信息服务的传播渠道，对网站、手机、电视电台、宣传栏、报纸杂志等信息传播渠道进行开发与建设，为社会公众提供多渠道的公共体育信息服务。

公共体育信息服务是一个大系统，并不能靠技术进步解决所有问题。公共体育信息服务的核心是信息主体。在服务过程中，信息主体对信息的获取、开发、加工和利用发挥着积极、能动的作用。因此，公共体育信息服务中信息主体的数量、质量和素质对信息系统的影响并不能完全忽视。同时，体现了自然、社会、科学技术之间的交互作用，在自然环境基础上经过人类加工而形成的信息环境是社会环境的一部分。一个国家或地区的信息化水平深受信息环境的制约，并间接影响公众的信息生活质量。处于一定信息环境之中的信息主体，一方面不断进行信息的交流与传递，另一方面又借助于获取与利用信息的实践活动对信息环境产生影响。公共体育信息服务需要着眼于信息主体—信息—信息环境三者之间的协调发展，重点探析这三个要素及其相互关系形成的有机整体，以有效地提升公共体育的服务效能。[1]

目前，长三角体育公共服务一体化尚不能完全与智慧城市的建设发展匹配。传统设备的信息化程度较低，影响健身体验，难以满足大众体育公共服务智能化、便捷化、多场景化的实际需求。未来长三角地区体育公共服务场地、设施、设备的研发将依托物联网的发展、智能手机的普及和移动支付技术的成熟，将会出现诸如智能健身指导与体质监测智能服务场所，并与可穿戴设备结合，实现体质监测、远程健身指导、手机端健康数据管理等服务功能。推动长三角体育公共服务一体化走在全国现代化建设前列，实现资源共享、共建联建，在融入一体化、服务一体化、推动一体化中，让更多群众在合力推进长三角体育公共服务一体化中受益。

4.2.5.2.3 开创体育旅游新局面

体育与相关产业之间的交叉融合就是将体育和健康、文化、旅游、养老、

[1] 王锰，陈雅，郑建明．公共数字文化服务治理的信息资源管理基础［J］．图书馆，2018，46（5）：37.

教育、科技、金融等多个领域融会贯通，使体育部门与其他部门进行信息资源交换，从而扩大其资源涵盖范围。它是一项可以推动经济和社会双效发展的新兴业态，也是长三角体育公共服务结构优化的内在需要。体育旅游是体育交叉融合发展的排头兵，加快体育旅游转型升级是实施国家创新驱动发展战略和建设新时代现代化经济体系的应有之义，也是全域旅游、体育强国、健康中国建设的必然要求。

以全域旅游为主导的区域一体化已经成为长三角旅游发展的一种共识，其要旨在于通过资源共享、优势互补、市场互动，消除地域、空间、体制等方面的障碍，打造无障碍旅游区，实现区域旅游经济的全面发展。在创新打造长三角体育健身休闲产业与旅游业融合发展的基础上，积极促进全民健康和旅游业转型升级，推进全域旅游示范区创建，使体育、旅游等产业深度融合。

长三角地大物博，拥有丰富的自然旅游资源，不同地域应因地制宜开发当地旅游资源，相关体育部门和旅游部门应积极对当地资源进行优化和合理配置，推出极具本地域特色的旅游产品。首先，通过资源整合，推动产品转型。长三角各地域得天独厚的地理环境和自然旅游资源有利于“旅游+”实现产业融合，资源的开发应考虑相关利益主体，包括参与群众、政府部门等。因地制宜对当地的环境和资源进行评估，深度开发有特色、有吸引力的各种资源，精心开发和打造系列精品旅游赛事。科学设计和规划不同地域的体育赛事旅游产品，全力构建体育赛事旅游产业和产品链条，深度开展大众喜爱的马拉松、自行车等体育赛事，充分整合并发挥不同地域的旅游资源，开展最有优势的赛事旅游项目。其次，依据实际情况，推动服务转型。随着人们生活水平的提高，单一的观光游览已不能满足人们的休闲需求，从全域的视角，要求旅游产业积极开发各类不同功能的空间资源，打造区域性赛事旅游的属性，推动赛事和旅游产业的跨界转型，加强两者空间资源的优化整合与共享。积极融合赛事的户外性、参与性及体验性，刺激大众文化旅游赛事的开展，创新旅游产业的单一形态，构建以旅游地的户外体验元素及历史文化元素为核心的赛事旅游产品。[1] 另外，在不同的政治条件及政策利好背景下，应积极开展肩负时代和文化特点的赛事旅游项目，如在“一带一路”倡议、“粤港澳”融合、“乡村

[1] 王亚坤，武传玺．全域旅游视域下我国体育赛事旅游产业发展研究［J］．体育文化导刊，2020（7）：71.

扶贫振兴”等政策推动下，独特地域应积极开展独具特色的赛事旅游，以推动体育赛事旅游产业的转型升级。

体育旅游将成为长三角一体化区域经济高质量发展的重要增长极，也是长三角一体化服务业现代化发展的重要示范窗口。体旅融合成为体育产业和旅游产业融合的必然选择，也是实现产业域的有效途径。体育旅游的现代化转型升级必然伴随着产品升级与服务升级，从需求者角度出发，不断开发和提供具有更强吸引力、更高价值、更多看点的新产品，不断开发和提供更便捷、精细化、个性化和差异化的服务。只有这样，才能吸引更多的游客前往体育旅游景区，参与体育旅游项目，推动体育旅游高质量发展，带动传统旅游产业的转型升级。

4.2.5.3 目标三：建成体育公共服务高质量供给示范区

深化跨区域合作，探索一体化发展的制度体系和路径模式，实现基础设施互联互通、公共服务普惠共享，推动区域一体化发展从项目协同走向区域一体化制度创新，为全国其他区域一体化供给提供示范。示范区建设是长三角体育公共服务发展的主线，建设长三角体育公共服务一体化示范区，要以“统一规划、统一标准、统一建设”的新型顶层设计为基础，实现长三角各地方政府体育公共服务各职能部门之间的决策协同。中央层级的体育公共服务主管部门，如国务院及国家体育总局要着眼于长三角体育公共服务一体化的总体要求，统筹协调长三角体育公共服务一体化中存在的核心问题。地方政府应当抓紧设立专门的协调机构或安排专门的协调负责人，确保能够及时传达区域间体育公共服务政策信息，准确反馈地方体育公共服务的问题和需求，在不同层级的体育公共服务职能部门之间建立起畅通的信息交流渠道。进一步明确坚持上海龙头带动，联手苏浙，扬皖所长，打造具有重要影响力的体育公共服务聚集地，实现体育公共服务高质量发展，打造具有全球影响力和国际竞争力的体育公共服务示范基地。

4.2.5.3.1 获取体育政策协同新成效

长三角各地方政府协同研究制定区域人才政策、金融政策、产业政策、财政政策、税收政策等，营造良好的政策环境，形成立体式、全方位的推动和激励区域体育公共服务一体化发展的政策体系，推动长三角体育公共服务人才引进、科技投入、成果共享、知识产权保护、产业扶持、税收优惠等领域的健康发展。在此基础上，各地结合自身实际，制定并出台推动体育公共服务一体化发展的政策文件，在体育产业战略规划、重大体育产业布局、体育公共服务供给、体制机制保障等方面给予政策引导。

通过强化与国家基本体育公共服务标准和制度的衔接，调研并编制长三角体育公共服务项目清单。健全长三角体育公共服务便捷共享制度，推进实施统一的体育公共服务政策。

健全政策协同机制。建立长三角体育公共服务重点领域制度规则和重大政策沟通协调机制，提高政策制定统一性、规则一致性和执行协同性。加强政策协同，在企业登记、土地管理、环境保护、投融资、财税分享、人力资源管理等政策领域建立政府间协商机制。根据达成的共识形成协同方案，由各地政府根据协同方案制定有关政策措施。

全面加强长三角体育公共服务制度政策保障。建立高级别的体育政策决策协调机制、高效能的组织管理机构、市场化运作的企业团体，负责长三角体育公共服务政策的统筹协调。

逐步健全国家统一与长三角实际相结合的体育公共服务制度安排，通过制度安排覆盖区域更多的民众，努力实现体育公共服务普惠民众的目标；扩大国家和区域体育公共服务财政投入，提高体育公共产品和服务的质量及民众的可及性；理顺体育公共服务管理体制，按照属地原则设立体育公共服务管理机构和服务部门，提升服务效能；优化体育公共服务财政资源和社会资源配置，鼓励扶持社会力量参与体育公共服务发展，扩充体育公共服务供给主体、丰富体育公共服务供给形式、提升体育公共服务质量，满足民众的体育公共服务需求。

在中央政府的统一领导下，建立省际与市际的体育公共服务协调机制；探索建立跨区域的体育公共服务行业协会，以市场机制推动一体化进程；健全区域合作机制，促进体育公共服务资源要素在区域内的自由流动和优化配置；科学界定各级政府在体育公共服务领域的财权和事权，合理构建与区域体育公共服务一体化发展相适应的创新管理机制。

4.2.5.3.2　打造赛事活动协同发展新格局

赛事活动协同发展新格局的形成，需要以下几个方面的支撑：一是立足实际。明确本地区赛事活动资源的优势与短板，利用现有资源尤其是自身的优势资源进行赛事活动的筹划，不可脱离实际，“纸上谈兵”。二是研究公众需求。举办赛事活动的逻辑起点是公众的需求和公众的价值主张。因此，应仔细研究公众的爱好和需求，了解他们认为重要的、有价值的并愿意付出的赛事活动。然后，确保赛事活动产品和服务包含公众想要的特定属性，满足其需求。公众对赛事活动产品和服务的喜好程度越强，他们同赛事活动的联系就越紧密，区域体育公共服务的竞争优势也就越强，越有利于体育公共服务的健康发展。三是向公众清晰地展示赛事活动产品的价值和特色。供给主体不仅要通过技术进步、产品创新等手段创造具有异质性和内在差异化的赛事活动产品，更要借助多途径、全方位的宣传渠道向公众传递产品特色和产品自身所具有的差别化的价值，吸引更多公众的关注。四是具有创新思维。利用另辟蹊径的思路、卓尔不群的赛事产品、独具匠心的赛事服务形式，使公众接受具有差异化特点的赛事活动产品和服务。五是增强组织工作和外部环境建设。包括构建提升工作人员主动性和创造性的激励机制与管理体制、提供吸引创造性人才的优质环境和工作氛围、设立与一体化相匹配的组织机构和职能部门、加强市场开发与调研等。六是避免过度差异化。具有差异性的赛事活动，并非一味追求差异而忽视自身实际、成本、收益等。过度差异化不仅会导致赛事活动产品和服务的成本过高，还会耗费更多的实体资源，使各类资源要素无法实现优化配置，对一体化发展造成负面影响。

具体而言，应在以下几个方面寻求突破：第一，丰富高水平体育赛事供给。健全长三角联合办赛的组织管理机制，联合举办国际性大型体育赛事活动，充分发挥不同区域运作体育赛事的优势，扬长避短、优势互补，提高跨区域联合办赛的组织管理层级。第二，培育、升级长三角原创品牌体育赛事。对已有的长三角品牌体育赛事（长三角龙舟赛、环太湖国际公路自行车赛、苏州吴中“环太湖”国际竞走和行走多日赛等）进行创新升级。在已有的发展基础上，突出创新思维导向，在社会力量参与体育赛事方式、体育赛事组织模式、体育赛事运作流程等方面进行创新。第三，加强沪苏浙皖四地联动，探索组织全民参与健身赛事活动的新模式，在赛事项目设置、竞赛规则、竞赛规程等方面进行改革创新，打通公众参与体育赛事的渠道，丰富与提高群众性体育赛事供给内容和质量。第四，提高赛事品质和效益。加大公共资源对体育赛事活动宣传推广的支持力度，在赛事举办场地、转播、医疗、安保等方面建立长三角一体化的共享、协作服务机制。紧密围绕赛事的关注度、专业度和贡献度，构建长三角体育赛事影响力评估指标体系，定期发布长三角体育赛事影响力评估报告，引导办赛主体不断提升赛事品质，扩大综合效益。第五，积极推进体育赛事放管服改革。有关部门联合制定体育赛事的办赛指南和参赛指引，明确赛事责任主体，做到“责任下放到个人”。围绕长三角地理资源优势和特征，合理利用特色地理资源并综合考虑生态、安全等因素，审慎制定可以举办的体育赛事活动目录，细化赛事申办的准入条件和程序。

4.2.5.3.3 实现体育经济新集聚

（1）一核带动。

如果将长三角视为一个统一的开放系统，其内部各方的市场地位是平等的，但这并不表示各方的客观力量是均等的。正是由于客观力量不均等，各方的发展态势和能级水平才会不均衡，继而存在系统内部诸要素流动的可能性和必要性。此外，系统内部的优势发展力量，对打破系统目前的低水平平衡状态或既存状态具有积极的作用。对于长三角地区而言，需要一个能够发挥引领作用的核心。受政治、经济、历史、区位等因素的影响，上海应当仁不让“勇挑重担”，积极发挥经济集聚辐射功能，扛起引领和推动长三角一体化发展的历史重任。而如何使上海在长三角一体化尤其是体育公共服务一体化发展中提高体育经济集聚度，是亟待解决的问题。

上海是长三角的中心城市，就单一城市而言，其经济总量是长三角其他城市所不能匹敌的。因此，应充分发挥上海在产业、资金等方面的优势，提升其对周边城市及长三角其他城市横向、纵向的经济辐射能力，即上海为长三角其他城市提供综合服务，凭借其经济“强项”，向上海之外区域辐射和扩散，带动其他城市更好更快地发展，促进区域一体化发展。

第一，提升一体化发展的统筹协调层级，引领区域内其他省份共同推进体育公共服务一体化规划的实施。通过沟通协调，逐步形成以上海为核心、全面提升区域内体育经济开放的新格局。认真借鉴京津冀、珠三角的领导层级模式，努力争取国家层面对长三角一体化发展的规划与指导，尝试构建由中央挂帅、三省一市主要负责人参与的领导模式，在全国统一框架的指导下，结合长三角实际，加强规划、着力部署、统一落实长三角体育公共服务一体化各项经济政策和举措。

第二，开放市场，推动资源要素自由流动。上海应发挥“带头作用”，坚持包容并蓄的心态和格局，开放市场，推动区域内资本和各类生产要素的自由流动，以要素互动建立起更多的经济利益共同点，带动长三角其他区域一体化发展；紧密依托成熟的市场体系和资本集聚优势，营造以资本市场建设为抓手引领长三角能级提升的新格局；通过不断健全市场功能和强化市场体系建设，突显市场在长三角体育公共服务一体化进程中对资源配置的决定性作用，深化上海独有的市场和资金在长三角体育公共服务一体化发展中的话语权，增强上海体育经济领域“向内服务”的能力，逐步奠定上海在长三角体育公共服务一体化进程中的经济纽带和中枢地位。

第三，长三角是“长江经济带”“一带一路”“长三角一体化”等多个国家战略的交集处。作为中国经济的“翘楚”，积极响应国家战略，努力发挥自身优势，是长三角各地方政府理应担当的责任。上海作为长三角的龙头城市，在实现长三角一体化发展目标中，应在其国际经济中心、国际金融中心、国际贸易中心、国际航运中心等的基础上，充分发挥区域制度先行优势，优化完善资源配置能力，推动区域体育公共服务一体化发展的改革与创新，并凝练出可借鉴、可推广的经验，为长三角体育公共服务一体化发展起指引与串联作用；通过经济体制机制创新，发挥“一地引导，多地并行”的功能，继而使上海成为推动长三角体育公共服务一体化发展的主引擎。

在长三角一体化的过程中，上海起着龙头带动作用。上海对长三角的辐射和带动是全方位的，所谓“一核带动”是将上海作为长三角体育公共服务一体化的绝对核心，提升体育经济集聚度，在长三角进行推广复制，形成强大的经济辐射作用，更有力地带动长三角体育公共服务一体化。

（2）多极并举。

自改革开放以来，长三角城市群发展格局变化显著：从开放初始的上海“一家独大”的“单中心格局”逐步演变成“多城并起”的“多中心结构”。[1] 仅从城市经济总量这一指标来看，2020 年全国城市经济总量“万亿元俱乐部”的 23 个会员中，有 8 个出自长三角，并且上海的城市经济总量与江苏、浙江两省部分城市（苏州、杭州、南京等）经济总量的差距逐渐缩小。“多中心结构”的显现，使长三角地区成为中国区域经济最活跃、产业整体发展层次最高的区域，但也出现了激烈的区域内竞争。长三角格局的变迁，表明了长三角除上海以外的部分发达城市，已有意愿并有能力发挥自身的经济优势，不断开创长三角竞争合作新模式和新机制，区域内各城市通过互相竞争、

[1] 刘志彪，孔令池．长三角区域一体化发展特征、问题及基本策略［J］．安徽大学学报（哲学社会科学版），2019，43（3）：140-141.

互相合作、互相推动等方式，成为推动长三角一体化发展的主导力量。

因此，可以在“多中心结构”的基础上，尝试构建“多核目标”来推动长三角一体化发展。具体可从以下几个方面着手：一是江苏、浙江联合，呼应上海。江苏、浙江两省互联互通，合力打造“分工协同、要素集聚、功能互补、联动发展”的区域经济发展格局，优化江苏、浙江与上海的竞争合作关系和产业布局，避免同质化竞争，提升效能。二是量体发展、错位发展、交融发展。江苏、浙江两省根据自身发展实际，提升本区域的综合承载功能和服务能力。与上海、安徽错位发展，规避“趋同性”怪圈。通过三省一市的互通交融，提升长三角整体的“群合”功效。三是统筹省内区域协调发展，重点做好“苏南、苏北、苏中”和“浙东、浙西、浙中”的协调发展。通过优化生产力布局、推动产学研机制创新等举措，汇聚省域内创新驱动发展新动力。

在长三角体育公共服务一体化发展领域，经济社会较发达的江苏、浙江两省，不应再是“接轨”或“融入”，而应彼此联合、策应上海，成为体育公共服务一体化的“次核心”。“多极并举”是江苏、浙江两省利用自身特有的体育经济基础，通过双边对话、多边（与上海）对话，在体育产业、体育资源交易等领域加强协作，以实现最大限度地动员资源。利用和扩散上海在体育公共服务领域的极化效应，加强江苏、浙江两省体育公共服务的发展并带动周边城市的发展，降低边际效用，实现整体发展。通过创新体育经济合作机制，实现“既要发挥核心城市的经济引领作用，又要利用次核心城市的经济联动作用”的目标，在平等的平台上达成共识，不断完善合作体制机制，助推一体化发展。

4.3　实现长三角体育公共服务一体化战略目标的基本保障

4.3.1　法制保障

法制保障是长三角一体化实施保障体系的核心，没有健全的法制保障，生产、分配、交换、消费等都无法有序进行。[1] 因此，应建立区域体育公共服务立法协调机构，科学构建法律监督机制，制定规范长三角体育公共服务一体

[1] 莫建备，徐之顺，曾骅，等．区域一体化发展：拓展和深化——长江三角洲区域经济社会协调发展研究［M］．上海：上海人民出版社，2007：141.

化发展的法律文件，为一体化发展奠定法制基础，推动区域体育公共服务合作沿着法制化和规范化的轨道向前发展。长三角体育公共服务一体化应坚持“立法先行”的原则，利用法律规范，保障区域体育公共服务政策的完整性与连贯性，依靠约束性的法律机制制约区域合作中可能出现的“地方保护主义”和“投机行为”。[1] 长三角各地方政府可通过签署联合立法协定，统一区域体育公共服务一体化发展规则；各种协定的贯彻执行应落实到具备行政法规性质的操作性规章层面，健全具有强制性的实施与管理细则；探索制定与长三角体育公共服务一体化发展契合的具体实施细则，并与区域相关重要决定及相应制度紧密结合，逐步提升联合执法、联合行政的“功力”，保障行政、立法、司法体制间的制度效力和连通性，引领体育公共服务一体化发展；增强区域间体育公共服务交流合作，提升区域体育公共服务整体发展水平；运用法制化手段，创设友好、诚信、健康的区域体育公共服务发展外部环境；各地方体育部门与其他政府部门联手，合力打造长三角体育公共服务统一的质量监管、市场开拓、资本运营、人才流动、投融资等体系。

4.3.2 政策制度保障

实现长三角体育公共服务一体化战略目标的首要前提，是对阻碍长三角体育公共服务一体化发展的政策和制度进行改革，清除任何妨碍体育公共服务资源要素自由流动的行政壁垒和带有“地方保护主义色彩”的规定与举措。因此，实现战略目标的保障要素之一是政策扶持。三省一市相关职能部门应根据《规划纲要》，尽快制定长三角体育基础设施互联互通、体育产业协同发展、城乡体育公共服务融合发展、体育公共服务便利共享等专项规划，组织、制订、实施长三角体育公共服务一体化发展总体方案，研究出台长三角体育公共服务技术创新、体育产业、人力资源、投资资源等方面的配套政策和综合改革措施，推动形成“《规划纲要》+多种地方规划”的“1+N”的规划和政策体系。

政策扶持应从政策放宽、政策衔接和政策支持三个层面着手。政策放宽主要是指拓展长三角体育公共服务相关政策的辐射范围，使更广泛的社会团体和

[1] 胥兴安．基于管理学视角的区域旅游合作机制研究：以昆明北部旅游圈为例［J］．云南地理环境研究，2009，21（4）：43-46.

个人享受到“政策红利”，如允许本地区外的体育公共服务提供主体参与到本地区体育公共服务相关事务之中，享受本地区体育公共服务提供主体同样的参与权和话语权，切实打造真正意义上的“长三角公民”和“长三角社会团体”；政策衔接是指长三角政府和体育主管部门建立健全交流机制，定期举行协调会议，实现信息互通，全力破除行政壁垒，积极促成区域体育公共服务政策一致和“政策红利”共享，努力避免由于“政策不对称”导致的地方保护、同质化和恶性竞争现象；政策支持是指鼓励长三角体育公共服务提供主体在区域内下设分支机构，进行体育公共服务与管理。大力倡导跨区域提供主体之间以联盟、合并、重构等形式进行市场化操作，提升体育公共服务质量。鼓励建构长三角体育公共服务“城市会员制”，由一个或多个长三角城市牵头，吸纳更多城市参与其中，完善会员城市参与和退出机制，利用契约形式约束和规范会员城市的相关权利与义务，促使各城市共同肩负起推动长三角体育公共服务一体化发展的责任和使命。以上三个方面成效的高低，应成为评估的重要依据。

4.3.3 协同治理保障

长三角体育公共服务一体化协同治理，不仅是参与的企业、体育社会组织等微观主体自组织过程，也是政府主导的体育公共服务制度变迁的他组织过程。长三角体育公共服务一体化战略目标离不开协同治理保障，而协同治理离不开协同机制的构建。由此，必须充分发挥各级政府在协同机制中的主导作用，推进长三角体育公共服务一体化的协同机制创新，提升协同治理成效，为长三角体育公共服务一体化战略目标提供保障。我国地方政府一直充当全能的角色，主导地方经济、社会、文化生活的方方面面，是社会利益链条上非常重要的利益主体，这就容易导致对体育公共服务一体化政策制定有着非常强的地方保护主义倾向，将增加协同治理的难度。由此可见，构建科学合理的长三角体育公共服务一体化协同机制就显得尤为重要。目前，重点是破解协同与监管的关键问题，建议采取以下措施：① 构建双向协同机制。一是横向协同：横向协同是区域内的水平式合作，区域内体育公共服务一体化水平、供给能力、服务意识和服务方式有很大不同，需要优势互补、取长补短，合理设计横向协同路径，最终提升区域整体体育公共服务一体化水平。二是纵向协同：构建从国家到地方部门的纵向协同模式，提高区域体育公共服务一体化协同治理刚性约束。② 建立制度化监管机制。虽然长三角一体化已建立联席会议制度，但是还没有将与民生息息相关的体育公共服务一体化正式提上议程。需要构建长三角体育公共服务一体化协同治理的“决策—执行—考核”制度化监管流程。统筹区域体育公共服务一体化政策法规，制定区域体育公共服务一体化协同治理考核机制。

5　长三角体育公共服务一体化推进策略

《规划纲要》指出，各级党委和政府要认真贯彻党中央、国务院战略部署，履行好本级党委和政府职责，激发各类主体的活力和创造力，组织动员全社会力量落实规划纲要，形成推动长三角一体化发展的强大合力；成立推动长三角一体化发展领导小组，统筹指导和综合协调长三角一体化发展战略实施，研究审议重大规划、重大政策、重大项目和年度工作安排，协调解决重大问题；要完善三级运作、统分结合的长三角区域合作机制，建立市场化、社会化推进机制，设立一批跨区域一体化运作的专业推进机构。

长三角一体化，交通先行。《规划纲要》出台后，三省一市交通运输部门开始加强铁路、公路、港航、航空等重点领域的沟通合作，通过召开三省一市交通主管领导座谈会、签署合作协议、制定发展规划等形式，探索跨省区域交通合作新机制，促进交通基础设施融合协同发展，构建长三角全面开放新高地。

医疗卫生事业和健康事业作为政府的公共服务重要组织之一，在跨区域城市群发展中起着重要的基础保障作用。近年来，沪苏浙皖三省一市的医疗卫生部门积极开展合作，打造出长三角医疗一体化发展新格局：门诊费用跨省直接结算范围已覆盖长三角全部 41 个地级市，覆盖 5 600 余家医疗机构；三省一市医保部门通过区域性医疗卫生服务和监管平台建设，实现医疗卫生信息资源互通共享；积极改善医保部门与医疗机构之间数据沟通的信息系统；落实分级诊疗制度以减轻核心地区医院的接诊压力。[1] 医疗资源互联共通，为长三角居民就医费用的支付和结算提供便利，有助于劳动力合理流动和医疗服务供给

[1] 毛书兵. 长三角医疗一体化：资源贯通促进区域融合发展[EB/OL].(2020-08-18)[2021-06-23].http://news.anhuinews.com/system/2020/08/18/008498093.shtml.

更公平，提升了医保和卫生部门的政务管理水平，促进了长三角医疗卫生服务的一体化。

三省一市教育行政部门将长三角一体化发展的要求全面落实到推进教育协同工作中，加大领导统筹，加强重点领域合作，推动长三角教育一体化发展取得新成效。在具体操作层面，借助领导统筹机制、教育协同沟通机制、项目发展机制及政府主导和基层自发相结合的推进机制“四个机制”建设，协同推进长三角教育高质量发展。[1]

随着长三角一体化战略的实施，长三角文旅一体化发展也进入提速升级阶段。在机制方面，沪苏浙皖三省一市旅游协会提出设立长三角旅游事务协调共商发展机制、长三角旅游协会联席会议制度等；长三角三省一市文化和旅游部门签署了《长三角文化和旅游高质量发展战略合作框架协议》，共同打造联合开放、充满活力的文化和旅游市场，构建便捷高效的公共服务体系，建设诚信规范、优质安全的服务示范区。在实践方面，上海以重大项目为载体，从深化长三角合作体制机制、建设长三角一体化旅游示范区、提升区域文化协同发展能级等方面，推进长三角文化旅游一体化发展；江苏着力打造高水平服务业集聚区，积极打造“慢生活”旅游新模式；浙江着力建设长三角生态文化旅游圈，推出“美丽乡村”等一揽子政策，全面践行“两山”理论；安徽积极打造绿色发展样板区，深度开发红色、生态、文化等旅游资源，打造长三角高品质红色旅游示范基地和康养基地。[2]

《规划纲要》的核心要义和具体要求及长三角交通、医疗卫生、教育、文化旅游等领域一体化发展的实践经验，为本研究提供了重要的思路和启示。本章所阐释的推进策略，亦是在认真分析《规划纲要》的具体内容、结合相关学科理论及借鉴长三角交通、医疗卫生等领域的实践成果的基础上展开研究的。

---

[1] 王秀军．主动融入国家战略　推进长三角教育协同发展[EB/OL].(2021-01-20)[2021-04-23].https://baijiahao.baidu.com/s? id=1689401137581663519&wfr=spider&for=pc.

[2] 侯凤芝．推进长三角文化旅游一体化发展[EB/OL].(2020-05-26)[2021-04-23].http://district.ce.cn/newarea/roll/202005/26/t20200526_34978137. shtml.

5.1 推动体育公共服务一体化发展的原动力

5.1.1 政府层面

5.1.1.1 长三角体育公共服务一体化创新共建策略

5.1.1.1.1 建立共同的区域发展规划

长三角各地方性规划分属不同地方政府和部门，地方政府各自为政，各地方性规划存在冲突与矛盾现象，在资源开发与利用、资源要素流动与配置、产业布局等领域表现得尤为突出。在地区间利益博弈的过程中，各地方政府极易陷入“囚徒困境”，即各地方政府选择的对自身最佳的策略，对整体来讲却是最差的决策。因此，中央及地方政府应继续完善现有的区域一体化合作框架，明晰区域一体化发展目标，推动区域一体化向纵深方向发展。中央政府应提出但并不限定合作领域，科学制定出台推动区域一体化规划实施和区域协同发展的行政指令，清除阻碍长三角一体化发展和公平竞争的相关制度与措施，指明合作各方的权、责、利，将长三角一体化合作框架协议提升至具备行政约束力的制度与规范，为跨省域的合作提供政策支撑。各地方政府应认真贯彻落实中央的相关规划、指示与要求，尽快出台区域整体发展规划，集各地方性规划之所长，形成整体效应，做到“两个坚持”。一是要坚持顶层设计。强调系统规划，实现“多规合一”，编制面向更高质量一体化发展的区域整体规划，切实解决各地方性规划之间的冲突与“特立独行”等问题，为长三角一体化发展，制定好时间表和绘制好发展蓝图。二是要坚持科学对接。强调区域规划的衔接与协调，重构公共资源空间布局，打破“同质重复”的现状，形成分布合理、独具特色的公共资源空间格局，统一布局区域性公共基础设施、资源开发与利用等，保持规划与政策的统一性。

长三角体育公共服务一体化发展规划应从宏观层面统筹区域体育公共服务一体化，将长三角视为一个整体，推动区域内体育公共服务制度化、法制化、标准化、均等化、一体化等；打破“地域有别”“城乡有别”“身份有别”的体育公共服务“福利碎片化”格局，保证体育公共服务政策的连续性，持续完善全民共享的体育公共服务体制机制；消除地域、公民身份等因素的影响，努力将更多的体育公共服务和产品惠及更广泛的民众；将区域体育公共服务发展“拧成一股绳”，形成合力；以规划为导向，充分发挥各方比较优势，强调区域分工协作，提升长三角体育公共服务整体发展水平和辐射影响力。

长三角体育公共服务一体化应以共同的发展规划为统领，以一体化的理念重新建构区域体育公共服务资源配置体系，重新审视区域内各城市体育公共服务特色及其功能定位，避免城市间体育公共服务定位雷同和“同质化”现象。规避重复建设，减少体育公共服务资源的无效占用和浪费。各城市通过交流协作，携手研究制定长三角体育公共服务一体化发展规划，明晰发展步骤，联合审批区域体育公共服务重大实施项目、合作项目等，保证项目与区域体育公共服务发展规划目标的一致性。制定区域体育公共服务共同发展规划，应建立在多方共同意愿的前提下，若存在意见不一致，应从制度层面出台解决方案。应在总规划的基础上，制定诸多“子规划”，如体育公共服务质量规划、体育公共服务基础设施建设规划、体育公共服务宣传规划等。通过各子规划的制定与实施，推动长三角体育公共服务一体化的宣传推广，从制度层面指引一体化发展的正确方向，打造区域体育公共服务整体品牌，提升长三角体育公共服务整体质量。

5.1.1.1.2 建立共同的资源平台

（1）投资资源平台。

投资资源平台的构建对防范区域一体化进程中的经济风险尤其是地方政府债务风险具有积极的意义。长三角各地方政府应把握好国家层面推行政府债务置换的契机，加大地方政府债务置换的力度并取得更好的成效，科学筹划契合地方收入的负债结构。积极探索基础设施建设和民生工程的投入新机制，利用资产证券化、政府和社会资本合作（PPP）等形式，吸纳更多优质的社会资本参与。在吸纳社会资本的实际操作中，可尝试组建跨区域的投融资公司，公司的主体由投融资机构和相关企业组成，以市场化的运行方式推动投资资源领域的合作发展。研究、制定并出台吸纳社会资本投资区域一体化发展的政策和举措，调整社会资本准入制度，降低准入门槛，提升社会资本的准入效率，科学引导非公有资本通过股份制、合资、独资等方式融入区域基础设施建设、公共事业、民生工程等领域。

长三角体育公共服务一体化投资资源平台的构建，应从长三角体育公共服务项目审批、备案程序等政务对接入手，共同编制区域体育公共服务投资资源发展规划，应用现代信息技术实现投资资源的互联互通，实现区域内信息的共享联动；改变各自为政、重复投资的做法，建立起区域内体育公共服务比较优势投资发展机制，引导偏离方向的投资资源投向最能把比较优势转化为竞争优势的区域。按照“政府主导、社会参与、市场运作、规范有序”的总体思路，通过建立公开透明的市场运行环境和合理的投资回报机制，鼓励扶持社会资本积极参与，建立投资、补贴与价格的协同机制，不断提升长三角体育公共服务质量和效益，提高体育公共服务公众满意度。

（2）人力资源平台。

根据长三角经济社会发展及体育公共服务一体化的实际需求，长三角各地方政府应共同探索体育公共服务专业人才，尤其是高层次技术人才培养机制变革，构建长三角体育公共服务专业人才协同培养机制，打造长三角体育公共服务人才资源平台。第一，集聚各类创新要素，组建人才培养创新战略联盟，依托重点学科、科研基地、重大科研和工程项目等，联合培养体育公共服务优秀人才，探索体育公共服务人才培养新机制。借鉴国内外体育公共服务人才培养模式和经验，鼓励相关高校与企事业单位、科研机构携手，共同研究制订长三角体育公共服务人才培养方案，明确培养目标、培养规格、学制、课程设置等核心要素，在招生、培养创新实践能力、考核评价等方面勇于创新，逐步建立人才培养、科技创新、服务社会、共同推进、协同发展的新机制，形成多部门联合培养体育公共服务应用型创新人才新机制。第二，有效利用国家科技和财政政策并结合长三角一体化发展规划中的财政扶持文件，对长三角部分高校与科研机构进行财政资助，形成人才培养资金扶持合作机制，大力开拓体育公共服务创新技术人才培养示范和引导项目，提升人才培养质量。第三，利用长三角人才交流的现实基础，推动体育公共服务人才培养、评价、预判、信息公布机制创新，形成人才研究、咨询的战略性支持平台。对国家和长三角体育公共服务人才资源开发的重大问题开展组合立项和协同攻关，前瞻性地对体育公共服务人才资源整合进行深入研究和战略规划，共建体育公共服务专业人才供需与发展客观研判的区域性信息支撑体系。第四，制定体育公共服务人才信息互通互报制度，共建长三角体育公共服务人才网，定期发布人才需求和供给信息、高级技术人才目录等。共同探索人才信息定期公开发布的有效机制，并将其纳入政府信息依法公开工作的考核内容中，推进长三角体育公共服务人才信息沟通发布工作常态化。第五，共建体育公共服务人才需求、供给的实时预警和反馈机制。高校、科研机构、地方政府等联手对人才的数量、质量需求开展前瞻性研究、预判和评价，尝试构建长三角体育公共服务人才供需模型，为实践研究提供理论支撑。第六，启动长三角体育公共服务专家库建设。邀请长三角及其他区域相关领域的专家、学者、体育部门主管领导等，加入长三角体育公共服务专家团队。在广泛征求专家意见的基础上，构建标准一致、资源共享、跨区域的体育公共服务人才评价机制，用统一的评价指标评判人才培养质量和实践能力，使其更好地为区域体育公共服务一体化服务。

（3）场地设施资源平台。

基础设施是为社会生产和居民生活提供公共服务的物质工程设施，是用于保证国家或地区经济社会活动有序开展的公共服务系统，是社会发展的重要物质基础。基础设施内涵丰富，包括交通、水电、商业服务、科技开发、卫生医疗、文化教育、体育等市政公用工程设施及公共生活服务设施。区域内各类生产要素的流动，是以基础设施作为中介串联完成的。基础设施是区域各项功能尤其是城市群功能有序运转的基点，是促进区域一体化的重要支撑。优良的基础设施条件可为区域内城市之间各类生产要素铺设畅通的流动渠道，使城市各功能单元与其所需的各类资源建立联系，成为各类生产要素流动的推手。

完善、高效的基础设施是经济社会发展的必备条件。当代社会，交通、通信等手段日益便捷，许多城市的大型基础设施已不再局限于服务于本行政区域范围，而是突破了行政区划边界，服务更广泛的区域，因此为基础设施的建设和运营设置适宜的“规模门槛”，有利于其发挥更大功效。然而，如果区域内各行政主体仅从自身考虑，只是在本辖区内进行基础设施建设和运营，限制基础设施的服务范围，将降低基础设施的使用效率，引发建筑成本上升、资源浪费等问题。因此，在区域一体化进程中，应对基础设施建设和运营进行统筹协调，构筑功能互补、共享互利的公共基础设施体系。在跨区域的经济社会活动已趋于常态化的背景下，对区域内公共基础设施整体系统的运营有着更高要求，各行政主体在进行公共基础设施规划时，不仅要考虑到本辖区的实际需求，更应注重各行政区之间的衔接与协调。如此，才能提升公共基础设施的建设和使用效率，推动区域一体化发展。

公共体育基础设施是公共基础设施的重要组成部分，是实现长三角体育公共服务一体化的重要物质基础。长三角公共体育基础设施建设发展态势良好，部分省（市）公共体育基础设施有一定规模，形成了较好的省（市）内空间布局。然而，现有的长三角公共体育基础设施，在整体建设规模、空间布局、协同运营管理等方面，与长三角体育公共服务一体化战略目标要求还存在一定差距。因此，应对长三角公共体育基础设施进行统筹管理，构建区域场地设施资源平台，为区域体育公共服务提供保障。

5.1.1.2 长三角体育公共服务一体化协调共进策略

5.1.1.2.1 加强区域协同

充分发挥长三角各城市之间的互补优势，完善体育公共服务对接合作机制。长三角各城市体育公共服务的发展应有梯度和差异，在区域间形成一种既协同配合，又优势互补的关系，拓展相互的腹地和市场，创造互促共赢新局面。在推进区域协同的过程中，应做到“两多”：一是多采用市场化、制度化的方式，少采用行政化、指挥式的手段。这并非要求政府“不作为”，而是要求政府在市场化的基础上采用制度化的措施去推动。如果必须使用行政手段，也应尊重市场主体的利益，在法律范围内执行，避免“过度执法”。而对于不同地方政府之间的合作，却较适宜采用行政手段去推动，使彼此“有章可循”，便于开展体育公共服务相关建设、运营、管理等工作。二是多从实际项目出发，考虑区域体育公共服务协同发展。区域协同发展不是“空中楼阁”，而是“落地生根”。在发展中，不应在空泛的、无边际的、不可操作的范围内发表抽象化的协同发展理论，而应从一批批具体项目着手，从广大民众的体育公共服务需求着手。这样的区域协同更能迎合普通民众的本真诉求，更能得到民众的支持和参与，才有可能真正达到预期效果。

5.1.1.2.2 构建协调机制

为长三角体育公共服务一体化发展构建协调机制是地方政府职责所在。各地方政府应从区域体育公共服务一体化长远发展出发，加快体制机制改革步伐，破除本位主义思想，积极开展制度创新。充分发挥政府主导作用，构建区域体育公共服务交流协调组织，使长三角体育公共服务建设与发展形成一个有机整体。

为了保证协调机制的良性运行，地方政府还应做好以下几个方面的工作：

一是创新组织和管理模式。在现有体育公共服务管理模式的基础上，考虑构建更高级别的、超越地方行政区域利益的协调机制。借鉴京津冀、珠三角等地区的发展经验，设立国家—省（市）—地级市三级协调机制。通过召开联席工作会议、联合调研考察、定期考核评估、实时反馈等形式，创新管理模式。基于此，可以统筹各地方政府在体育公共服务领域的既定战略与政策，减少地区冲突与重复建设，进一步明晰各地政策衔接和行政管理趋同的思路，对区域整体利益进行全面考量和研判，形成跨地域相同部门之间、上下级部门之间的协调机制，弱化“本位主义、局部化”的狭隘格局和视野，避免“条块分割、各谋其政”的思维理念和行动举措，实现体育公共服务发展在更高平台上的协调一致。

二是加大政府间行政协调的推进力度，落实相关责任。各地方政府应研究、制定并出台推动体育公共服务一体化发展的地方性制度文件，或者在国家层面指导下签署行政协定，尤其是主管体育公共服务的相关职能部门应担负起区域合作的规划责任，将区域体育公共服务的改革与发展融入区域发展规划中。在政策制定环节，应突出适用性，避免政策决策部门过度驾驭制度而导致协调合作机制变为强制合作机制局面的出现；应通过多方协调，以“协议化、规范化”的形式开展政府间体育公共服务合作，以利益共享、风险共担、监管评估、信息反馈等方式构建合作机制。

三是建立并完善区域体育公共服务协调发展的实施机制。变革不合理的政绩考评体系、突出体育公共服务发展质量的提升和发展方式的转换等。建立健全区域体育公共服务利益补偿机制和共享机制，尝试构建跨区域体育公共服务利益补偿长效机制、体育产业转型中的利益共享机制、跨区域的规划运行资金保障机制等，定期表彰对体育公共服务一体化发展做出突出贡献的主体，对合作中出现利益损失的主体给予一定的补偿。在此基础上，进一步强化政府间体育公共服务合作利益协同机制。政府间体育公共服务利益协同应严格遵循高质量发展的原则，秉持新发展理念，坚持为区域整体谋利益的准则，减少对合作各方利益的损害。在具体执行中，可通过利益协调、利益合作、利益整合等形式，兼顾整体利益与局部利益；可通过区域合作，达成各自的利益目标和诉求，实现更大范围的利益协同，统筹利益主体，达成更大范围的利益统一，推动一体化发展。

四是逐步构建长三角体育公共服务发展动态互通互报制度，形成制度化沟通渠道。可尝试组建长三角体育公共服务一体化发展领导小组办公室，加强组织机构建设。积极发挥办公室的宣传与推广功能，为互通互报制度夯实组织基础。利用办公室的组织管理职能，将长三角体育公共服务非官方的合作交流纳入一体化发展范畴。通过加强合作、规范引导，协同制定扶持政策，携手构建区域体育公共服务相关合作交流的备案和公报制度，建立健全互通互报制度。

为了推动长三角体育公共服务一体化发展，构建跨区域、跨行政层级和吸收非政府组织参与的区域体育公共服务协商协调合作机制是必要的。体育公共服务合作应是“多中心”的，并不是单一的政府间合作，而是政府、非政府组织、企事业单位、个人等的合作，进而形成多主体的区域体育公共服务供给系统。协商、协调、互惠应是区域体育公共服务合作的核心要义，并且是建立在多方共同利益基础上的。在具体操作层面，可率先在体育公共服务合作交流开展较好的部分地区、省市之间组建体育公共服务合作民间组织，增强区域体育公共服务供给的可持续发展能力。在制度层面，通过民间组织之间的交流协商，制定具有较高认可度、可操作的合作协议、章程等，明确各方的权利和义务。利用制度化的手段约束各协议方共同遵守，共同推进长三角体育公共服务一体化发展。

5.1.1.3 长三角体育公共服务一体化民生共享策略

5.1.1.3.1 区域人力资源共享

长三角各地方政府应通力合作，推进区域内体育公共服务人力资源共享。第一，强化政府政策支持，提升人才合作效果。地方政府出台相关制度和法规，保障长三角体育公共服务人才合作法律法规的对接。在人才引进、人才交流、科研合作等方面，给予政策倾斜和扶持。设立政府专项基金，对人才合作项目进行经费支持。鼓励各类社会团体、企事业单位及个人筹集资金，支持人才合作与交流。第二，借助便捷的网络信息技术，构建长三角体育公共服务人力资源信息交互和公开机制，逐步实现长三角体育公共服务人才信息联网，打造通畅、便利的人力资源信息共享平台。实现人才信息标准化、统一化，整合区域内人才供求信息，在城市之间发布并开展互动。借力网络技术、信息技术构筑人力资源信息交流管理平台，建立人才基本信息、用人单位信息、从业人员信息、人才招募信息、薪资信息及政策信息共享机制。第三，协同组建长三角体育公共服务人才和劳务市场。破除“区域人才保护”理念，倡导实现城市之间人才市场的互通。通过成立长三角体育公共服务人才合作协调机构，推动区域人才开发与合作。合作协调机构既需要政府主导，更需要社会团体、行业协会、中介组织等协同参与，应涵盖体育公共服务人才合作的各个领域，构建“纵横交错”的组织体系。通过有目的、有步骤地整合与规划，完善组织架构，提升组织功能，切实填补区域内人才合作中的“真空地带”，推动人才合作的健康发展。强化长三角体育公共服务人才的流动与合作，鼓励新时代“星期日工程师”为长三角体育公共服务提供智力支持。尝试构建统一的长三角体育公共服务人才市场，营造公平竞争的人才环境，预防不正当竞争。积极开展人才供求信息传送和劳务输出输入组织协作，推动人才资源稳步、规范、合理流动，协商处理劳务人员的自我权益保护和日常管理工作。建立健全体育公共服务从业人员岗前技能培训、入职教育、职业技能评价和执业资格认证管理制度，提升区域人才质量。第四，注重多元化的合作形式。在推进人力资源共享的过程中，应坚持循序渐进的原则，在人才共享的质量、数量、覆盖面等方面，应根据自身需求，由点到面逐步推进，在合作中寻求竞争，共图发展。应根据实际情况，采用灵活有效的合作形式，可以在体育公共服务整体项目的人力资源共享上开展人才合作，亦可以在单一项目上开展人才合作；可以在长三角全域范围内开展人才合作，也可以在长三角部分城市间开展人才合作。第五，重视教育和专业人才培养。区域内各城市应根据自身现状，制定与本地区体育公共服务发展状况相适应的人才培养规划，尤其是紧缺行业的高素质人才培养。鼓励高校与相关职能部门携手，在培养目标、培养路径等方面进行创新，科学开展体育公共服务专业人才培养试点改革，突出“实践型、应用型”人才培养理念，构建人才培养系统工程，提升人才培养质量。

5.1.1.3.2　区域投融资资源共享

长三角体育公共服务一体化是对传统体育公共服务发展的创新。而创新一般具有正外部性，即创新过程成本高、周期长、风险大等，但创新之外仿效的投入低、产出高。[1] 可见，创新主体如果没有足够的资本激励和强大的抵御财务风险的能力，就难以开展创新活动。因此，创新需要资金投入和支持。随着长三角经济社会发展的转型升级，体育公共服务事业也面临新的机遇与挑战。区域体育公共服务一体化是变革和创新，也面临着风险与困境。在此背景下，仅依靠地方政府投融资平台已无法满足体育公共服务巨大的资金需求。鉴于此，应构建多层面、多类型的投融资平台并实现区域投融资资源共享，推动体育公共服务一体化发展：突出多元化的投融资体系建设，建立并完善以政府为主导，企事业单位、社会团体组织等协同参与的利益共享、风险共担的投融资体系，为区域体育公共服务发展提供资金保障；创设优质的投融资环境，加强区域多样化金融资本市场建设，推动投融资和产权交易，不断完善投融资机制；运用制度手段，激发民间资本投资体育公共服务的信心和活力，鼓励国外

[1] 万晓琼．区域创新体系建设刍议［J］．中州学刊，2010，32（5）：51-52.

资本合法、合理地参与到体育公共服务投融资机制之中；构建长三角体育公共服务市场准入机制，统一市场和运行规则，构建普惠制式的体育公共服务投融资机制；不同地区出台的关于投资资源自由流动的优惠政策或扶持政策，应在区域内实现共享；鼓励经济资本在区域内自由流通，倡导体育公共服务跨地区、跨行业、跨种类发展，提倡社会力量自主联合或重组，形成合力推动体育公共服务发展。

5.1.1.3.3 区域场地设施资源共享

长三角公共体育场地设施资源的共享，应强调跨区域场地设施一体化建设和统筹场地设施总体布局相结合的宗旨，提升公共体育场地设施资源的共建共享和互联互通能级，建立分工明确、优势互补的场地设施格局，积极发挥其对长三角体育公共服务一体化发展的前导和支撑作用。具体而言，可以从以下几个方面加强区域协作，实现公共体育场地设施资源共享：一是加大区域公共体育场地设施规模建设力度。成立相关机构，统筹区域公共体育场地设施建设发展，尤其是要扶持公共体育场地设施建设相对落后的省、市及农村地区的发展。二是根据长三角经济社会整体发展战略，调整区域内公共体育场地设施布局，带动目前受场地设施条件所限体育公共服务水平相对落后的地区发展。通过优化长三角公共体育场地设施基础建设和布局，推动公共体育场地设施资源的高效组合与充分利用，实现不同地区场地设施资源要素的协同有序、优势互补和共建共用。三是加强本地区体育设施网络的协调。各地方政府应坚持各项体育设施协调发展的原则，满足各项体育设施之间的衔接与配置要求，形成体育设施整体布局合理、用地节约、运营管理便捷、服务高效的格局，避免设施用地过度分割。四是创造性借鉴“飞地”模式，实现场地设施资源的充分利用。部分省（市）人力资源、投资资源丰富，但受土地资源限制，场地设施资源较为匮乏；而部分省（市）土地资源利用潜力较大，但缺乏人力资源和投资资源。可以对“飞地”模式进行总结和推广，突破行政区划限制，形成跨区域合作式发展，提升场地设施资源的利用率，助推体育公共服务一体化发展。五是构建体育场地设施信息共享平台。场地设施条件较好的省（市）可与其他省（市）建立顺畅的网络渠道，通过网络信息平台，实现跨地域场地设施信息的对接与融合，及时发布体育场地设施开放和使用信息，便于不同地区民众实时知晓和参与，并实时追踪场地设施的供需动态。

5.1.1.3.4　区域体育公共服务建设成果共享

长三角体育公共服务一体化的健康发展与分享建设经验、共享建设成果密切相关。区域内各城市自身实际情况各不相同，在发展体育公共服务上“各有高招”，均会取得丰硕的成果。城市之间相互借鉴、取长补短，既可以吸纳最新的建设成果，也可以避免其他城市在探索发展中遇到的困难与瓶颈，提升工作的实效性。在具体形式上，可采用“线下+线上”相结合的方式：一是定期召开长三角体育公共服务建设经验与成果分享交流会。邀请各地方政府主要负责领导参加，重在介绍本地区体育公共服务发展经验和成果，与兄弟城市分享。二是召开企事业单位、社会团体及个人参与的体育公共服务建设成果协调会。召集地方政府职能部门负责人、相关社会组织、个人等参与会议，进行相关成果的宣讲与推广，供其他城市借鉴学习。三是有效利用互联网先进技术，采用信息化形式实现长三角体育公共服务建设成果的衔接与融合。借助大数据技术和云技术手段，搭建透明、高效、完备的信息平台，使区域内体育公共服务发展动态和建设成果得以实时上传和跨区域交流。依托政府官方网站、微信公众号、微博、App、人工智能等网络平台和技术，实时公布各地最新的体育公共服务建设资讯，包括建设成果、主要经验、相关政策、市场动态等。利用跨越地域、信息量大、具备良好互动功能的信息化手段，使相关地方政府、社会团体及个人及时了解长三角体育公共服务发展的最新信息，打破行政区划、政策脱节、区域地理等方面的限制，加强成果的时空连线，加速成果经验的宣传与推介。

综上所述，长三角各省（市）间可以通过借鉴彼此体育公共服务建设成果，相互学习成功的体育公共服务发展经验和人才培养经验，实现成果共享；可以通过联合举办各具特色的地方性体育公共服务项目，利用各类平台，对项目进行全方位的宣传与推介，使更多的城市参与到其中，实现经验分享；可以通过坚持平等互惠的原则，充分发挥成果的“溢出效应”，减小成果的“虹吸效应”。如此多措并举，协同推进长三角体育公共服务一体化进程。

5.1.2　市场层面

5.1.2.1　长三角体育公共服务一体化市场开放共赢策略

若要达成体育公共服务一体化发展目标，需要加快构建长三角开放、通达的统一市场，利用市场化手段促进区域内体育公共服务各类资源的转移和优化配置，保障各类生产要素按照市场规律自由流动。在具体执行上，可从以下几个方面着手：第一，长三角各地方政府应共建体育公共服务市场信息平台，统一发布相关市场信息，以克服政府、投资者等在市场信息选择上的盲目性。视时、逐步推动各地在政府管理层面的衔接，加强市场准入标准、资格认证、规范管理等层面的协作，实现各地政策的衔接和管理规范的一致。第二，加快体育公共服务基础设施、市场、人才、技术、投资环境的衔接。通过构建统一的市场体系，降低资源流动成本，提升资源配置效率。在全面落实区域市场互通的基础上，重点推进长三角体育公共服务基础设施、市场、体制机制等领域的一体化进程。充分发挥比较优势降低生产成本，利用基础设施的衔接降低物流成本，通过市场对接实现交易成本“最小化”，营造优良的投资环境。第三，出台推动体育公共服务资源要素自由流动和市场转型升级的政策文件。在营造长三角体育公共服务优质投资环境的同时，地方政府可采取适宜的政策措施，为体育公共服务一体化发展创设更好的条件，如在专项资金扶持、财政税收、投融资、土地开发与利用等领域给予优惠政策，建设更优质的市场外部环境。第四，合理构建地区之间资源要素流动、体制对接及经济联动的平台。以区域核心城市为依托，以区域次核心城市为纽带，建立承接长三角体育公共服务资源要素流动、体制对接、产业转移的平台，实现资源要素和产业的集聚，形成新的助推体育公共服务一体化发展的增长极，促进区域协调发展。通过统一的市场化手段，对区域内各类资源要素进行整合，推动区域内体育公共服务“弱势化发展”区域的发展，缩小地区之间的差异。第五，以机制建设为抓手，带动市场互通。打破行政壁垒，坚持政府宏观管理、市场主导的原则，创新体育公共服务一体化各类合作机制，形成政府宏观把控、更多供给主体踊跃参与的多层面的合作机制。积极发挥体育公共服务发展较好的省（市）的引领和辐射功能，加快资源要素流动，构建资源共享、互惠共赢、竞合兼顾、协调发展的各类协作体系，携手打造市场互通的长三角体育公共服务一体化合作新机制。

除此之外，改革创新公共财税制度，是实现长三角市场开放的又一个重要前提条件。因为公共财税制度是政府调控宏观经济的主要手段，对区域经济协调有序发展至关重要。区域公共财税制度是按照区域经济发展现状，引导人才、资金、技术等资源要素实现跨区域有效配置和合理布局，进而推动区域经济协调发展的财税制度。财税制度主要有税收和财政支出两个方面，其中税收是调节区域经济运行的主要手段。对不同地区、不同行业、不同纳税对象进行区别纳税，对掌控生产要素流向、调整区域经济总量和区域产业结构等具有重要影响。在体育公共服务领域，对于有助于推动长三角体育公共服务一体化发展的项目，应在税收层面给予一定的扶持，鼓励企业、社会团体等实现体育公共服务跨区域发展；反之，对于重复建设或不利于一体化发展的项目，应通过增加税收予以限制。财政支出按照能否得到等价补偿，可分为购买性支出和转移性支出。对于体育公共服务而言，财政支出关系到资金的流向，关系到政府公共体育产品的供给。政府通过财政支出比例分配，对体育公共服务发展水平较低的区域给予政府购买体育公共服务、财政转移支付等财政支持，可加强体育公共服务基础设施建设、促进区域内体育公共服务专业人才的自由流动、增强相关区域提供公共体育产品和服务的能力、缩小区域内的财政差距、加快落后地区体育公共服务发展节奏等，从而推动区域体育公共服务均衡发展。

区域公共财税制度对于体育公共服务而言，还应从以下几个方面考量：一是要变革当下的财税体制，对政府财权、事权进行再划分。在贯彻落实分税制的过程下，中央政府应“释放”部分税权给地方政府，使地方政府能够“便宜行事”，灵活施策。此外，应适当扩大共享税中地方财政的分享比例，这既有利于地方政府增加财政收入，也有助于缩小区域间的经济差距。而对于财政“造血能力不足”的区域，中央政府应给予其更大的灵活性。对中央与地方事权范围进行科学划分，依据体育公共服务不同的发展状态和层次确定不同地方政府的事权和财权范围，分类指导、精准施策、补齐短板，有助于区域体育公共服务事业的平衡发展。对于跨区域的体育公共服务项目，应由区域内各地方政府联合出资，并根据成本收益原则，合理配比支出与收益，避免不必要的争议。二是要健全转移支付体系。在进行区域内财政转移支付时，应根据均衡化原则，切实发挥转移支付平衡财力的本质功能，真正解决区域内不同地方政府财政能力不平衡的现实困境，在体育公共服务领域提供有区别性的财政助力。还应精简财政转移支付的程序与形式，实现财政转移支付的便捷化、通畅化。根据不同地区体育公共服务发展实际，科学审核、批准转移支付的具体金额。三是要即时修正区域税收优惠政策。对区域现行的针对体育公共服务的税收优惠政策进行梳理，取消阻碍区域体育公共服务公平竞争的招商引资政策，营造公正、透明的发展环境。对于有利于区域体育公共服务一体化发展的优惠政策，应加强执行和监管力度，确保政策落地、有效实施。合理筛选具有试点性质并有推广意义的政策，尝试在区域内更广泛的范围推广并检验其实际效果。四是要构建区域税收利益分配机制，逐步健全横向转移支付。区域内各地方政府应加强税收合作，构建互惠互利的税收利益分配机制。在广泛征求各地方政府意见的基础上，区域成员共同制定协调机制，为区域体育公共服务发展提供支撑。组建区域税收利益协调机构，明确征收管理职责、用于体育公共服务的税款分配等。构建税收利益分配争议处理机制，针对税款征收、税款政策争议、税款分配等问题进行协商处理，纠正有偏差的税收利益分配。加强不同地方政府间税收信息的交流与共享，实行税收信息互联互通，保障税收工作有序进行。

5.1.2.2　**长三角体育公共服务一体化市场规则标准共认策略**

要实现长三角一体化，构建区域一体化市场是首要前提：在打破行政区划封锁和行业竞争性垄断的基础上，塑造开放包容、竞合有序的市场新秩序，推行有益于资本、技术、人才、产权等要素自由流动和优化配置的制度性安排，营造有助于人才市场、技术市场、金融市场、体育公共服务一体化等健康发展的政策环境和市场环境。政府部门应转变职能，对行政权力进行重新划分，合理规制执法裁量权，科学有效行使权力，设立监管责任清单并做到“清单之内履行责任，清单之外保留权力”；在“市场失灵”领域积极发挥自身作用，引导市场发挥其在体育公共服务资源配置中的决定性作用，努力实现“政府法无授权不可为、法定职责必须为，市场主体法无禁止即可为”的新变革，积极向法治型、服务型政府转变，大力推进长三角体育公共服务一体化进程。

而长三角市场一体化的核心环节是建立统一的区域市场规则体系，这是由当前长二角协同发展仍以政府主导，缺乏一个行之有效、区域成员共同遵守的市场竞争规则决定的。假使没有共同有效的市场竞争规则支撑，长三角地方政府“单兵作战”的格局就不会改变，区域内的市场主体也就无法进行全面、深入、公平的市场竞争，地方政府运用行政权力直接“插手”市场竞争的情况也难以避免，这将阻碍市场在资源配置中发挥积极作用。因此，对于市场规则体系的构建，从宏观层面上讲，长三角各地方政府应在严格遵守国家相关法规和制度的前提下，因地制宜、因时制宜、因事制宜，通过签署具体的合作协议协调区域市场竞争规则，以达成全面合作和实现协调发展。

在具体操作层面，应通过建立市场准入制度、出台负面清单制度改革办法、健全规范市场公平性和可行性的管理服务机制、完善市场监督执法机制、落实市场诚信体系建设等形式实现市场规则体系的共建。加快长三角市场信息的互联互通进程，推动长三角资源信息平台的互建共享，建立联网申请、核准及作业协同机制，构建统一的认定标准和管理互认机制。借助长三角市场信息网，增强区域内信息沟通与协作，提升市场调控监测能力，引导区域内市场资源优化配置，这对加快区域一体化进程大有裨益，对体育公共服务亦是如此。

在统一的区域市场规则体系基础上，运用市场杠杆，健全体育公共服务资源配置机制，丰富体育公共服务资源供给，改变部分民众基本体育公共服务需求得不到满足及体育公共服务供给与群众个性化需求不对称的现状。此外，应勇于创新体育公共服务供给方式，鼓励和引导企事业单位、社会团体等参与到体育公共服务供给之中，提供多种类、多层次的公共体育产品和服务；全面激发市场主体和社会团体的活力与潜能，满足群众多元化、个性化的体育公共服务需求。大力倡导政府委托、公助民资、政府购买体育公共服务等形式，扶持社会团体参与体育公共服务供给。利用市场调研，依据公众切身的体育公共服务需求，审慎制定政府购买体育公共服务指导目录、构建体育公共服务质量标准体系、完善考核评估机制和风险评估机制，并根据实际发展状况及时进行动态调整。此外，逐步建立体育公共服务受众对体育公共服务质量的评价体系，其客观评价既可作为考核政府职能部门体育公共服务绩效、调节资源配置的主要参考，又可作为在评价中探析、整合社会公众体育公共服务即时需求的现实依据，借此持续推动长三角体育公共服务整体水平提升。

5.1.2.3 长三角体育公共服务一体化市场监管共察策略

改革开放以来，市场经济在我国蓬勃发展，推动社会各项事业不断向前。然而，市场失灵和监管失灵的困境也伴随着市场经济的发展逐渐显现。因此，对市场进行科学监管、构建合理的市场监管机制、保障市场经济平稳运行，成为各级政府的重点工作之一。

构建市场监管机制，需要正确处理好政府与市场的关系。市场监管部门采取何种理念审视和规范市场，引导市场机制发挥更大的作用，是当前政府简政放权、放管结合、优化服务等一系列新举措研讨的核心话题。当下，“放管服”改革已在政府部门全面展开，其目标是转变政府职能，降低各级各类市场主体在市场准入、市场运作及市场退出领域的门槛，积极发挥市场杠杆作用，激发市场活力。在此背景下，政府与市场的关系被赋予了更清晰的内涵。

而政府主要职能之一的市场监管，其内涵及特征也在发生变化。[1]

在体育公共服务领域，进一步转变市场监管理念、转换市场监管方式、健全市场监管机制等，对营造公平公正的市场运行环境、强化安全监督、维持市场秩序、满足广大民众日益增长的对体育公共服务的需求等具有重要的意义。基于此，应从以下几个方面着手，切实抓好长三角体育公共服务一体化市场监管工作。

第一，加快体育公共服务市场监管法规制度体系建设。对妨碍体育公共服务市场运行的法规制度予以废止，科学研究制定新法规、新举措。坚持“立废并举”原则，加快推进体育公共服务市场监管重点领域的立法工作，构建具有区域特色、符合区域体育公共服务市场监管实际需求的法规制度体系，以“善法”保障监管工作的有序开展。

第二，树立公平公正的监管理念。相关职能部门开展监管工作时，应注重转换工作思路、转变工作模式和工作方法，以更加平等的眼光看待市场主体，使其得到应有的尊重；以法律为基础科学界定各市场监管机构的层级和权责，各市场监管机构应确保监管程序的公开透明，认真履职并对监管结果负责；做到监管不越位、不失位、不错位，进行实效监管，努力规避市场失灵和监管失灵，做到公平公正。

第三，框定清晰的监管边界。所谓监管边界，是指政府与市场的边界。对监管边界进行框定，意指政府的监管权力范围应体现出“有限度的扩张”，要谨慎定夺行政职权在市场中的进退，即在市场运行优于行政干预的领域，实行“松绑式”监管；反之，实行“收紧式”监管。总之，应在监管的同时注重发挥市场的内生性功能，促进政府与市场的良性互动。

第四，正确发挥监管职能。在传统的市场监管中，市场监管部门与市场主体处于“对抗角力”状态。过度的刚性制度化监管，往往使市场主体对其产生排斥。这就要求市场监管部门采用灵活的监管方式，做到“刚柔并济”：既保留具有强制性的行政手段，也要谨慎使用可能对市场主体利益造成损失的管理手段，实现“正确发挥监管职能，提升监管成效”的目的。

第五，实行信用监管，提升监管绩效。监管绩效体现的是监管手段的成本

[1] 王伟．市场监管的法治逻辑与制度机理：以商事制度改革为背景的分析［M］．北京：法律出版社，2016：39.

与收益。对监管绩效进行评估，应体现监管的成本理念。在充分考量监管成本的基础上，构建客观公正、具有实际操作性的监管评估体系，以实现监管过程中社会效益和经济效益的双赢。信用监管是将政府制度设计与市场经济运行规律有机融合。一方面，以市场经济内在逻辑约束市场经济；另一方面，政府通过信用制度设计，制定客观、可执行的信用监管和评估机制，运用制度化手段规范市场经济发展。[1] 此外，信用监管还可以有效降低监管成本：将信用监管与随机抽查相结合，改革传统的不计成本的巡查式监管，向注重“成本-收益”的方向转变。上述以信用机制作为长效化的监管机制，辅之必要的重点抽查，将抽检结果纳入市场主体征信系统中，实现监管数据共察共检，既可以消除行政部门在监管中“权力任性、执法扰民”的隐患，也可以打破不同部门间的信息壁垒，降低信息交易成本，进而降低监管成本，提升监管绩效。

5.1.3 社会组织层面

5.1.3.1 长三角体育公共服务一体化社会组织推动策略

当前，我国公共服务领域存在供给不足、区域差异显著、广大民众多元化公共服务需求得不到满足等短板；而要“补短板”，仅靠政府部门“一家发力”是远远不够的，需要政府部门转变职能，积极挖掘培育公共服务新主体，将公共服务部分职能“移交”给新主体，使其在公共服务相关领域发挥更积极的作用。

21 世纪以来，我国部分大中城市陆续开展公共服务社会化改革的积极探索。公共服务逐渐迈上市场化、民营化和社会化的发展轨道，而社会组织凭借其在公共服务领域的优势并紧抓历史发展机遇，在更大的范围内参与到公共服务领域之中，发挥出越来越大的作用：公众对公共产品和服务的需求呈几何倍数增长、多元社会主体参与公共服务的时代发展趋势、公共服务供给与公众需求不对称、社会管理体制亟待创新等，为社会组织融入公共服务领域提供了宝贵的历史机遇；而在公共服务领域，社会组织所具有的可以在更大程度上激发公众的参与热情和互助协作精神、引导公众树立正确的社会责任意识、加深社会成员之间的相互认同等优势，则是其他组织无法比拟的。因此，社会组织参

---

[1] 王伟. 新型监管机制的逻辑与理念：以市场监管领域为视角［J］. 中国市场监管研究，2020，29（10）：55.

与公共服务是当前推进社会管理体制改革和政社合作互动的重要内容，也是政府转变职能、鼓励和培育新型社会管理主体的一种新型方式。[1] 体育公共服务是公共服务的重要“拼图”，社会组织在体育公共服务领域的重要作用同样无可替代。

然而，伴随着政府职能的转变及市场经济的繁荣发展，社会组织参与公共服务的困境也逐渐显现，突出表现在内部建设、独立管理能力、资金筹措等方面。[2] 因此，如何积极发挥社会组织在体育公共服务领域的自身优势、规避其发展困境，是亟待研究的重要内容。本研究尝试从社会组织的内生环境和外部环境两个层面进行探析。

5.1.3.1.1 社会组织内生环境建设策略

（1）健全组织内部结构。

社会组织的内部结构，一般包括具有最高话语权的社员总会、社团法人的具体执行机构董事会及进行监督管理的监事会。上述三个机构负责社会组织内部的决议、施行和监管职能，相互独立并协同配合，共同保障社会组织的公益性，减少社会资源的浪费。[3] 与国外社会组织相比，我国社会组织内部结构存在组织机构不完善、内部制度不规范、民主管理有缺位、财务管理不透明等问题，亟待改进。社会组织是参与体育公共服务的“新主体”，其内部结构是否健全、运行体系是否完善、各部门之间是否协同配合等，是决定其能否在体育公共服务领域切实发挥自身优势、推动体育公共服务一体化发展的首要前提。因此，应聚焦社会组织内部结构的完善，使社会组织内部结构科学化、实效化；逐渐构建独立运行、彼此协同、民主决策的社会组织体系，实现精细化的内部管理，推动社会组织的规范化发展，使其在体育公共服务一体化发展中发挥更大作用。

（2）提高组织成员专业化水平。

社会组织成员专业化水平的高低，决定着社会组织参与体育公共服务的能

[1] 郎晓波，俞云峰．社会组织参与公共服务：组织优势及路径选择［J］．中共杭州市委党校学报，2011，12（5）：50.

[2] 任贵州．社会组织承接公共服务能力的提升路径［J］．重庆社会科学，2015，33（5）：59-60.

[3] 孙录宝．社会组织提升社会管理与公共服务能力研究［J］．中共青岛市委党校（青岛行政学院）学报，2013，35（1）：62-66.

力与水平。伴随着“放管服”改革的不断深化，“官办社会组织”逐渐退出历史舞台，“草根社会组织”走上前台，其独立地位亦得到社会认可。社会组织所拥有的人力资源优势，恰是政府部门和企业无法比拟的，这为其参与社会服务奠定了重要基础。然而，专业人才队伍建设滞后、从业人数较少、专业化水平较低等短板，[1] 制约着社会组织参与体育公共服务的广度与深度。因此，提高社会组织成员专业化水平，刻不容缓：首先，积极探索社会组织从业者的准入机制。通过建立人才选拔机制，遴选优秀人才加入社会组织中，做到人尽其才。其次，完善专业人才培训机制。通过加强对组织成员的业务培训，提升成员的业务能力、应变能力及专业化水平。注重培养组织成员的服务理念，加强成员的社会责任感，选择性借鉴国内外社会组织发展较为成熟地区的人才培养举措，将组织成员培养与组织发展融为一体，提升组织成员的集体荣誉感。再次，健全优秀人才引进机制。加大优秀人才引进的宣传力度并出台配套政策，吸纳业务能力强、综合素质高、具有奉献精神的优秀人才加入社会组织中，建立优秀人才福利薪酬、工作绩效、奖励基金等保障机制，打通人才职业发展渠道。最后，构建科学的考核评价机制。贯彻“奖优罚劣”原则，激励组织成员不断钻研业务知识、参加业务培训、提高专业水平，推动组织成员专业化水平的整体提高。

（3）强化组织形象建设。

拥有良好的形象是社会组织得到政府支持和民众认可的重要体现，将帮助其吸纳更多优质的人力、物力和财力资源。[2] 社会组织形象建设是一个长期复杂的过程，应从多方面着手：第一，社会组织应对自身进行科学客观的评估，准确了解自身的发展现状及外部发展环境的特征，认清自身在社会中所处的位置。第二，社会组织应明确自身的实际能力及政府和市场的实际需求。社会组织要弄清自身可以提供何种体育公共服务及能够达到何种程度，要清楚政府和市场需要何种体育公共服务、需求水平如何等，明确自身的短板与优势，量力而行地参与到体育公共服务中，提升服务质量。第三，社会组织应主动融入。社会组织要积极与政府接触，表达自身参与体育公共服务的意愿与优势，

---

[1] 郎晓波，俞云峰．社会组织参与公共服务：组织优势及路径选择［J］．中共杭州市委党校学报，2011，12（5）：53.

[2] 孙燕．以公信力建设为载体　提升社会组织公共服务能力［J］．中国社会组织，2013，7（5）：33-35.

展示参与体育公共服务的规划与具体行动方案，以实际行动“打动”政府部门并与之建立合作关系。社会组织要深入城乡社区与居民进行交流，掌握民众在体育公共服务领域的本真需求，继而使服务供给与居民需求“无缝对接”，提升服务供给的精准度和实效性。第四，社会组织应避免投机倾向，赢得政府和民众的信任。社会组织参与体育公共服务必然会面临诸多阻力和困难，但社会组织应摒弃为谋求利益最大化而牺牲体育公共服务质量甚至损害政府和民众利益的思想，否则将动摇自身的发展根基。社会组织应以长远眼光看待参与体育公共服务行为，以务实的思想和行动赢得政府与民众的认可，进而与其建立长期稳定的合作关系。第五，社会组织应明晰自身发展目标，不断提升服务能力。社会组织在发展过程中，应尽力避免自身陷入“能力专有性不足”[1] 的困境，结合自身特色扎根某一领域，力争“做强做精”。在具体执行中，既要制订切实可行的发展计划，也要制订具有操作性的行动方案，注重自身发展与体育公共服务项目承接有机结合，做到在承接服务项目中强化自身发展，达成“将自身发展融入服务之中”的目标。

社会组织形象建设是一个长期积淀的过程，社会组织的形象是依靠政府、民众等的综合评价逐步建立起来的。因此，社会组织在参与体育公共服务过程中，应注重细节，谨慎“走好每一步”，通过不断优化自身形象赢得认可，继而提升服务质量。

（4）开辟资金筹措新渠道。

国外社会组织参与公共服务的资金来源主要有政府财政拨款、会员费用、服务酬劳、社会捐赠等，这与国外政府对民众参与公共活动的支持及民众对公共服务的青睐密切相关。[2] 而我国社会组织起步较晚，在组织管理、制度建设、资金筹募等方面还不完善。因此，应在充分结合我国国情的基础上，借鉴国外社会组织资金筹措的经验，开辟社会组织资金筹措新渠道。首先，应尽可能多争取政府财政支持。社会组织不仅要争取政府在财政预算中预留部分资金扶持社会组织的发展，还要争取享受到政府对社会组织办公场所、开展体育活动场地等方面的税收优惠。通过与政府洽谈，签署体育公共服务外包与政府购

[1] 王名，蔡志鸿．以“能力专有性”论政社合作：以两岸防艾社会组织为例［J］．中国非营利评论，2019，23（1）：33.

[2] 辛文博．社会组织参与公共服务的困境与出路［J］．法制与社会，2019，28（4）：126.

买体育公共服务协议，体育公共服务的具体事宜由社会组织负责，政府提供资金支持并进行监管，使社会组织获得更大的财力支持。其次，社会组织应积极进行市场调研，了解民众体育公共服务的不同需求，结合自身的专业优势及技术水平，提供民众急需的、政府不能或无法提供的更优质的体育公共服务和产品。社会组织通过收取一定的费用，以维持组织的运行。最后，利用有效的宣传与推广，争取社会各类捐赠资金的支持，包括部门捐赠和私人捐赠。通过各类捐赠拓宽资金筹措渠道，使社会组织逐步摆脱对政府的依附关系及解除与其他经济部门或组织的挂靠关系。社会组织在得到政府必要财政支持的基础上，通过多渠道筹措资金，可以避免因“资金缺口”而使自身丧失经济上的独立性和自主性。

5.1.3.1.2 社会组织外部环境建设策略

（1）营造有助于社会组织独立发展、独立参与体育公共服务的社会环境。

在我国，很多社会组织都有官办的“烙印”，服从政府指挥，存在政社不分、社会组织独立性不足等问题。[1] 社会组织参与体育公共服务独立性的缺失，不利于社会组织的健康成长，也不利于社会组织与政府的有效协作。社会组织的发展，需要良好的社会环境。作为政府部门，应通过一系列改革举措，营造一个有利于社会组织独立发展、独立参与体育公共服务的良好社会环境。第一，应进一步深化“放管服”改革，政府部门简政放权，深入推进政社分开。对于社会组织成员的招募与考核，应杜绝政府职员在其中做兼职，避免政府职员对社会组织的内部事务进行直接干预。第二，政府部门应创设有利于社会组织发展的政策氛围。通过出台社会组织参与体育公共服务的税收减免政策、完善政府购买体育公共服务的体制机制等，最大限度降低社会组织参与体育公共服务具体项目的成本，激发社会组织参与的积极性。第三，优化社会组织的投融资环境。政府部门应积极开辟民间投融资新途径，优化投融资机制，让社会组织获得更多的社会资源，为其成长持续注入新活力。第四，创设有利于社会组织独立发展的社会舆论氛围。政府部门应对拥有良好发展基础和发展前景的社会组织进行广泛的宣传与推送，使更多的民众对社会组织的性质、职能等有更深入的了解，增强民众对社会组织的认可，为社会组织更广泛地参与

---

［1］ 陈桂兰．我国公共服务中的政府与社会组织合作：障碍与对策［J］四川行政学院学报，2015，17（3）：9.

体育公共服务具体事务夯实群众基础。如此，既为政府向社会组织购买体育公共服务、向公众提供更优质的体育公共产品和服务创造可能，也为社会组织独立参与体育公共服务打下基础。

（2）构建科学、客观的社会组织考核评估机制。

社会组织的公益性、非营利性特征，决定其并非在体育公共服务所有领域均占据优势，亦并非所有的社会组织都能提供高质量的体育公共服务。因此，政府应对相关社会组织进行甄别与筛选，科学确认何类社会组织可以参与体育公共服务、何类社会组织提供何类体育公共服务更有质量。政府部门应通过构建科学、客观的考核评估机制，改善社会组织发展的外部环境，为社会组织发展提供助力。首先，营造良好的法制环境。有关部门应依据我国社会组织的发展现状，尽快出台社会组织基本法，明确社会组织的性质、角色、基本权利和义务等，为社会组织及其成员参与公共服务提供基本法律保障。只有通过科学界定社会组织的法律权责，对社会组织进行法制化、规范化的监督，才能规避社会组织在参与公共服务过程中自身存在的不足，使其发挥更积极的作用。其次，加强对社会组织的事前、事中和事后评估。政府部门在社会组织参与体育公共服务具体事项前，对其内部结构、管理制度、服务特色、人员构成等进行审慎评估，确保社会组织具备参与并提供优质体育公共服务的资质。在社会组织提供体育公共产品和服务的过程中，政府部门应对其进行实时追踪，了解体育公共产品和服务的供给动态。通过对社会组织的公信力、服务绩效、组织绩效等进行全面评估，决定是否支持社会组织继续参与体育公共产品和服务的供给。结束后，政府部门可联合第三方机构，采用综合评价工作绩效的方法，对社会组织进行系统、公正的评估。最后，逐步健全考核机制。制定详尽的问责奖惩机制，将社会组织及其承接的体育公共服务项目进行“捆绑式”考核，避免低质量服务和腐败行为的发生。对于考核优异者，政府部门应加大扶持力度；反之，政府部门应责令其整改甚至退出体育公共服务领域。

5.1.3.2 长三角体育公共服务一体化社会组织、政府与市场协同合作策略

5.1.3.2.1 厘清政府、市场与社会组织的关系

政府、市场和社会组织是国家构成的三大组织要素。三者各司其职、通力

合作，构建完备的社会体系。[1] 在公共服务供给层面，政府和市场存在“失灵”现象，需要社会组织予以补充；而社会组织受制于慈善不足、慈善特殊主义、慈善业余主义等短板，在公共服务供给上也存在“失灵”状况，需要政府和市场协助克服。[2] 鉴于政府、市场和社会组织在公共服务领域各自存在“失灵”且彼此互为补充的现状，三者应是相互独立、互为补充的关系。然而，在我国众多公共服务领域，社会组织尚未完全取得独立的地位，与政府仍然是附属关系。[3] 鉴于此，政府部门及其官员应转变思想，以包容、理性的态度对待和认可社会组织，打破政府与社会组织零和博弈的观念。政府部门应重新审视社会组织的性质、在体育公共服务领域扮演何种角色及发挥怎样的功能等问题。社会组织在体育公共服务领域的发展壮大，不应是政府行政“触角”的延伸与放大，而应是推动体育公共服务更好发展的强劲动力。在体育公共服务具体项目的执行中，政府可以通过招标、购买体育公共服务的方式，鼓励市场、社会组织参与其中，择优录取。对于民生基础保障性的体育公共服务项目，应由政府继续牵头执行；对于其余项目，政府应在互信共赢的基础上，酌情放权，交由市场、社会组织“打理”，充分发挥各自的优势，为民众提供更高质量的体育公共服务。政府应加强对市场和社会组织的监管，实现从“撑船人”向“掌舵者”的转变，切实划清与市场、社会组织等体育公共服务供给主体的界限，做到既要“泾渭分明”，也要“相互融合”。准确认识政府、市场、社会组织在体育公共服务领域的角色和功能，并厘清三者的关系，对更好地发挥不同供给主体的作用、提供更高效的体育公共服务具有重要的意义。

5.1.3.2.2 加强发展制度建设

制度是人类社会博弈的规则，是人为设计的、塑造人们互动关系的约束。制度构造了人们在政治、经济、社会等领域交换的激励，制度的存在可以减少个体互动过程中的不确定性。制度设计及其建设工作若出现偏差，将对社会政治、经济等方面产生影响。因此，长三角体育公共服务一体化社会组织、政府

---

[1] 李峰．社会组织参与公共服务的制度分析［J］．行政论坛，2020，27（5）：138.

[2] 萨拉蒙．公共服务中的伙伴：现代福利国家中政府与非营利组织的关系［M］．田凯，译．北京：商务印书馆，2008：109.

[3] 何爱云，胡爱敏．公共服务体系中社会组织的角色定位［J］．山东人大工作，2014，34（9）：32.

与市场的协同合作，必须重视发展制度建设这一关键环节。

首先，应从制度层面划清政府与社会组织的权力界限，通过条文化的制度约束，界定政府部门与社会组织在组织构成、成员管理、运行体系等方面的不同，阐明政府部门与社会组织的功能定位、权责边界等，减少政府部门对社会组织的行政干预。

其次，健全社会组织的发展制度。一是要适当降低社会组织的准入要求，改革社会组织的登记与管理制度。鼓励有资质的社会组织参与到体育公共服务之中，帮助其拓展生存和发展空间。二是要建立社会组织的分类管理制度。注重引导不同社会组织参与体育公共服务的发展方向，实现对社会组织的系统化管理，并激发不同社会组织在体育公共服务相关领域参与、组织与管理的潜能。三是以制度设计为基础，酌情限定政府本位的社会组织在体育公共服务领域的大规模扩张与垄断，加大对市场本位的社会组织的监管力度，拓展以体育公共服务供给为本位的社会组织的发展空间。

最后，建立法律条例化的制度保障。我国有关政府向社会组织购买体育公共服务的法律制度尚不完善，政府部门应及时对出现的问题进行总结并提出解决办法。以此为基础，完善相关法律法规，引导社会组织健康发展。在法规层面，可以通过行业规范与准入细则、购买体育公共服务信息反馈、政府部门监督管理、惩戒劝退等方面的法律条例约束和规范社会组织，实现对其高质量管理。

5.1.3.2.3 建立健全政府与社会组织的合作机制

政府与社会组织在体育公共服务领域的合作，单靠一方的主观意愿和“单兵作战”是无法实现的，需要双方构建起稳定长效的合作机制。社会组织参与体育公共服务最初体现在其与政府之间的认可与协同过程中，两者需要通过对自身能力与不足的评价，实现在体育公共服务领域具体目标、实际利益、规划方案等方面的协同。政府与社会组织在体育公共服务领域的协同，不仅需要政府部门变革思想、转变定位、转换职能、协调内部机构等，也需要社会组织进行客观自我定位、充分发展，更需要两者构筑起相互作用和运动的结构，形成体育公共服务领域具体的实践活动。而要实现上述目标，建立健全合作机制是首要前提。政府与社会组织在体育公共服务领域合作机制的要素主要包括双方保持彼此独立的地位、双方没有行政等级式关系、明确各自的权利和义务、树立诚信理念、明确体育公共服务供给内容和供给方式、资金的划拨与使用、体育公共服务绩效管理与考核、信息资源共享、协商对话解决分歧、事务公开透明等。[1] 上述要素的不同及要素间组成方式的不同，使政府与社会组织的合作机制多样化。因此，应根据体育公共服务具体项目及社会组织的性质、特征、优势等，选择适宜的合作机制开展体育公共服务合作，提高体育公共服务质量。

5.2 健全体育公共服务一体化发展要素优化推进机制

5.2.1 经济支撑机制

体育公共服务是一个体现公平、公正、公益，能够为广大市民提供基本体育服务的体系，是一个使市民体质和健康水平得到普遍提高的保障体系。而体育公共服务的可持续发展与有力的物质基础和经济支撑密不可分。从战略角度分析，长三角体育公共服务的经济支撑机制，应坚持“两条腿走路”：一是政府逐步提高在体育公共服务领域的财政投入比重，包括增加财政性体育公共服务投入、增加体育彩票公益金在体育公共服务上的投入比例等；二是充分利用社会资源，借助社会力量为体育公共服务提供经济支撑。

5.2.1.1 合理规划政府财政支出，加大财政对体育公共服务的扶持力度

长三角体育公共服务一体化发展，有赖于政府体育公共服务财政投入水平。只有财政投入水平提高，体育公共服务供给水平才有可能提升。因此，推进体育公共服务一体化发展，应以稳定可靠的财力来源作为保障，这又与区域经济发展水平密切相关。政府对体育公共服务的财政支出，一方面，要突出财政资金向农村及体育公共服务发展水平较低的地区倾斜，缩小城乡之间、区域之间体育公共服务的差距；另一方面，财政应从一般性竞争领域“理性退出”，在保证满足民众体育需求的基本体育公共服务支出的同时，更多的财政资金应投入社会性体育公共服务领域，以满足不同人群的多样化体育公共服务需求。

5.2.1.2 健全财政管理体制，科学规划政府间的财权和事权

各级地方政府在提供体育公共服务过程中，存在上下级政府之间财权、事

---

[1] 张文礼. 合作共强：公共服务领域政府与社会组织关系的中国经验［J］. 中国行政管理，2013，29（6）：10.

权不匹配的问题，即财权多集中于高层级政府，事权则由低层级政府承担，导致基层地方政府受财力不足所限，难以全面推动体育公共服务建设。基于此，一方面，应不断健全省级以下地方税收体系，合理调节各级政府之间的财力分配；另一方面，应进一步明晰中央政府与地方政府、地方政府与地方政府之间在提供体育公共服务方面的事权，逐步完善财权与事权相对应的财政体制。对于地方性体育公共服务的提供，应根据受益范围科学划分各级政府在体育公共服务供给方面的职责：受益范围是本省的，应由省级政府承担；受益范围是市县的，应由市县级政府承担。对于长三角跨多个市县的体育公共服务的提供，可由相关市县级政府承担，也可由相关地方政府财政联合划拨、设立体育公共服务专项基金予以支持，各地方政府在一定程度上参与组织和协调。

5.2.1.3 合理变革财政转移支付制度，以财力均等化推动体育公共服务一体化发展

财力均等化是推动体育公共服务一体化发展的重要抓手，而体育公共服务一体化程度则是衡量财政资源配置优化与否的主要标准。各地方政府财政能力存在差距是制约体育公共服务一体化发展的重要因素，而财政转移支付是使地方财力相对均衡的有效手段，财政转移支付的成效集中体现在能否实现各地财力均等化，继而促进体育公共服务一体化发展上。

当前，长三角三省一市之间财政收入水平存在较大差距，省（市）内各市（区、县）之间、城市与农村之间也存在差距。因此，可以在本省（市）内尝试进行财政转移支付制度的变革。一方面，尝试通过省级财政向省内财政收入水平相对较低的市（区、县）进行纵向财政转移支付；另一方面，如果省内各市（区、县）财力差距较大、仅靠省级财政进行纵向转移支付难以缩小地区间的差距，则需要各市（区、县）之间通过横向财政转移支付，将部分财政资金从财政收入水平较高的市（区、县）向财政收入水平较低的市（区、县）转移，以缩小地区间的财力差距，实现区域间体育公共服务供给能力的相对均等。

5.2.1.4 充分动员社会力量为体育公共服务提供经济支撑

长三角体育公共服务一体化发展需要财力扶持，政府财政资金是其主要来源，但仅依靠政府投入，体育公共服务供给形式和效率难以得到丰富与显著提升。因此，需要构建政府、市场和社会组织多元主体参与的体育公共服务供给机制，为长三角体育公共服务一体化发展提供经济支撑。首先，坚持体育公共服务发展由政府主导，通过降低体育公共服务投资准入“门槛”，采取招标竞

标、合同出租、特许经营、政府参股等方式，改革体育公共服务投资手段，将本应由政府主要承担的财政职责转移给市场和社会组织。其次，应积极探索体育公共服务财政供给的社会参与机制，充分发挥社会力量在提供体育公共服务财政支持上的积极作用，使体育公共服务的成本分摊和利益分配由政府、市场和社会组织三方协同完成，发挥多元供给主体的作用，促进体育公共服务资源的优化配置。再次，在实施体育公共服务财政多元化供给方式过程中，应在合作项目签署前进行充分商议，明确产权分割与利益划分。在成本分摊上，应按照享受利益程度商定投资比例。在签约前明确规定成本分摊原则，并遵循相关行业的专业标准核定分摊数目。最后，在利益分配问题上，除以财政转移支付的形式向在体育公共服务一体化进程中利益受损的区域和群体进行补偿外，还可成立“长三角体育公共服务一体化促进基金”，统筹区域体育公共服务利益分配问题。在资金筹措方面，可考虑由各省（市）级政府和长三角内各地级市（区、县）政府共同出资，并积极倡导、接纳社会出资，基金采用市场化运作方式，实现保值增值。在基金的使用上，长三角各省（市）级政府、相关协调机构等应跳出自己的“一亩三分地”，实现“属地思维”向“跨地域思维”的转变，将更多的资金投入可能为长三角体育公共服务一体化带来更多“发展红利”的地区。

5.2.2 文化认同机制

5.2.2.1 构建与维系区域优性文化认同

长三角是一个地理区域概念，也是一个经济区域概念，更是一个文化区域概念。千百年来，该区域一直是人口密集、经济繁华、文化昌盛的地区，是文明发展的“代言人”和时代进步的“先行者”。长三角经济社会的发展，是以一脉相承的区域文化为基础，通过交流与理解增强彼此的认同和信任，进而推动区域间的合作与发展。

长三角文化多样：“艰苦奋斗，追求卓越”的吴文化、“激流勇进，敢为人先”的越文化、“海纳百川，贯通中西”的海派文化等，共同编织出长三角文化的丰富内涵。在悠久的历史发展中，诸文化彼此交融、相互借鉴，逐渐形成“开放包容，务实诚信，合作创新”[1] 的长三角文化共同特征。因此，实

---

[1] 吕国辉．区域文化在长三角区域创新系统中的地位和作用［J］．兰州学刊，2009，30（3）：85.

现区域文化认同，并非是简单地将多种文化进行集聚与叠加，而是对区域优性传统文化的继承与发扬、对区域非优性传统文化的隔离与摒弃，通过不断扬弃形成文化认同的动态性过程。

回顾长三角合作的历史，受行政体制机制影响，长三角各地方政府缺乏区域整体观和利益协调机制，各自为政，行政性区际关系渐渐弱化，区域合作“若即若离”。部分地方政府领导“以官为本、权力至上、小富即安”的思想，阻碍了区域合作的有效开展。[1] 在长三角一体化上升为国家战略的时代背景下，体育公共服务一体化也有其历史使命与担当。长三角体育公共服务的发展，既要遵循公共服务发展的客观规律，又要向区域文化认同“借力”：各级政府应积极发挥自身作用，对区域文化因子进行科学遴选与划分，推动传统文化的现代转型，努力打造与时俱进的优良社会文化氛围，增进体育公共服务的协作意识、开放意识和创新意识；在区域协作的基础上，精心构建被区域各级政府普遍认可的“一体发展、合作共赢”的体育公共服务发展理念，大力宣扬长三角优质文化基因，充分发挥其“造血功能”，使之成为长三角体育公共服务一体化发展的精神动力；通过宣传引导，增强民众对区域优性文化的认知和认同，从社会氛围、体制机制、精神理念等层面共同推进体育公共服务文化建设，建立并巩固广泛的群众基础。

长三角区域经济、文化等发展水平存在差异，区域文化认同的构建与维系不是一蹴而就的，而是从“小范围文化认同”逐渐走向“大范围文化认同”，这是由“在向集体身份进化的过程中处处存在阻力”[2] 决定的，也是由区域文化的交融性、可造就性等特征和已存在的基础性集体认同成为实现区域文化认同的重要前提条件决定的。构建和强化区域文化认同，不仅要增进已有的集体认同，还要注重有益于区域合作的优性文化构筑，更要主动接收具有光明前景、能为区域合作带来更大利益的新兴文化，这些都是区域文化认同的内涵所在，也是长三角体育公共服务一体化发展的动力源泉。

5.2.2.2 加强区域内多样性、相异性文化的交流互鉴，深化文化认同

长三角区域由于文化背景相同、价值观念相近，有相似的思维方式和行为

---

[1] 朱定秀．文化认同视角下的泛长三角区域合作的基础与阻力［J］．巢湖学院学报，2012，14（1）：7-8.

[2] 温特．国际政治的社会理论［M］．秦亚青，译．上海：上海人民出版社，2000：452.

导向，使区域内文化有诸多共性特点。但长三角涵盖三省一市，各地经济社会发展不尽相同，这又使区域内文化各具特性。区域文化认同并非要抹杀某一文化的自我认同感，但倘若某一文化“个性”过于强烈，不能与其他文化交融，将在区域文化认同过程中产生过多的文化碰撞和冲突，无法形成具有实效性、能够将区域民众联合起来的文化意识和象征符号，使人们对一体化事务难以存在普遍而持续的热情，从而影响区域一体化过程。[1]

在某种意义上，区域文化认同是在多种文化的相遇中，在原有文化因子的基础上，不同的文化主体持续建构自身的多重认同，维持自身的特色和完整性的过程；而认同的过程既要发现共同之处，又要发现不同之处，认同就是通过彼此了解、理解，求同存异，是由文化认同的多层级性和双重性特点决定的。因此，建立正确的区域文化认同应是保持包容、有目的的合理化过程，是本地文化与外来优质文化创造性相互作用的过程。通过文化间的互动，不同文化主体进行着全新的开放性多重文化认同的重新建构。

长三角文化既包括国际都市文化，又包含城市文化、县域文化、乡镇文化等，各类文化绚丽多姿、别具一格，既是同根同源，又可差异互补。对长三角文化的多元性和差异性的认同，有利于文化间的互鉴互补和优质文化元素的整合，推动长三角文化的共同繁荣。此外，在文化交流中，传播的进程不单是信息互换的程序，更是文化在互换过程中不断积淀、不断融合、推陈出新的过程，在多种文化进行全面而深入的传播与互动过程中，区域文化共识日益增多，彼此认同和相互适应逐步深化，区域文化的积聚、融汇及创新发展程度日益增强。因此，建立长三角文化认同，发挥区域优性文化间的互补效应，同时正视区域文化的多元性和差异性，秉承和而不同、各美其美的发展理念，是助推区域文化互动与联动发展的必然途径，也是真正创建出独树一帜、内涵多样的地方体育公共服务品牌，夯实区域体育公共服务合作的现实基础，实现长三角体育公共服务一体化的必由之路。

5.2.2.3 构建“文化共同体”，助推长三角体育公共服务一体化

区域文化认同不仅对增进区域群体间的相互认同和区域合作的建立与深入开展具有积极的推动作用，而且有利于培育区域成员的共同体意识，因为共同的语言体系、交流方式和共同的文化符号、象征、标记等，可以在区域成员间

[1] 丁宏．长三角一体化中的文化协调发展研究［J］．南京社会科学，2007，18（9）：26-28.

搭建某种积极的关联，区域成员通过共有的理念使自身觉察到彼此是相同的，进而产生具备相同文化特质的社会共同体，即文化共同体。在一定程度上，随着区域文化认同的不断深化，区域文化共同体会随之出现。文化共同体是在“共同体”理念的基础上，充分发挥文化的功能，寻求区域社会个体与个体、个体与群体、群体与群体之间的文化契合点，通过文化互动实现彼此之间的联动，构建一个物质与规范并存、精神与情感连带的文化统一体。[1] 对于文化共同体内部的群体和个人而言，可能彼此之间缺乏沟通与交集，但可以凭借文化层面的身份认同获取对共同体的“依附感”，在心理上确立相互依存、休戚相关的关系。这种心理上的认同与联系，是社会群体和组织间的由集体性认同而衍生出的共同体意识，是形成一致的利益观念的行为规范的必要条件。因此，区域文化共同体的显现，发端于区域组织和个人形成的共同体理念，社会群体共同的文化意识形态直接成为区域合作乃至区域一体化发展的重要基础。

由此可见，区域文化共同体展现出的是一种建立在共同情感、强烈认同、统一规范和一致利益根源上的密切而有序的联结；能够在基本没有外部强制力约束的条件下，主要依靠内在的有机联结使成员间就相关事务达成一致意见和统一行动，体现出强大的自组织能力。长三角体育公共服务在不断发展的过程中，地方政府的交流合作日益密切，体育联盟和合作组织逐渐增多，已初步具备区域体育公共服务合作的现实基础，但供给主体单一、供给规模较小和质量偏低、资源要素流动性不足等问题依然存在。长三角体育公共服务一体化发展，本质上是要重新建构区域内行政部门、社会组织、个人等体育公共服务利益相关者之间的逻辑关联，从主要靠行政力约束转向深受文化共同体影响的自觉主动的有机对接，从而使区域成员可以就长三角体育公共服务诸多事项的共同利益、共同关切、共同担当等，合理化地达成共同认知、统一规范、一致行动等。可以说，文化共同体恰是长三角体育公共服务一体化发展应当具有的现实样态。

5.2.3 信息互通机制

信息技术的高速发展及其在社会诸多领域的广泛应用，为经济社会发展提

[1] 鲁明川．文化共同体视域下的高等职业教育内涵发展［J］．现代教育管理，2012，32（6）：11.

供了重要契机和条件，信息资源已成为推动人类社会不断向前发展的强劲动力和基本要素。在复杂多变的社会环境中，众多行为主体均是关键的“信息节点”，掌握不同程度的信息资源，任何一个行为主体都无法获得全面完整的信息资源。行为主体掌握信息不全面，会导致有限理性和信息成本，而信息不对称则易出现逆向选择和道德风险。掌握更多信息资源的一方有可能为本地区、本部门或个人谋取私利；而掌握信息资源处于劣势的一方，则可能在竞争中蒙受损失并在利益博弈中处于劣势地位。如此，将导致行为主体之间产生“信任危机”，降低互利共赢的合作意愿。[1] 因此，构建公开便捷的信息互通机制，实现不同行为主体之间的信息互通与共用，可有效发挥信息资源在不同主体之间的合作中的整合激励作用，提高相关政策的准确性和可执行性，减少或消除由于信息不对称产生的投机行为，巩固行为主体间合作的信任感、安全感与稳定性，形成长久稳定的合作局面。

近些年，各级地方政府官方网站、微博、交流论坛、微信等信息化平台建设快速推进，为公众表达诉求、参与决策、信息互通提供了交流渠道和科技支持。体育公共服务信息互通机制建设是为了防范体育公共服务一体化发展过程中，由于信息缺失或不对称导致的沟通障碍、实效性差等问题，政府、社会组织、公众等主体准确便捷地公布、传递和沟通体育公共服务信息，并且遵照相关准则和要求，对服务信息进行即时归纳、整合和优化，以协助利益相关者实时高效地掌握信息资源，实现互利共赢的目标。当前，在体育公共服务信息资源体系中，政府信息资源因其权威性和资源优势处于核心地位。政府通过体制机制创新和技术革新，有效借助新一代信息技术，利用官方渠道公布体育公共服务相关信息，尤其是与体育公共服务重大决策项目、民生福祉等领域相关的重要信息，及时告知公众并接收公众的信息反馈。通过信息公开，让公众拥有体育公共服务信息知情权，及时了解公众的切身诉求，减少因信息不对称产生的矛盾与不和谐。良好的信息互通机制，可以使公众以更有主见、更富积极性的形式参与到体育公共服务一体化发展中，打通因信息不对称产生的阻碍各主体参与的堵点，真正实现全民参与。各企业团体也应遵循相关制度规定，及时准确地公布体育公共服务信息，切实履行其应尽的职责和义务，自觉接受政府

---

[1] 潘加军，刘焕明．新时代环境利益冲突协同共治的运行机制与制度保障［J］．贵州社会科学，2009，40（12）：14-15.

和公众对其参与体育公共服务市场化行为的监督与管理。综上所述，构建多层次、立体化和全方位的体育公共服务信息互通机制，促进行为主体间彼此信任，构筑诚信理念，达成共识并建立共同的目标，对构建完善的公众体育公共服务利益保障体系、推进体育公共服务一体化发展具有重要意义。

5.2.4 赛事推动机制

我国著名的体育社会学专家卢元镇先生在其《体育社会学》一书中明确指出，进入20世纪90年代以来，伴随着中国体育事业的飞速发展，中国的体育观念开始发生新的变化，即更多人开始从一个新的文化角度去认知体育、理解体育，甚至是发展体育。在新的体育文化观念的影响下，体育变得更加人性化，体育中人的地位从手段变为目的，同时体育在整个社会文化中的地位得到进一步提升。[1] 进入21世纪以来，随着我国政治、经济、文化事业的快速发展，国民在获得生活水平不断提高的同时，对保障生命意义具有重大作用的体育参与价值的认识得到了空前的提高，促使其体育需求开始呈现出新的多元化趋势，在体育公共服务领域尤为明显，突出表现在以下几个方面：一是大众参与性体育需求处在持续的总量扩张阶段，越来越多的人加入运动健身休闲的行列；二是大众观赏体育需求处在结构升级的阶段，人们不再满足于每四年观看一次奥运会，或者是仅仅观看中国运动员的比赛，而是要每天都能观赏到各种各样的高水平体育赛事，[2] 甚至是能够直接参与到体育赛事之中，体验与运动明星“相伴”的体育参与“品味”的提高，感受与竞赛场地“相吻”的体育参与“品格”的提升，进而实现其体育参与“品质”的改变，享受全面“介入”体育赛事、体育活动的权利。因此，在传统体育赛事无法使公民这种权利得以实现的背景下，具备赛场闭合性与开放性相融、参与者职业性与非职业性同在、项目选择标准化与娱乐性共存等特征的公众广泛参与的新型体育赛事活动，成为满足公众参与体育心理诉求的主要载体。也正是基于此，长三角尤其是沪苏浙交界地区，群众性的各类体育赛事活动展现出蓬勃的生命力。

当下，长三角各类体育赛事，更聚焦于公众的参与度，应该说是面向大众的体育赛事。尽管在一些项目上选择了职业体育运动员的参与，但更多的赛事

[1] 卢元镇．体育社会学［M］．3版．北京：高等教育出版社，2010：31.

[2] 鲍明晓．美美与共：和谐社会与体育发展［J］．体育文化导刊，2005（10）：16.

项目和介入门槛是面向大众的。因为体育的终极目的是求得人的全面发展。正如鲍明晓研究员所说的那样，“体育事业必须真正做到以人为本，以人对体育的基本诉求为根本，提高人的生命质量和生活质量，把关心人、尊重人、解放人、发展人作为体育发展的目的”[1]。体育回归大众，不再是“群众体育”或者“社会体育”一个层面的事情，“竞技体育”或者“赛事体育”也应该承担这样的责任和义务。

法国学者居伊·索尔曼（Guy Sorman）在《美国制造：在文明与现实之间》一书中，这样评价未来体育发展的走向问题——现在美国人热衷的是他们自己的身体，而不是参加竞赛的运动员的身体。因为在美国人看来“垒球、足球和篮球总是可能将广泛的群众汇聚在体育场中，或电视机前，但是，它们的黄金时代似乎结束了……垒球适应乡村式的美国……足球的巅峰时期与向工业化世界进军时代十分契合……篮球讲究个人天赋和速度，是后工业化时代的特点。此后，发展到现在这个时代的信息化经济，集体运动就让位给个人自主的运动了。这样一个发展线路对体育运动的支持者又意味着什么呢?”[2] 这不是一个简单的问题，而是体育发展过程中的经典命题。可以说，现在人们更多地追求“个体身体健康”。也正是这一时代特征的出现，使体育赛事的变革成为必然。将体育赛事与公民的直接参与紧紧地捆绑在一起，切实发挥体育赛事对体育公共服务发展的推动作用，进而促进公民身体健康水平的提高。

就城市马拉松赛而言，开始于1996年的上海国际马拉松赛，首届参赛人数仅为6 000人。到2019年，上海国际马拉松赛事规模达38 000人，其中全程马拉松25 000人，10公里跑6 000人，健身跑7 000人。公众的广泛参与提升了赛事的影响力，2020年3月6日，上海国际马拉松赛获得世界田径白金标赛事称号。起始于2006年的扬州鉴真国际半程马拉松赛，经过十余年的发展，赛事规模和影响力均持续提升，受到国内外各类新闻媒体的广泛关注。2019年赛事规模达35 000人，其中半程马拉松25 000人，迷你马拉松10 000人。扬州鉴真国际半程马拉松赛，已发展成为国内最成功的半程马拉松赛事。而发端于2010年的苏州环金鸡湖国际半程马拉松赛，赛事规模从首届的5 000

[1] 鲍明晓. 美美与共：和谐社会与体育发展［J］. 体育文化导刊，2005（10）：15.

[2] 索尔曼. 美国制造：在文明与现实之间［M］. 王新连，译. 北京：中央编译出版社，2006：71.

人，上升到2019年的30 000人，其中半程13 000人，短程5 000人，5公里7 000人，家庭亲子跑5 000人，赛事规模较首届增长5倍。

以上这些赛事规模的不断扩大，不仅与赛事的项目设置有关，更重要的是体现出主办方在组织赛事的目的上的转变，开始选择让更多民众直接参与其中，作为其赛事组织的核心力量。摒弃传统赛事的参与者始终围绕“体育精英”的模式，将赛事的参与主体向大众倾斜，将所谓的体育赛事的精英文化特征，直接引向一种新的文化形态，即精英文化与大众文化的融合之路，这已成为长三角新型体育赛事的价值趋向。可以说，当前长三角体育赛事是从体育精英参与的高水平竞技体育起步，在引导民众参与意识觉醒的过程中，逐步构建起以实现更多民众直接参与其中为宗旨的赛事运行机制，这是保障体育赛事具有持续生命力的秘诀所在，也是推动长三角体育公共服务一体化发展的重要因素。

5.2.5 政策协同机制

受行政区划和“地方保护主义”思想的影响，长三角各级地方政府在涉及跨地域政策议题上，出于自身利益考虑，往往做出有限理性决策或者无法达成一致性决策，继而出现争议甚至引发冲突。离散化的决策会导致“碎片化”的行政管理和政策协同障碍，增加政策制定、实施的交易成本，难以科学应对复杂化、关联度强的跨区域问题的挑战，降低区域政策的公信力和实效性。

在长三角体育公共服务一体化发展背景下，政策协同是涉及跨地域、跨部门多样性体育公共服务问题，在政府出台体育公共服务政策与市场、社会组织实施政策过程中强化政策之间的一致、协作和整合，形成政策合力并努力实现预期目标的动态发展过程。长三角体育公共服务政策协同不应是简单的政策一致，而应是政策体系架构的纵向一体和横向整合，即体育公共服务政策设计、出台、落实、评价等诸多层面的纵向协同、横向协同和内外协同。而依据不同的手段和措施，政策协同可分为强调政策协同的组织载体的“结构性协同”和突出实现政策协同的程序性安排和技术手段的“程序性协同”。[1] 因此，长三角体育公共服务政策的制定、落地与执行，应尽可能规避各自为政、职能

[1] 周志忍，蒋敏娟．整体政府下的政策协同：理论与发达国家的当代实践［J］．国家行政学院学报，2010，14（6）：29.

重叠、责权不清、未形成合力、互动性不足等困境，多元主体应根据长三角体育公共服务的发展现状，从系统化视角对政策协同形式做出科学判断与选择。

长期以来，受行政区划的影响，我国地方行政管理出现属地化、部门化的“局限式”态势，形成一种各自为政、缺乏协同、横向权力不集中的政策体系，体现在强调单一政策构建而轻视政策体系整体配置、中央政府政策决策与地方政府领会执行之间存在偏差、跨区域政府及相关部门在具体执行政策中发生矛盾等层面。体育公共服务领域亦是如此。

影响政策协同的因素有多种，包括固化的管理权力结构、区域经济社会发展水平、地区资源禀赋差距、政策信息不对称、区域利益博弈等，究其核心，仍是受益不均衡。基于此，应构建以公平公正、互惠互利为目标导向的政策谋划与政策抉择机制，使利益相关者摆脱复杂的利益博弈束缚，为长三角体育公共服务政策协同发展提供有效助力。基于协同发展的理念、机制和操作要求，体育公共服务政策协同应分别从纵向和横向两个层面展开：纵向层面集中在“上级政府为推动跨部门政策目标的实现而超越现有政策领域的边界，超越单个职能部门的职责范围，进而整合不同部门之间政策的行为”[1]。纵向协同的主旨在于推动不同部门政策之间的相互支撑，减少不同政策之间的冲突与张力，推动体育公共服务政策制定与执行之间的有效衔接，增强体育公共服务政策的实际效能。横向层面主要是不同地区之间及不同部门之间体育公共服务政策的一致和有机协作，要求各地方政府从体育公共服务的公共属性出发，破除“本位主义”思想，突破地区利益或部门利益的禁锢，构建长三角体育公共服务政策执行联调机制，推动体育公共服务一体化发展。受地区体育公共服务实际发展水平所限，构建政策协同机制应强调不同主体之间的利益差异性，倡导构建政策协同利益补偿机制，适当向获益较小的主体倾斜，提升不同主体参与政策协同的主动性，规避协调障碍并发掘协同制度创新新动能。

5.2.6 生态特色机制

《规划纲要》指出：“践行绿水青山就是金山银山的理念，贯彻山水林田湖草是生命共同体的思想，推进生态环境共保联治，形成绿色低碳的生产生活方式，共同打造绿色发展底色，探索经济发展和生态环境保护相辅相成、相得

[1] 蔚超. 政策协同的内涵、特点与实现条件 [J]. 理论导刊，2016，38 (1)：56.

益彰的新路子。”《规划纲要》指明了生态环境对长三角一体化发展的重要意义。对于长三角体育公共服务一体化而言，如何在发展过程中兼顾生态环境建设，借力绿色生态环境发展体育公共服务，是决定一体化能否实现健康发展的重要命题。

长三角体育公共服务一体化发展，应在深入贯彻落实《规划纲要》的基础上，抓好制度建设这一大前提，全面推进长三角体制机制建设工作，科学编制长三角体育公共服务发展规划和空间规划。应兼顾长三角生态环境治理和风险防控机制建设，逐步形成以市场化手段为特色的生态环境治理模式，构建生态绿色机制，为长三角体育公共服务一体化奠定绿色发展基础。

5.2.6.1 科学构建长三角生态绿色制度体系

首先，构建专门组织机构，实现对生态环境治理的统一规划、集中实施和协调管理，提升不同部门之间的协同效率。明晰长三角不同地区、各层级政府部门在生态环境治理领域的权责，形成制度性约束，逐步健全跨区域、跨部门多主体参与的生态环境治理协同机制。

其次，结合区域发展实际，研究制定与体育公共服务发展相匹配的区域生态环境治理标准。在实地调研、广泛征求意见的基础上，审慎编制长三角体育公共服务与区域生态环境治理协同发展规划，将构建绿色生态环境作为长三角体育公共服务一体化发展的制度性指导和约束。统一谋划、妥善处理长三角城乡空间、生态空间与体育公共服务发展的关系，统筹安排好体育公共服务场地设施建设与环境基础设施建设，避免重复建设、占用土地及浪费资源的现象。

5.2.6.2 逐步健全长三角生态环境风险预警机制

首先，优化长三角体育公共服务整体布局，把好“环境准入”关。长三角体育公共服务应避免低层次的重复建设，规避“分散化”布局。加强监督管理，划定发展红线，从根本上避免由体育公共服务发展引发的重大生态风险。加强对可能引发生态环境风险的体育公共服务项目的监控，实行“区域内备案监管、区域外随机抽检”的制度。

其次，健全长三角生态环境监测体系，加强网络数据库建设。根据长三角体育公共服务发展实际，建立与之相关的跨区域生态环境信息资源共享机制，实现跨区域生态环境信息和数据的共知共用。此外，加大对环境污染的监控力度，提升实时监控、异地监管的操作能力及综合分析、快速处理相关信息的水平。

5.2.6.3 采用市场化运作提升生态环境治理成效

提升生态环境治理水平，不仅需要政府部门的扶持与投入，更需要市场化手段进行运作。在具体操作中，长三角各地方政府应充分考虑自身发展实际，合理界定和配置生态环境治理的相关权责并层层传递，将市场机制引入生态环境领域，运用市场机制提升生态环境治理的能级和水平。鼓励社会资本进入生态环境治理领域。有条件的地区政府和社会资本可以按市场化原则共同发起区域性绿色发展基金。通过设立绿色基金、政府和社会资本合作（PPP）模式等，引导更多的社会资本参与生态环境治理。[1]

5.2.6.4 统筹体育公共服务与生态环境建设协同发展

大力发挥体育公共服务与生态环境融合力量，深入开发体育公共服务与区域生态资源。结合本地区特色和资源优势，推出彰显地方特色的体育公共服务品牌项目，常态化地谋划举办集自然生态、人文景观、体育公共服务为一体的绿色生态休闲体育活动。结合本区域经济社会、政策、场地设施、人力、资金等现状，逐步构建以绿色环保、群众性体育赛事、体育休闲、体育旅游等为主体的体育公共服务新格局。

5.3 强化区域体育公共服务一体化的协同治理

当前，长三角各地区从思想认识到发展基础、从硬件设施到软件要素都存在着不平衡的状况，着力解决发展不平衡问题是一体化发展中的重中之重。《规划纲要》的目标之一就是围绕实现城乡融合发展的美丽家园的目标，推进社会治理变革与改善基本公共服务。打破行政壁垒和条块分割，促进公共服务资源的合理流动与优化配置是长三角一体化发展中的重点工作。体育公共服务一体化自然是其中不可忽略的一个重要议题，尤其是我国的体育公共服务资源是以行政区为界进行统筹和配置的，存在地方政府财政不均衡、协调能力亟待提升、体育公共服务供给水平差异显著等问题。如何统筹协调《规划纲要》中 27 个城市间体育公共服务一体化发展，既需要实践探索，更需要理论研究。

---

[1] 顾骅珊. 长三角生态绿色一体化发展需提高协同度 [J]. 环境经济，2020，17（9）：35.

5.3.1 长三角体育公共服务一体化协同治理的有利条件

5.3.1.1 组织制度一体化为体育公共服务一体化协同治理打下坚实基础

长三角一体化的组织结构是由长三角区域合作办公室辐射到各省政府层面的决策层、协调层和执行层的“三级运作”。决策层为“长三角地区主要领导座谈会”，协调层为“长三角地区合作与发展联席会议”，执行层为“联席会议办公室”和“重点合作专题组”，包括12个重点合作专题。

长三角一体化制度建设稳步开展。一是长三角合作正式实现合署办公。2018年3月，由沪苏浙皖三省一市工作人员组成的长三角区域合作办公室正式成立。在长三角地区主要领导座谈会上，《长三角地区一体化发展三年行动计划（2018—2020年）》等文件通过审议并得以发布，进一步明确长三角一体化发展任务书、时间表和路线图，明确提出区域公共服务供给便利化程度明显提升的目标。三省一市的人大常委会会议首次同步立法，分别表决通过各自的《关于支持和保障长三角地区更高质量一体化发展的决定》，凝心聚力支持和保障长三角一体化发展。二是顶层设计已形成。2019年5月13日，中共中央政治局会议审议通过了《规划纲要》，明确了当前和今后一个时期长三角一体化发展的行动指南。三是行动计划落实扎实推进。长三角城市经济协调会自1992年成立至今，已经举办了20次联席会议。2019年5月22日，长三角地区主要领导座谈会在芜湖召开，这是长三角一体化发展上升为国家战略后三省一市召开的首次会议，会议审定了《长三角一体化发展2019年工作计划》，落实《规划纲要》，签署了《长三角地区市场体系一体化建设合作备忘录》，多项政策在会上发布。

综上可知，长三角一体化尽管目前还没有明确体育公共服务一体化如何具体化操作，组织制度一体化的推进为体育公共服务一体化的协同治理打下坚实基础，需要进一步的实践探索和理论研讨。

5.3.1.2 城市间经济差距缩小为体育公共服务一体化协同治理提供保障

长三角经济发展水平显著收敛，区域内城市间经济发展水平差距逐步缩小，长三角一体化27个城市人均GDP变异系数从2000年的0.56下降到2018年的0.37。将变异系数与时间拟合，发现变异系数逐年下降1.49，其回归系数显著。[1] 人均GDP除了衡量城市经济发展水平外，也能衡量城市体育公共服务发展水平。国外通常用人均GDP水平来判断体育公共服务发展阶段，即人均GDP处于1 000美元以下、1 000—8 000美元、8 000美元以上三个阶段，体育公共服务发展阶段处于起步发展阶段、重点突破阶段、全面保障阶段。通过对长三角一体化27个城市人均GDP按2018年美元汇率折算的统计可知，人均GDP超过2万美元的城市有7个，人均GDP在1万—2万美元之间的城市有15个，人均GDP在1万美元以下的城市有5个，如表5-1所示。在5个人均GDP低于1万美元的城市中，宣城、池州、滁州、安庆4个城市的人均GDP低于8 000美元的标准，处于体育公共服务一体化的重点突破阶段。这一阶段的主要特征是：体育公共服务制度建设、设施建设和服务体系建设基本完备，体育公共服务和公共体育物品政府投入与多主体、多中心和社会化并存，这一时期的体育公共服务目标会更多地侧重于缩小城乡体育公共服务差距。[2] 近86%的城市体育公共服务发展总体水平达到了全面保障阶段。这一阶段的主要特征是：增加体育公共服务数量、优化体育公共服务质量，体育公共服务模式和体育公共服务制度基本完备。建立广覆盖、兼顾公平与效率的体育公共服务消费模式，多元化、社会化的体育公共服务一体化模式。体育公共服务是提高生活质量的主要服务内容之一，广泛调动社会各界和各方面力量参与提供体育公共产品和服务的积极性，形成政府宏观调控的多元化与社会化格局。体育公共服务目标是实现全民体育公共服务均等化，主要表现为区域之间、城乡之间、居民个人之间的体育公共服务基本形成均等状态。

表5-1 长三角一体化27个城市人口、经济、城镇化率统计表（2018年）

城市	常住人口/万人	占区域总人数比重/%	GDP总量/亿美元	人均GDP/美元	人均可支配收入/美元	城镇化率/%
无锡	657.45	4.03	1 728.57	26 335.12	7 612.20	76.28
苏州	1 072.17	6.57	2 810.39	26 258.80	8 383.35	76.05

[1] 许涛，张学良，刘乃全.2018—2019中国区域经济发展报告：长三角高质量一体化发展[M].北京：人民出版社，2019：46.

[2] 樊炳有，高军.体育公共服务：内涵、目标及运行机制[M].北京：人民体育出版社，2010：36.

续表

城市	常住人口/万人	占区域总人数比重/%	GDP 总量/亿美元	人均 GDP/美元	人均可支配收入/美元	城镇化率/%
南京	843.62	5.16	1 937.38	23 103.64	7 996.49	82.50
常州	472.90	2.90	1 065.41	22 558.26	6 941.25	72.50
杭州	980.60	6.01	2 041.46	21 183.55	8 212.89	77.40
上海	2 423.78	14.85	4 938.48	20 398.04	9 699.13	87.60
宁波	820.20	5.02	1 623.82	20 038.53	7 918.82	72.90
镇江	319.64	1.96	612.02	19 177.62	6 178.11	71.20
扬州	453.10	2.78	826.03	18 276.66	5 149.45	66.05
南通	731.00	4.48	1 273.46	17 426.78	5 602.05	67.10
舟山	117.30	0.72	198.98	16 999.12	7 437.51	68.10
泰州	463.57	2.84	771.85	16 621.03	5 234.99	66.00
绍兴	503.50	3.08	818.58	16 298.40	7 463.51	66.60
嘉兴	472.60	2.89	736.24	15 694.68	7 159.91	66.00
合肥	808.70	4.95	1 182.17	14 729.35	5 315.53	74.97
湖州	302.70	1.85	410.90	13 646.45	6 722.73	63.50
芜湖	374.80	2.30	495.44	13 311.12	4 796.75	66.54
马鞍山	233.70	1.43	289.86	12 496.60	5 513.04	68.20
台州	613.90	3.76	736.64	12 019.98	6 645.06	63.00
盐城	720.00	4.41	829.19	11 482.91	4 456.13	64.03
铜陵	162.90	0.99	184.72	11 412.94	3 844.86	56.00
金华	560.40	3.43	619.61	11 096.20	6 698.40	67.70
温州	925.00	5.67	907.63	9 830.90	7 090.40	70.00

续表

城市	常住人口/万人	占区域总人数比重/%	GDP 总量/亿美元	人均 GDP/美元	人均可支配收入/美元	城镇化率/%
宣城	264. 80	1. 62	199. 05	7 565. 66	5 523. 92	55. 20
池州	147. 40	0. 90	103. 50	7 082. 09	3 424. 15	54. 10
滁州	411. 40	2. 52	272. 27	6 648. 99	3 279. 38	53. 40
安庆	469. 10	2. 87	289. 78	6 209. 09	4 712. 88	49. 20
最大值	2 423. 78	14. 85	4 938. 48	26 335. 12	9 699. 13	87. 60
最小值	117. 30	0. 72	103. 50	6 209. 09	3 279. 38	49. 20
平均值	604. 68	3. 70	1 033. 46	15 477. 87	6 259. 74	67. 49
极差率	20. 66	20. 63	47. 71	4. 24	2. 96	1. 78
变异系数	0. 74	0. 74	0. 99	0. 37	0. 26	0. 13

数据来源：根据 2018 年全国、各省（市）国民经济和社会发展统计公报整理而成。

注：表中按 2018 年各城市人均 GDP 由高到低排序。2018 年全国人均 GDP 为 64 644 元人民币，可支配收入为 28 228 元人民币，分别折算为 9 768. 79 美元和 4 265. 72 美元。2018 年全国城镇化率为 59. 58%。

5. 3. 1. 3 城乡一体化持续推进为体育公共服务一体化协同治理提供契机

城乡一体化是解决城乡二元结构的根本途径，在长三角一体化进程中也是最重要的问题。从表 5-1 可以进一步看出，长三角一体化 27 个城市的城镇化率变异系数是 0. 13，是各项指标中差异最小的一项，这有利于体育公共服务一体化的推进。城镇化率是衡量城市化的有效指标，多运用人口统计学指标，即城镇人口与总人口之间（包括农业与非农业）的比重。改革开放以来（1978—2018 年），我国城镇常住人口从 1. 7 亿人增加到 8. 3 亿人，城镇化率从 17. 92%提升到 59. 58%。据联合国预测，到 2050 年世界发达国家的城市化率将提高到 86%，我国的城市化率也将达到 71. 2%。当 50%≤城市化率≤70%时，城市化从基本实现向完成迈进；城市化进程除了城市化率外，还包括城市数量和结构、城市居民人均收入、城市公共服务水平等相关指标。[1] 由此可知，城镇化率与公共服务具有一定的相关度。有研究进一步表明，长三角城乡

[1] 马先标．美国城市化历程回顾及经验启示［J］．贵州大学学报（社会科学版），2019，37（4）：40-46.

一体化发展水平不断提高，上海市、江苏省和浙江省远高于全国平均水平，安徽省虽然低于全国平均水平，但是年复合增长率高达19.6%，高于全国增长水平，追赶效应明显。[1] 城乡一体化水平的不断提升，为体育公共服务一体化协同治理提供机遇，这一机遇是城乡体育公共服务一体化结构化矛盾的破解、公共财政投入的均衡的表现，量身定制的城乡体育公共服务一体化目标明确的改革实践取得成果。在紧抓机遇的同时，还需要进一步探索，大胆实践，为城乡体育公共服务一体化协同治理提供成功经验。

5.3.1.4 长三角城市群协同发展促成体育公共服务一体化协同治理格局

在经济全球化的今天，区域协同发展已成为区域参与竞争的基本形式，也是长三角城市群发展的内在需求，是长三角一体化程度的重要体现。《规划纲要》提出："坚持协调共进。着眼于一盘棋整体谋划，进一步发挥上海龙头带动作用，苏浙皖各扬所长，推动城乡区域融合发展和跨界区域合作，提升区域整体竞争力，形成分工合理、优势互补、各具特色的协调发展格局。"《长江经济带城市协同发展能力指数（2017）研究报告》表明，长三角上海、苏州、南京、杭州、合肥是协同发展能力指数较高的城市。[2] 长三角城市群体育公共服务一体化协同治理，应构建"龙头+节点+外围"的协同治理模式。在这一模式中，上海作为城市群的龙头，引领带动区域体育公共服务一体化协同发展；苏州、南京、杭州、合肥作为城市群的节点，辐射带动周边城市体育公共服务一体化协同发展；22个外围城市主要依靠自身优势，共塑长三角体育公共服务一体化协同治理新格局。

5.3.2 长三角体育公共服务一体化协同治理模式

5.3.2.1 长三角体育公共服务一体化协同治理的关键变量

长三角体育公共服务一体化协同治理的基础是协同发展。协同发展是指系统内部经过相互适应、协作、促进等方式，建立同步、协调合作发展的持续过程。

长三角体育公共服务一体化协同治理可进一步归纳为三个关键变量之间的

---

［1］ 朱钢，张海鹏，陈方．中国城乡发展一体化指数（2018）：以全面建成小康社会为目标［M］．北京：社会科学文献出版社，2018：64.

［2］ 曾刚，王丰龙．长江经济带城市协同发展能力指数（2017）研究报告［M］．北京：中国社会科学出版社，2018：105.

关系，概括为行动者、协作、整合。行动者包括政府、企业、体育社会组织、个人，就是参与体育公共服务一体化协同治理的主体，强调行动者之间的平衡与涨落、竞争与合作、支配与服从等多方面的关系网络。协作不仅是对协同治理关系网络的维护，也是维系效应实现的动态机制。通过正式或非正式的互动机制，推进协同主体互动过程的可持续和协同效应的实现，体现互动这一协作的重要特征。整合则是强调平衡行动者之间的利益关系，重视行动者之间的沟通、协调及目标冲突的化解；重视对协作互动机制的整合，确保协作互动的方向性；重视功能整合，以期获得有效的结果。行动者及其行动被视为是相互依赖的，而不是相互独立的自治个体；行动者之间的有效整合，将是资源要素自由流动的通道。

5.3.2.2 长三角体育公共服务一体化协同治理的理论范式

长三角体育公共服务一体化协同治理属于跨区域协同治理范畴，跨区域协同治理经历了传统区域主义、公共选择理论和新区域主义三次范式转换，[1]三大范式各不相同，其核心要素已不同程度地被吸收到各类区域协同治理运行机制中，体现出不同特征（表5-2）。

表 5-2 跨区域协同治理三大范式的主要特征

范式类型	主要特征
传统区域主义	以行政控制为手段，倡导建立统一集权的区域政府，打造集权化的层级式治理模式，优化区域性公共物品供给
公共选择理论	以分权化的市场机制为手段，通过市场供给区域性公共产品与服务，私人部门、社会团体等在区域内相互竞争，提高资源利用率
新区域主义	建立综合性网络合作体系，强调治理、跨部门和协作，通过多层次、多主体的合作协议来促进区域治理

从主要特征来看，传统区域主义注重政府的作用，公共选择理论偏重市场手段，新区域主义则是对前两种范式的整合与完善。新区域主义认为在解决区域性问题上应从全局考虑竞争与合作、集权与分权等因素的影响和作用，关注权力与资源的依赖关系、行动规则的构成和网络协作的达成，主张构建多元主

[1] 曹海军，霍伟桦．城市治理理论的范式转换及其对中国的启示［J］．中国行政管理，2013，29（7）：94-99.

体间的协调机制，从而实现区域治理目标。[1] 公共选择理论以市场机制为手段，利用市场供给区域性公共产品与服务，私人部门、社会团体等在区域内相互竞争，提高资源利用率。而新区域主义则强调建立综合性网络合作体系，强调治理、跨部门和协作，通过多层次、多主体的合作协议来促进区域治理，这也是从理论层面探索长三角体育公共服务一体化协同治理需要遵循的范式。

5.3.2.3 长三角体育公共服务一体化协同治理模式

根据跨区域协同治理的三次范式转换，相对应的有三种跨区域协同治理模式（表5-3）：① 政府合作模式；② 市场调节模式；③ 网络治理模式。以区域各级政府部门为主体能够代表政府治理模式，行政手段是目前长三角体育公共服务治理的主要手段。市场调节模式是运用市场化手段解决区域体育公共服务一体化问题，目前长三角比较活跃的是体育赛事、体育产品供给领域，其他领域有待进一步拓展。不同于前两种治理模式，网络治理模式强调信任机制和协调机制的培育，实现政府、市场、体育社会组织等多元主体参与，提倡治理的分散化、多维化和灵活化；与以政府为主体的单中心治理模式不同，市场、体育社会组织的主体作用更为重要。

表5-3 长三角体育公共服务一体化协同治理模式

治理模式	治理工具	主要特征
政府合作	建设价值 共同目标 完善合作的法治体系 沟通交流、谈判 签署合作协议	以区域各级政府部门为主体，以行政控制为手段治理区域体育公共服务问题
市场调节	联合协调赛事活动 联合协调健身休闲空间	以市场化手段治理区域体育公共服务问题，以联盟方式进行区域体育公共服务合作
网络治理	信任培育 多中心治理 沟通与协调 组织形式的网络化	构建政府、市场、体育社会组织等多元主体参与的网络化体育公共服务治理结构

本研究提出了长三角体育公共服务一体化协同治理的三种模式，并指出目

[1] 耿云．新区域主义视角下的京津冀都市圈治理结构研究［J］．城市发展研究，2015，22（8）：15-20.

前以政府合作为主要模式，该模式才刚刚起步，未来治理模式、工具、主要特征都会不断发展，内涵也会丰富，治理效果也会更加显著。但是，无论是哪一种治理模式或是多种治理模式并举，其终极目标都是扩大优质体育公共服务供给，改善民生，使改革发展成果更加普惠便利，让长三角居民在一体化发展中有更多获得感、幸福感、安全感，打造民生“幸福圈”。长三角体育公共服务一体化协同治理，是生产、生活和生态的统一，富裕和幸福的统一，当前需要和未来发展的统一的一个缩影，也必然成为长三角体育公共服务发展的追求和根本目的。

5.3.3 长三角体育公共服务一体化协同治理策略

5.3.3.1 完善长三角公共体育资源要素市场化配置机制

长三角一体化发展既不是要求存在一种理想的分工格局和发展模式，也不是指各主体之间利益无冲突的一致性行动，而是指在一个较大的区域经济范围内，各个边界清晰的行政单元之间，逐步清除各种人为阻碍资源要素自由流动的体制障碍。根据国内外经验，“区域一体化”的本质是要打造一个要素充分流动的统一市场，它往往有三个必经的步骤：第一步是“互通”，长三角互通优势显著；第二步是“拆墙”，这里的“墙”是行政意义上的制度隔阂；第三步是“合体”。“互通”和“拆墙”都只是工具，区域一体化的最终目的是“合体”，把所有的孤岛连接成大陆，最终实现资源要素的自由流动，实现聚集效应的最大化。[1] 目前，长三角内资源共享遇到制度性障碍。上海市政协2018年围绕“推动长三角一体化发展”做了一次调研，发现目前长三角地区的医疗、教育、信息等资源区域化共享难度较大。从制度上说，三省一市仍有“一堵难以逾越的无形之墙”。[2]

公共体育资源要素的流动难度还会加大，之所以会形成这样的局面，是因为区域内公共体育资源要素市场化配置程度低、自由流动难。我国的公共体育资源要素基本上是以行政区为界由政府进行统筹和配置的，但这并不代表未来仍然由政府直接配置，社会力量参与公共体育资源配置已经逐步成为现实。长三角一体化体育公共服务网络，由各个城市作为网络节点，公共体育资源要素

[1] 孙不熟．一个世界级难题，在长三角找到了解决方案［J］．特区经济，2019，37（4）：55.
[2] 段树军．公共服务一体化是要素自由流动的关键［N］．中国经济时报，2019-06-19.

作为网络连线在其中流动构成。其中，公共体育资源要素是实现体育公共服务一体化的基础，是体育公共服务功能正常运转的支撑和必要条件。因此，要建立“双轨制”配置机制，即政府配置与市场配置相结合的配置机制，区域内配置与跨区域配置相结合的配置机制。就是要按照习近平总书记关于推动长三角更高质量一体化发展的指示要求，抓住项目化带动一体化这个关键，从“龙头+节点+外围”的具体项目入手。政府在承担必备的基本公共体育资源要素配置的同时，应逐步扩大公共体育资源要素市场配置的范围，优化公共体育资源交易管理顶层设计，由“全省一网”向“区域一网”推进。破除限制公共体育资源要素自由流动的各种体制机制障碍，发挥示范引领作用，率先实现公共体育资源要素在区域内自由流动。[1]

5.3.3.2 培育多元主体参与体育公共服务一体化网络化协同治理

应该说，目前长三角一体化体育领域的网络化协同治理还处于自组织阶段。体育领域合作较为活跃的是由沪苏浙皖三省一市体育部门和上海体育学院联合发起成立的长三角地区体育产业协作会。长三角地区体育产业协作会就建设长三角体育资源交易平台、长三角体育设施认证中心、长三角体育装备器材网上采购平台、长三角体育产业大数据平台等一系列目标达成共识，签署了《2020年长三角地区体育一体化重点项目合作协议》和《长江三角洲汽车运动产业一体化发展合作框架协议》。长三角一体化全民健身示范区联盟成员目前只有金山、松江、青浦、嘉兴、嘉善、平湖、太仓、吴江、昆山、张家港等10个市（区、县）的体育部门。联盟运行要强化创新驱动，完善相关的融合联动工作机制；在制度创新示范、深化改革开放示范、协同发展示范、平台机制示范上努力探索。长三角地区篮球协会联席会议已召开7届，2018年第4届长三角地区篮球协会联席会议上安徽省篮球协会首次派出与会代表。尽管已有部分企业、体育社会组织开展工作，但是目前跨区域的体育社会组织合作还存在自身水平较低、缺乏一体化战略、跨区域注册存在一定难度、合作形式亟须创新等问题。部分合作只是停留在定期召开论坛、举行交流活动的形式层面，没有成果和具体项目的落实与开展。体育社会组织在“看得见的手”和“看不见的手”之间的“润滑剂”作用还没有完全发挥。[2]

---

[1] 刘山．完善公共资源要素市场化配置机制［J］．中国党政干部论坛，2019，32（6）：59-62.

[2] 宗传宏．推进长三角区域社会组织合作［N］．浙江日报，2019-06-24.

未来长三角必将形成政府、市场、体育社会组织“三足共生”的稳定的体育公共服务一体化体系。体育社会组织作为体育公共服务领域的重要组成部分，将为政府、市场方面提供强有力的支撑。在体育社会组织培育方面，首先，成立长三角体育社会组织大联盟，成员间积极合作与交流。其次，创设长三角体育社会组织市场，提高跨区域体育社会组织的活动力度。对跨区域的体育信息咨询、体育中介组织提供政策保障。再次，针对跨区域活动的体育社会组织制定实施有效的认证及监管标准，实现体育社会组织开设的分支机构区域内资质互认，精简复杂烦琐的行政程序。最后，制定区域体育社会组织的评估体系。构建系统的体育社会组织评估体系，对体育社会组织运行的前、中、后进行评估。

多元主体参与体育公共服务一体化网络化协同治理，还需要从以下三个方面予以加强：一是多元治理主体资源共享。共享是共治的基础。多元主体共同参与体育公共服务一体化协同治理并形成相互依赖的关系，需要兼容文化价值、分担风险并共享信任。二是构建多样化的协同治理工具。即签订自愿合作合同、建立项目化合作、按照流程而非组织类型来组织协同治理过程、善用信息传播工具等。三是调整基层政府与多元主体间的互动关系。这是特殊而重要的环节，因为体育公共服务具体事务就在基层。这三个方面从理念共识到具体方法再到特殊环节，共同构成多元主体参与体育公共服务一体化协同治理的基本策略。[1]

5.3.3.3 建立长三角体育公共服务一体化协同治理制度保障

从长三角三省一市 27 个城市体育公共服务资源配置现状来看，上海市“龙头”表现明显，三省之间及各省内部的差异也表现明显。主要症结是各城市体育公共服务一体化发展的内生动力需要提升，而一体化的政策法规约束力、推动力尚未形成。

长三角体育公共服务一体化协同治理，如果没有良好的政策法规作为保障，会出现各自为战、全能政府、市场配置资源作用不能充分发挥、无法保障参与者的权利、阻碍区域政策的制定和执行等问题。因此，为了明确区域内各部门的体育公共服务职能分工及责权划分，应建立有效的政策法规体系，从而

[1] 吴芸．转型期中国社会网络化治理模式分析［J］．中国社会科学院研究生院学报，2018，34(4)：63-65.

清晰界定利益主体及其协调内容的范畴。在横向上加强长三角各城市地方法规和相关制度的融合，在纵向上减少不同城市相同组织规章制度的矛盾。另外，企业、体育社会组织参与体育公共服务供给缺少相关的政策法规认可，这也是长三角体育公共服务一体化协同治理的一大障碍。亟须建立有效的政策法规体系，激发体育社会组织参与体育公共服务一体化的积极性，优化长三角体育公共服务一体化发展的外部环境，真正发挥示范效应。

5.4 探索数字化支撑的实践路径

5.4.1 长三角体育公共服务数字化建设与效益分析

5.4.1.1 长三角体育公共服务数字化建设现状分析

伴随着长三角城市基础设施的数字化改造和升级，体育公共服务供给可以实现更高效的投放。便捷的监测工具、信息处理系统及“互联网+”，为实现以满足公众多样化的体育需求为目的的高效快捷的供给奠定重要基础，使体育公共服务供给实现更大规模甚至全覆盖成为可能。数字化的体育公共服务可以通过先进的技术手段和前沿的技术工具，使体育公共服务更精准、方便和有效，有利于实现高质量的体育公共服务供给，继而为公众提供更加主动化、精密化、便捷化、人性化的体育公共服务，真正达到“以数促质，服务为民”。

当前，长三角体育公共服务数字化建设持续深入，各省（市）体育局及其下属体育部门在数字化建设方面做了大量工作，体育公共服务基础信息资源和管理系统已基本建成。上海市体育局官网已建成体育公共服务专栏，相关信息如场馆查询、健身团队、健身指导、城市业余联赛、青少年体育等均可便捷查询。江苏省体育局官网开通江苏公共体育服务频道，包括全民健身、体育组织、场馆设施、赛事活动、体医融合等子栏目。浙江省体育局官网开辟群众体育专栏，相关体育公共服务信息均纳入其中。安徽省体育局官网在全民健身专栏中，对体育公共服务信息进行汇总整合，门类丰富。此外，三省一市下辖县（市、区）级体育部门官网，也对地区体育公共服务信息进行整理、公示，为公众及时了解相关信息提供便利。

2020 年，上海市体育局、江苏省体育局、浙江省体育局、安徽省体育局及上海联合产权交易所合作建立长三角体育资源交易平台。该平台借助介绍展示、政策法规公布、意向线索收集、交易规则公布、行业动态发布、投资人管理等优势，立足长三角，坚持信息共通、资源共享、平台共建和业务共拓，提升信息集散、资源整合、项目孵化、产融结合、产品流转等功能，为各类体育资源交易提供专业规范的服务。此类平台的建成并投入使用，对优化长三角体育资源配置、创新交易产品、推动产融结合，为长三角体育企业跨境并购、融资等提供专业服务，形成规则统一、交易规范、高效运行的资本市场交易平台起到重要的推动作用。

5.4.1.2 长三角体育公共服务数字化需求分析

5.4.1.2.1 满足长三角体育公共服务一体化发展的需要

数字化建设的核心之一是信息资源的共同开发与分享。因此，长三角体育公共服务信息资源共建共享，是促进数字化建设及长三角体育公共服务一体化发展的需要。信息资源既包括体育场地设施、体育组织、赛事活动等，也包含政府部门对体育公共服务的指导思想、服务理念、管理制度、运行机制等。体育公共服务信息资源的合理开发与优化配置，是推动体育公共服务一体化长远发展和提升体育公共服务质量的重要杠杆。有效利用这一杠杆，推动政府、市场、体育社会组织等充分发挥各自优势，开发、分享各类型的优质体育公共服务信息资源并提升信息资源的保障与维护水平，能为长三角体育公共服务发展提供强劲支撑，进而加快一体化进程。

5.4.1.2.2 满足公众全面利用体育公共服务资源的需要

随着长三角体育公共服务不断发展及公众生活水平的持续提高，公众对体育公共服务的需求也日益增加。公众不仅需要全面系统的综合性体育信息资源，更需要专业化、个性化的体育信息资源。因此，从信息内容上看，既要符合公众的切身需求，又要立足区域实际，体现区域特色，数字化建设恰恰为公众获取更全面的体育信息资源提供可能。随着“互联网+”技术的广泛应用，体育公共服务对象的需求日益增大，只有构建开放通达的体育信息资源共享机制，才能实现信息资源的互补和协同，开辟有效的信息资源获取路径，提升公众的信息资源占有率和利用率。

5.4.1.2.3 提升体育公共服务信息资源利用率的需要

“一花独放不是春，百花齐放春满园。”任何部门或组织仅靠一己之力很难获得齐备的体育信息资源。体育信息资源共享可以实现提高资源利用率、降低资源浪费率的目的。建立数字化的长三角体育公共服务信息资源共享体系，根本目的在于消除长三角体育公共服务信息资源共享的障碍。通过相关部门和组织的合作，构建分布式体育信息资源整合的“数据仓库”和集成服务平台，利用云平台、数据开发、P2P 推送等技术手段，为公众构建开放式的数字化、个性化的信息资源空间动态环境，构建可重组、可延伸和可获取的信息“地图”，营造支持探究、发现和互动的个性化知识空间，帮助公众获取更多适合自身的体育信息资源。

5.4.1.3 长三角体育公共服务数字化建设目标

5.4.1.3.1 整合体育公共服务数字资源，提升资源保障水平

体育公共服务数字资源是提供数字化体育公共服务的先决条件和重要物质基础。为了推进长三角体育公共服务一体化进程，相关部门应将体育场馆、体育设施等实物形态的公共体育资源及体育赛事、体育活动、体育组织等资源转化为数字形态的资源，并通过元数据标准整合已构建完毕的数字资源，建成分布式的长三角体育公共服务资源库群。应与社会组织和机构合作，与公众体育需求对接，通过采购、战略合作、免费获取等方式，拓展资源获取渠道，丰富资源种类和数量，升级资源管理技术，提升资源保障水平。

5.4.1.3.2 优化体育公共服务资源结构

数字化体育公共服务的开展依赖于数字资源，而资源质量的高低直接决定了服务成效的好坏。只有优质的资源，才能提升服务的品质。长三角体育公共服务数字化建设目标之一，是整合长三角优质的体育资源，实现资源共享。因此，既要从区域层面打造具有普适性的体育信息资源，也应鼓励各地区建设具有地方特色的体育信息资源，由特定机构统筹协调各地体育信息资源建设工作，通过数字化建设，使区域相关部门和公众可以准确掌握有关体育资源信息。借此，既可避免体育资源重复建设，又可使各地区各部门的体育资源形式、种类、数量、载体等实现优势互补，优化体育资源结构。

5.4.1.3.3 向长三角公众提供一站式数字化体育公共服务

目前，长三角各地区已基本将本地体育资源进行数字化处理，建成网络平台为公众服务，而区域体育资源数字化平台尚未建立。“孤岛式”数字平台，不利于更多公众获取体育信息和服务，也不益于体育公共服务一体化发展。只有构建区域统一的数字化平台，为公众提供一站式数字化体育公共服务，使体育资源和服务的获取途径更便捷、高效，才能满足更多公众的体育需求，推动一体化发展。因此，构建一站式服务平台是长三角体育公共服务数字化建设的另一个目标。

5.4.1.4 长三角体育公共服务数字化社会效益和经济效益分析

体育公共服务数字化建设在长三角体育公共服务一体化发展中具有重要地位。推动数字化建设，将有力带动一体化发展，并产生良好的社会效益和经济效益。

从社会效益角度来看，构建长三角体育公共服务数字化平台，对实现长三角体育公共服务一体化、建立现代化的体育公共服务体系具有深远意义。具体表现在以下几个方面：

第一，通过数字化平台建立长三角体育公共服务数字化统一的规范和标准，实现体育公共服务信息资源的共享和运用，促进长三角体育公共服务数字化协调一致地发展。

第二，通过数字化平台实现在长三角全区域全方位地利用和优化配置各类体育资源，使体育资源的利用与管理更加规范、准确和高效。

第三，通过数字化平台实现在长三角全范围内及时、准确地提供体育信息服务，优化客流和物流，提高体育场馆、设施等实体资源的运行效率。

第四，通过数字化平台整合更广泛的体育公共服务信息资源，为长三角体育资源整体规划提供决策支持，努力实现长三角布局合理、资源优化、衔接流畅的体育公共服务体系，达到“物尽其用，服务为民”的目的。

从经济效益角度来看，构建长三角体育公共服务数字化平台，对促进长三角体育公共服务体系形成、推动长三角经济发展具有重要作用。具体表现在以下几个方面：

第一，以数字化平台为核心统一规划长三角体育资源建设，提升体育公共服务领域投资的精准性和有效性，避免重复建设，节省投资成本。

第二，通过体育公共服务信息资源整合，实现长三角体育公共服务整体科学规划，使体育场馆、设施等建设布局科学，优化资源配置，避免重复投资建设。

第三，通过大数据提供及时、准确的客源信息，更加合理地配置和调度相关资源，提升经济效益。

5.4.2 长三角体育公共服务数字化建设的基础及条件分析

5.4.2.1 互联网提供操作平台

成熟稳定的互联网为长三角体育公共服务数字化建设提供了坚实的技术平

台。在互联网平台中，线上信息技术与线下设备终端相衔接，智能语音处理、智能决策控制、现代化人机交互等先进信息技术在平台作用下，为长三角体育公共服务数字化建设开辟新技术空间。在线下设备终端和数字化技术支撑下，长三角体育公共服务将实现更进一步地精准供给，产品和服务的质量及公众满意度将在数字化建设进程中迈向新高度。

5.4.2.2　“三网融合”突破时空界限，打通线上线下

“三网融合”是指高层业务应用的融合，表现为技术上趋向一致，网络层可实现互联互通，形成无缝对接，业务层互相渗透和交叉，应用层趋向使用统一的 IP 协议，为提供多样化、多媒体化、个性化服务的同一目标逐渐交汇在一起，通过不同的安全协议，最终形成一套网络中兼容多种业务的运行模式。[1] 在“三网融合”的技术支撑下，长三角体育资源突破线上线下的时空界限，在一个统一畅通的体育公共服务云平台中被共享，常规的线下体育公共服务模式具备转型升级的技术条件，线上线下体育公共服务资源互联互通的服务模式得以实现，使长三角体育公共服务跨入“云”时代。

5.4.2.3　大数据理念已得到社会广泛认同

在信息时代背景下，以全量分析取代抽样分析，甄别社会个体的个性化服务需求，更精准地掌握公众需求的大数据理念正逐步得到社会的认同。政府、社会组织及个人均意识到借数字化平台和大数据统计方法之“东风”，能够实现长三角公众体育需求的预估评判与体育公共服务多样化需求的科学掌握，通过数字化建设倒逼体育公共服务体系转型，能够推动一体化发展。

5.4.3　长三角体育公共服务数字化建设的主要路径

5.4.3.1　优化长三角体育公共服务数字化建设顶层设计

宏观（国家）层面上，尽快研究、制定并出台以数字化建设推动长三角体育公共服务一体化发展的制度文件。以法律条文为依据，不断完善长三角体育公共服务数字化建设方面的具体举措。中央政府应责成有关职能部门统筹管理建设工作，制定具体的政策举措、建设标准及管理细则，统筹指导、协同推进长三角体育公共服务数字化建设。

中观（区域）层面上，将现有的体育公共服务体系建设与长三角一体化

[1] 曹爱军，杨平．公共文化服务的理论与实践［M］．北京：科学出版社，2011：80-90.

国家战略相结合，做好统筹规划，强化政策衔接、标准制定与执行。具体实施中，应特别关注长三角数字化建设与国家政策的衔接、与有效资源的衔接、与乡村的衔接、与弱势群体的衔接等方面。

微观（地方）层面上，由于体育公共服务信息化建设涉及诸多部门、行业的基础性、复杂性工作，因此要在充分调研的基础上，对数字化建设发展战略、规划与政策衔接中的重大问题进行预判，积极做好应对预案，为体育公共服务体系数字化转型发展做好审慎的制度保障和组织应答。

5.4.3.2　因地制宜开展体育公共服务数字化建设

数字化维度下的体育公共服务体系以信息资源的深度开发、利用与共享为发展基石。在这个知识和信息技术已逐步超越劳动力、土地、资本等传统生产要素的价值，成为第一生产要素的新时代，多渠道、高质量地获取和利用好信息资源，在社会活动中发挥着举足轻重的作用。[1] 长三角是我国经济发达区域，但区域内各省市的经济发展水平并不均衡，各省市数字化建设能级、需求也存在差异。因此，长三角体育公共服务数字化建设发展要遵循“因地制宜”原则。根据各省市体育公共服务数字化建设发展实际需求，进行科学规划与“靶向帮扶”，将资源投向急需之处。稍强省市，应巩固和优化发展态势，在数字化基础设施建设较好的条件下，努力创新服务供给模式，推送更优质的信息化服务，超前感知并满足公众的体育需求；稍弱省市，应加强体育公共服务数字化基础设施建设，丰富场所、设备等“硬件”，升级网络应用、信息技术等“软件”，在满足公众基本体育需求的前提下强大自身。总之，长三角体育公共服务数字化建设不宜盲目同一，而应因地制宜，“对症下药”。

5.4.3.3　吸纳社会力量参与，延伸数字化资源供给链

长三角体育公共服务数字化建设绝非“一家撑持”即可实现。受制于传统观念，长三角体育信息资源与服务的开放度不够、协同化不高，“信息孤岛”依旧存在。体育公共服务供需状况复杂，必须转变政府作为单一或主要供给主体的传统模式，提高社会力量的参与度，形成多元主体参与的供给模式。

在具体建设工作中，政府应适当降低准入条件，鼓励社会力量以多种形式

---

［1］　刘润楠．数字化维度下的公共文化服务体系转型［J］．四川省干部函授学院（四川文化产业职业学院）学报，2020，22（1）：113.

参与数字化投资建设，缓解政府的资金压力。鉴于投资具有风险性，政府应出台激励政策，如对参与投资建设的社会力量给予税收减免或者在优质项目建设招标中优先考虑社会力量等；政府应设立相应建设资金，引导企业、社会组织和个人利用各种途径为体育公共服务信息化建设提供支持。由此，政府不再是单一化的领导，社会力量也不是被迫参与。各主体扬其所长，通过提升参与力量的“强度”与“厚度”，以更先进的信息技术为支撑，以更厚实的人才储备为支点，以更适宜的供给方式向公众呈现精准优质的服务内容，将数字化资源供给链从内容研发、产品供给延伸至后期维护、可持续发展，加强服务链保障工作，在提升公众体育公共服务获得感和满意度的同时，不断强化自身建设。

5.4.3.4 优化供给内容、形式和载体，提升数字化体育公共服务效率和体验感

首先，优化供给内容。针对不同客体需求，分析客体需求满足度和现有资源保障的对应性，建立体育信息导航库。将不同体育信息资源进行分门别类，借助网络和快捷高效的检索引擎，引导客体查找自身需要的体育信息。采用信息打包、信息代理等先进技术手段，集合各部门、各网站可以使用的信息资源进行统筹管理。通过创建索引文档，构建集成服务平台，为客体提供“一站式”信息服务，使其通过统一界面进行一次检索操作即可查询到所需信息。与智能设备终端研发机构协作，对系统后台进行维护和保养，保证数字化设备发挥强大功能，避免数字化云平台因后期无人维护而闲置。

其次，优化供给形式和载体。通过招商引资、战略合作等形式，加大相关智能设备公司、网络科技公司、数据库商、信息技术研发机构等企业和机构的参与力度，以新兴技术（如 VR 技术、可视化技术、多媒体交互技术等）为依托，以更具吸引力、更适宜的供给方式，推出高质量、个性化和精细化的供给内容，提升公众的满意度和获得感。根据不同的体育信息，与专业公司合作，对网络云平台和终端设备操作窗口进行精致化设计。根据不同年龄、不同教育背景、不同动机等需求层次，对体育信息导航系统进行分类设计并构建高效的检索系统和流畅的交互界面。充分考虑特殊群体的体育需求，实现精准化服务供给。例如，针对老年人视力老化的生理特征，增添调整网页界面字体大小的选择功能，让老年人获得更佳的视觉体验；针对残障人群，积极配置便于其操作的服务设备终端，使残障人士可以平等地享受数字化服务。

5.4.3.5 强化体育公共服务数字化建设的法律保障

国家相关职能部门应尽快制定出台与体育公共服务数字化建设相关的法律文件，不断健全体育公共服务数字化供给层面的详细实施措施，聚焦制定能保障以数字化推动体育公共服务精准化供给的具体实施条文，从法律层面保证体育公共服务数字化供给与公众体育需求的“无缝对接”，包括利用法律法规保护公众的个人基本信息、优化网络界面浏览环境、完善相关网址链接等，规避体育公共服务数字化资源的版权争议，清晰设置各类网络服务平台、体育公共服务部门和机构的数字化服务终端的具体供给标准。

6 研究结论

（1）长三角体育公共服务一体化是坚持“共建、共治、共享”发展理念，与健康中国结伴同行，以增强人的体质与健康水平为根本目标的国家行动，是由政府主导、社会力量参与、公众监督的公共组织行为，是探索区域体育一体化发展制度体系和路径模式、共建高品质全民健身公共服务体系、协同推进全民健身和全民健康深度融合的重要实践。

（2）长三角体育公共服务一体化发展水平地域差异显著，三省一市体育公共服务一体化发展水平由高到低依次为上海、江苏、浙江、安徽。长三角体育公共服务一体化正处于过渡阶段，其中，经济对体育公共服务发展具有决定性作用。

（3）长三角区域江南文化与徽文化同根同源，区域城镇化率较高，城镇体系完善，智慧城市建设优势明显。尽管区域体育公共服务一体化存在差异，但是区域内差异正逐渐缩小，体育公共服务一体化环境条件优良。

（4）本研究构建了长三角体育公共服务一体化理论框架，即由体育公共服务资源要素自由流动和高质量发展两个维度驱动，政府、市场、社会组织、公众四个层面协同发力，体育经济服务要素、体育文化服务要素、体育信息服务要素、体育赛事活动服务要素、体育政策服务要素、体育生态旅游服务要素六个要素融合组成的长三角体育公共服务一体化理论框架。

（5）长三角体育公共服务一体化战略目标基于“共建、共治、共享”的发展理念，充分发挥“政府、市场、社会组织”三方联动，推动体育公共服务从满足区域民众的基本需求向满足民众多元化、个性化的需求转变，终极目标是建成体育公共服务发展强劲活跃区、体育公共服务现代化引领区和体育公共服务高质量供给示范区。

（6）只有坚持注重政府、市场和社会组织原动力的推动，健全体育公共服务一体化发展推进要素的优化机制，强化区域体育公共服务一体化的协同治理，探索数字化支撑的实践路径等推进策略，才能有效推进长三角体育公共服务一体化进程。

主要参考文献

中文著作、译著

[1] 徐飞. 战略管理［M］. 4版. 北京：中国人民大学出版社，2019.

[2] 当代上海研究所. 长江三角洲发展报告. 2017：区域合作研究［M］. 上海：上海人民出版社，2018.

[3] 陈广汉，王翔，蔡武，等. 珠三角区域一体化与协调发展研究［M］. 广州：广东人民出版社，2013.

[4] 巴尼，克拉克. 资源基础理论：创建并保持竞争优势［M］. 张书军，苏晓华，译. 上海：格致出版社，上海三联书店，上海人民出版社，2011.

[5] 孙晓莉. 中外公共服务体制比较［M］. 北京：国家行政学院出版社，2007.

[6] 斯蒂格利茨. 社会主义向何处去：经济体制转型的理论与证据［M］. 周立群，韩亮，余文波，译. 长春：吉林人民出版社，1998.

[7] 狄骥. 公法的变迁：法律与国家［M］. 郑戈，冷静，译. 沈阳：辽海出版社，春风文艺出版社，1999.

[8] 樊炳有，李井平. 体育公共服务：战略思想、步骤及措施［M］. 北京：人民体育出版社，2012.

[9] 杨团. 社区公共服务论析［M］. 北京：华夏出版社，2002.

[10] 唐铁汉，袁曙宏. 公共服务创新［M］. 北京：国家行政学院出版社，2007.

[11] 黄恒学，张勇. 政府基本公共服务标准化研究［M］. 北京：人民出版社，2011.

[12] 闵健. 公共体育管理概论［M］. 北京：北京体育大学出版社，2005.

［13］李正明. 公共事业管理教程［M］. 北京：机械工业出版社，2006.

［14］陈昌盛，蔡跃洲. 中国政府公共服务：体制变迁与地区综合评估［M］. 北京：中国社会科学出版社，2007.

［15］萨缪尔森，诺德豪斯. 经济学：第17版［M］. 萧琛，译. 北京：人民邮电出版社，2004.

［16］布坎南，马斯格雷夫. 公共财政与公共选择：两种截然对立的国家观［M］. 类承曜，译. 北京：中国财政经济出版社，2000.

［17］坎波，托马西. 公共支出管理［M］. 张通，译. 北京：中国财政经济出版社，2001.

［18］樊炳有，高军. 体育公共服务：内涵、目标及运行机制［M］. 北京：人民体育出版社，2010.

［19］奥斯特罗姆. 公共事物的治理之道：集体行动制度的演进［M］. 余逊达，陈旭东，译. 上海：上海三联书店，2000.

［20］布尔迪厄. 文化资本与社会炼金术：布尔迪厄访谈录［M］. 包亚明，译. 上海：上海人民出版社，1997.

［21］班固. 汉书［M］. 北京：中华书局，2016.

［22］墨菲. 上海：现代中国的钥匙［M］. 上海社会科学院历史研究所，译. 上海：上海人民出版社，1986.

［23］埃格特森. 新制度经济学［M］. 吴经邦，李耀，朱寒松，等译. 北京：商务印书馆，1996.

［24］李中元. 文化是什么［M］. 北京：商务印书馆，2014.

［25］郝卫国，李玉仓. 走向景观的公共艺术［M］. 北京：中国建筑工业出版社，2011.

［26］王庆五. 2015年新常态下深化一体化的长三角［M］. 北京：社会科学文献出版社，2015.

［27］周立群，谢思全. 环渤海区域经济发展报告（2008）：区域协调与经济社会发展［M］. 北京：社会科学文献出版社，2008.

［28］温特. 国际政治的社会理论［M］. 秦亚青，译. 上海：上海人民出版社，2000.

［29］安德森. 想象的共同体：民族主义的起源与散布［M］. 吴叡人，译. 上海：上海人民出版社，2003.

［30］卢元镇. 体育社会学［M］. 3 版 . 北京：高等教育出版社，2010.

［31］索尔曼. 美国制造：在文明与现实之间［M］. 王新连，译. 北京：中央编译出版社，2006.

［32］王伟. 市场监管的法治逻辑与制度机理：以商事制度改革为背景的分析［M］. 北京：法律出版社，2016.

［33］萨拉蒙. 公共服务中的伙伴：现代福利国家中政府与非营利组织的关系［M］. 田凯，译. 北京：商务印书馆，2008.

［34］张卓元. 中国改革顶层设计［M］. 北京：中信出版社，2014.

［35］陈共. 财政学［M］. 北京：中国人民大学出版社，1999.

［36］张颢瀚，张明之，孙克强，等. 长江三角洲一体化进程研究：发展现状、障碍与趋势［M］. 北京：社会科学文献出版社，2007.

［37］张学良，刘乃全. 2016 中国区域经济发展报告：长江经济带建设与中国城市群发展［M］. 北京：人民出版社，2017.

［38］侯兵. 文化旅游的区域协同发展：模式与对策［M］. 北京：经济科学出版社，2018.

［39］潘月顺. 京津冀公共体育服务均等化研究［M］. 上海：同济大学出版社，2018.

［40］陈雯，孙伟，袁丰. 长江三角洲区域一体化空间：合作、分工与差异［M］. 北京：商务印书馆，2018.

［41］周肇光. 长三角区域经济一体化政府协调与服务研究［M］. 合肥：安徽大学出版社，2010.

［42］郑功成. 中国社会保障改革与发展战略：理念、目标与行动方案［M］. 北京：人民出版社，2008.

［43］汪波. 区域公共治理：理论 · 实践 · 创新［M］. 北京：中国经济出版社，2019.

［44］藤田昌久，克鲁格曼，维纳布尔斯. 空间经济学：城市、区域与国际贸易［M］. 梁琦，译. 北京：中国人民大学出版社，2011.

［45］林艺，刘涛. 区域文化导论［M］. 北京：清华大学出版社，2015.

［46］郭彩琴，宋国英. 城乡教育一体化战略研究：以江苏苏南地区为例［M］. 苏州：苏州大学出版社，2014.

中文期刊

[1]《浙江经济》经济研究部. 长三角一体化，你了解多少？[J]. 浙江经济，2019，36（3）：15-16.

[2] 刘志迎. 长三角一体化面临的“剪刀差”难题及破解对策 [J]. 区域经济评论，2019，35（4）：54-62.

[3] 程华，戴健. 长三角地区公共体育服务的分层供给 [J]. 体育学刊，2017，24（2）：57-63.

[4] 齐军. 发展中国家区域经济一体化组织内部贸易初探 [J]. 国际贸易问题，1987，13（3）：43-47，42.

[5] 金泓汎. 亚太区域经济的多极化趋势 [J]. 世界经济，1989，49（3）：91.

[6] 赵伟. 欧共体的区域差异、经济政策及其一体化的发展 [J]. 西欧研究，1992，10（6）：30-36.

[7] 黄梦平. 闽南三角区区域经济一体化初探 [J]. 未来与发展，1987，8（2）：24-27.

[8] 管世联. 西欧经济一体化与我国区域经济的发展 [J]. 当代经济科学，1991，13（1）：82-84.

[9] 程必定. 论沪苏浙皖经济区的客观性及区域经济一体化 [J]. 中国工业经济研究，1992，10（2）：34-39.

[10] 陈辉煌. 长三角区域经济一体化水平的测度研究 [J]. 中国浦东干部学院学报，2011，5（4）：129-131.

[11] 杨凤华，王国华. 长江三角洲区域市场一体化水平测度与进程分析 [J]. 管理评论，2012，24（1）：32-38.

[12] 踪家峰，刘姗姗. 基于协整与 Granger 因果分析的地区一体化进程研究：以京津冀和长三角为例 [J]. 地域研究与开发，2008，27（2）：30-33.

[13] 王健，鲍静，刘小康，等. “复合行政”的提出：解决当代中国区域经济一体化与行政区划冲突的新思路 [J]. 中国行政管理，2004，20（3）：44-48.

[14] 任维德. 问题、原因、对策：区域经济一体化进程中的地方政府行为分析 [J]. 内蒙古社会科学（汉文版），2005，26（3）：102-105.

[15] 李培鑫，张学良. 长三角空间结构特征及空间一体化发展研究 [J].

安徽大学学报（哲学社会科学版），2019，43（2）：148-156.

［16］杨昊，杨上广，吴柏均. 长三角区域空间结构演化与治理研究：基于区县空间尺度的分析［J］. 学习与实践，2014，31（4）：5-12.

［17］周韬. 空间异质性、城市群分工与区域经济一体化：来自长三角城市群的证据［J］. 城市发展研究，2017，24（9）：57-63.

［18］范擎宇，杨山. 协调视角下长三角城市群的空间结构演变与优化［J］. 自然资源学报，2019，34（8）：1581-1592.

［19］孟庆民. 区域经济一体化的概念与机制［J］. 开发研究，2001，17（2）：47-49.

［20］张安驰，范从来. 空间自相关性与长三角区域一体化发展的整体推进［J］. 现代经济探讨，2019，38（8）：15-24.

［21］黄征学，肖金成，李博雅. 长三角区域市场一体化发展的路径选择［J］. 改革，2018，31（12）：83-91.

［22］都泊桦，刘洪涛，廖明球. 区域经济一体化与经济增长影响效应分析：基于长三角实证研究［J］. 河南社会科学，2017，25（12）：55-58.

［23］朱俊成，宋成舜，张敏，等. 长江三角洲地区多中心共生及其调控研究［J］. 城市规划，2016，40（2）：27-35.

［24］张颢瀚. 区域一体化转型与融合体制建设研究：以长三角一体化为例［J］. 南京政治学院学报，2013，29（1）：69-76.

［25］吴福象. 长三角区域一体化发展中的协同与共享［J］. 人民论坛·学术前沿，2019，8（4）：34-40.

［26］陈雯，何雨. 从文化资本到文化整合：新时期长三角一体化的重要战略［J］. 现代城市研究，2009，24（10）：24-28.

［27］洪修平. 长三角文化整合应提上议程［J］. 探索与争鸣，2003，19（5）：20-21.

［28］丁宏. 长三角一体化中的文化协调发展研究［J］. 南京社会科学，2007，18（9）：26-30.

［29］罗贞礼. 关于长三角区域一体化的新思考：以中国特色社会主义进入新时代为视角［J］. 人民论坛·学术前沿，2019，8（4）：14-19.

［30］周建华. 长株潭与长三角地区体育公共服务发展现状的比较研究［J］. 湖南工程学院学报（社会科学版），2017，27（2）：123-126.

[31] 夏俊彪. 我国长三角地区城乡居民对体育公共服务需求的调查研究[J]. 南京师大学报（自然科学版），2012，35（4）：150-156.

[32] 刘慧. 区域差异测度方法与评价 [J]. 地理研究，2006，25（4）：710-718.

[33] 程华，梁晓杰. 影响长江三角洲地区竞技体育人才投资效益的因素及对策 [J]. 上海体育学院学报，2009，33（5）：58-61.

[34] 徐开娟，黄海燕. 长三角地区体育产业发展态势、经验与建议 [J]. 中国体育科技，2019，55（7）：45-55.

[35] 陈柳，于明超，刘志彪. 长三角的区域文化融合与经济一体化 [J]. 中国软科学，2009，24（11）：53-63.

[36] 王立人. 长三角区域文化共同发展之思考 [J]. 江南论坛，2004，12（3）：15-18.

[37] 习裕军. 长三角区域文化的承接与发展 [J]. 科学发展，2014，7（1）：88-92.

[38] 姜建. 长三角城市群内在文化精神的同一性 [J]. 文化艺术研究，2008，1（2）：14-18.

[39] 陈学文. 从时空嬗变看历史上长江三角洲的互动关系 [J]. 史林，2005，20（1）：21-29，123.

[40] 孔定芳. 永嘉乱后的中原移民与江左文化 [J]. 江海学刊，1998，41（5）：116-121.

[41] 丁宏. 长三角一体化中的文化协调发展研究 [J]. 南京社会科学，2007，18（9）：26-30.

[42] 李明波. 长江三角洲地区文化认同的历史与现状 [J]. 华东理工大学学报（社会科学版），2005，20（1）：89-93.

[43] 戴先杰，王丽娟. 吴文化与江苏经济 [J]. 人文地理，2001，16（4）：85-88.

[44] 陈立旭. 浙江经济发展的历史和文化底蕴 [J]. 中共浙江省委党校学报，2002，18（3）：35-41.

[45] 黄振平. 谁来推动长江三角洲文化一体化？ [J]. 城乡建设，2004（1）：55-57，5.

[46] 陈伯海. 上海文化史：现代化都市文明的生长史 [J]. 社会科学，

2000，22（2）：60.

［47］吕方. 长三角地区经济发展方式转变中的文化因素［J］. 南通大学学报（社会科学版），2008，24（6）：18-21.

［48］陆红权. 江南文化精神与长三角地区经济发展［J］. 经济师，2006，21（8）：40-41，44.

［49］宋言奇，马乙玉. 以文化认同促长三角经济合作［J］. 江南论坛，2004，12（10）：20-21.

［50］刘晓凤，任卫峰. 长江三角洲经济一体化的文化机理研究初探［J］. 嘉兴学院学报，2004，16（4）：20-23.

［51］夏自钊. 城市“圈群”重塑长三角［J］. 决策，2019，27（5）：12-16.

［52］唐亚林，于迎. 主动对接式区域合作：长三角区域治理新模式的复合动力与机制创新［J］. 理论探讨，2008，25（1）：28-35.

［53］杨爱平. 论区域一体化下的区域间政府合作：动因、模式及展望［J］. 政治学研究，2007，23（3）：77-86.

［54］刘生龙，胡鞍钢. 交通基础设施与中国区域经济一体化［J］. 经济研究，2011，46（3）：72-82.

［55］汪宇明，全伟，胡燕雯，等. 在区域一体化进程中受益：提升上海都市旅游竞争力的战略思考［J］. 人文地理，2002，17（3）：31-33.

［56］于迎，唐亚林. 长三角区域公共服务一体化的实践探索与创新模式建构［J］. 改革，2018，31（12）：92-102.

［57］孔祥. 城市社区体育公共服务体系建设的供给主体及实现路径［J］. 体育与科学，2011，32（4）：66-71.

［58］胡娟，杨靖三，陈刚，等. 江苏县域公共体育服务资源的配置水平与影响机制分析［J］. 体育科学，2016，36（10）：18-25.

［59］胡娟，杨靖三，陈刚，等. 江苏公共体育服务体系示范区创建：指标体系的设计与实现［J］. 体育与科学，2015，36（5）：28-38.

［60］孙溯源. 集体认同与国际政治：一种文化视角［J］. 现代国际关系，2003，23（1）：38-44.

［61］刘杏玲，吴满意. 区域一体化过程中的文化认同研究综述［J］. 电子科技大学学报（社科版），2008，10（1）：68-71，107.

［62］李湘云．吴文化区域软实力的四种表现［J］．江南论坛，2011，19（3）：46-48.

［63］胡永保，宫倩．国际区域合作中的文化认同：内涵、作用及限度［J］．贵州社会科学，2017，38（5）：57-62.

［64］李庆松，董四代．区域文化与区域经济社会现代化［J］．前沿，2004，26（4）：160-162.

［65］张昭华，郑忠良．区域优性文化与区域经济发展［J］．经济问题探索，2005，26（7）：9-12.

［66］詹小美，王仕民．文化认同视域下的政治认同［J］．中国社会科学，2013，34（9）：27-39.

［67］李明明．论欧盟区域认同的社会建构［J］．南开学报（哲学社会科学版），2005，51（5）：14-20.

［68］汪伟全．长三角区域文化融合研究：基于区域一体化的思考［J］．现代管理科学，2014，33（4）：84-86.

［69］刘兴华．地区认同与东亚地区主义［J］．现代国际关系，2004，24（5）：18-22.

［70］陆岷峰，周军煜．区域金融一体化动因、现状与对策研究：以长三角为例［J］．广西经济管理干部学院学报，2019，31（4）：15-21.

［71］卿成．成渝经济区公共服务一体化建设探析［J］．中共四川省委党校学报，2012，14（2）：42-45.

［72］浙江省政协“智慧浙江”建设重点课题调研组．“智慧浙江”建设的战略目标和基本任务［J］．现代城市，2012，7（2）：8-9.

［73］王操．城市智慧化理念演进：从工具理性到价值理性——基于上海智慧城市十年发展考察［J］．城市观察，2020，12（4）：142-148.

［74］高璇．比较分析视域下我国智慧城市建设的重点、难点与策略选择［J］．科技管理研究，2017，37（15）：262-266.

［75］金涛，张凤彪，周超．我国公共体育服务供给困境及原因分析［J］．北京体育大学学报，2013，36（12）：30-37.

［76］高璇．我国新型智慧城市发展趋势与实现路径研究［J］．城市观察，2020，12（4）：149-156.

［77］丁弋弋．十年磨一剑　上海智慧城市建设奠定“先行者”地位［J］．

上海信息化，2020，17（1）：8-14.

[78] 谢会丽. 上海建设“智慧城市”的经验与启示［J］. 今日浙江，2013，22（11）：36-37.

[79] 陈渊源. 上海全方位推进新型智慧城市建设［J］. 上海信息化，2017，14（1）：10-15.

[80] 浙江省经济和信息化委员会. 智慧城市建设的“浙江样板”［J］. 中国建设信息化，2018，24（11）：36-39.

[81] 吕树庭，倪同云，丘海雄，等. 建立我国社会体育评估指标体系的研究［J］. 上海体育学院学报，2002，26（3）：1-5.

[82] 李浩. 区域文化视角下的区域经济发展路径创新［J］. 改革与战略，2012，28（5）：125-127.

[83] 陈航航，贺灿飞，毛熙彦. 区域一体化研究综述：尺度、联系与边界［J］. 热带地理，2018，38（1）：1-12.

[84] 肖金成，黄征学. 未来20年中国区域发展新战略［J］. 财经智库，2017，2（5）：41-67，142-143.

[85] 徐琴. 从横向协作、竞合联盟到区域共同体的长三角一体化发展［J］. 现代经济探讨，2009，28（9）：25-28.

[86] 许欢科. 长三角地方政府在区域经济一体化中的作用分析［J］. 行政论坛，2006，13（6）：26-29.

[87] 陈建军. 长江三角洲区域经济一体化的三次浪潮［J］. 中国经济史研究，2005，20（3）：113-122.

[88] 李郇，殷江滨. 国外区域一体化对产业影响研究综述［J］. 城市规划，2012，36（5）：91-96.

[89] 李志勇，周云波，崔芳君. 基于政府适应市场化的京津冀一体化研究［J］. 商业研究，2010，43（3）：42-46.

[90] 王维然，赵凤莲. 欧亚经济共同体对中亚区域一体化影响的研究［J］. 国际经贸探索，2012，28（10）：68-78.

[91] 刘志彪. 区域一体化发展的再思考：兼论促进长三角地区一体化发展的政策与手段［J］. 南京师大学报（社会科学版），2014，60（6）：37-46.

[92] 王阳亮. 公共服务供给的瓶颈与绩效特征［J］. 改革，2017，30（5）：74-81.

[93] 孙雷鸣. 长三角大都市圈背景下体育一体化发展的研究 [J]. 武汉体育学院学报，2011，45（11）：26-31.

[94] 刘志彪，孔令池. 长三角区域一体化发展特征、问题及基本策略 [J]. 安徽大学学报（哲学社会科学版），2019，43（3）：137-147.

[95] 蒋瑛. 郭玉华. 区域合作的机制与政策选择 [J]. 江汉论坛，2011，53（2）：25-28.

[96] 李文兵，南宇. 论丝绸之路沿线旅游合作机制 [J]. 干旱区资源与环境，2010，24（1）：196-200.

[97] 胥兴安. 基于管理学视角的区域旅游合作机制研究：以昆明北部旅游圈为例 [J]. 云南地理环境研究，2009，21（4）：43-46.

[98] 樊炳有. 体育公共服务的理论框架及系统结构 [J]. 体育学刊，2009，16（6）：14-19.

[99] 吕国辉. 区域文化在长三角区域创新系统中的地位和作用 [J]. 兰州学刊，2009，30（3）：84-86.

[100] 朱定秀. 文化认同视角下的泛长三角区域合作的基础与阻力 [J]. 巢湖学院学报，2012，14（1）：3-8.

[101] 陶希东. 跨界区域协调：内容、机制与政策研究——以三大跨省都市圈为例 [J]. 上海经济研究，2010，27（1）：56-64.

[102] 周荣耀. 文化认同与欧洲一体化 [J]. 世界知识，2006，73（21）：38-39.

[103] 鲁明川. 文化共同体视域下的高等职业教育内涵发展 [J]. 现代教育管理，2012，32（6）：11-15.

[104] 潘加军，刘焕明. 新时代环境利益冲突协同共治的运行机制与制度保障 [J]. 贵州社会科学，2019，40（12）：11-17.

[105] 鲍明晓. 美美与共：和谐社会与体育发展 [J]. 体育文化导刊，2005（10）：15-17.

[106] 周志忍，蒋敏娟. 整体政府下的政策协同：理论与发达国家的当代实践 [J]. 国家行政学院学报，2010，14（6）：28-33.

[107] 蔚超. 政策协同的内涵、特点与实现条件 [J]. 理论导刊，2016，38（1）：56-59.

[108] 顾骅珊. 长三角生态绿色一体化发展需提高协同度 [J]. 环境经

济，2020，17（9）：32-35.

［109］杜家福. 公共基础设施建设中社会资本的引入路径研究［J］. 职业技术，2016，15（12）：96-98.

［110］顾朝林. 城市群研究进展与展望［J］. 地理研究，2011，30（5）：771-784.

［111］万晓琼. 区域创新体系建设刍议［J］. 中州学刊，2010，32（5）：50-52.

［112］薄文广，周立群. 长三角区域一体化的经验借鉴及对京津冀协同发展的启示［J］. 城市，2014，27（5）：8-11.

［113］王伟. 新型监管机制的逻辑与理念：以市场监管领域为视角［J］. 中国市场监管研究，2020，29（10）：53-56.

［114］郎晓波，俞云峰. 社会组织参与公共服务：组织优势及路径选择［J］. 中共杭州市委党校学报，2011，12（5）：50-54.

［115］任贵州. 社会组织承接公共服务能力的提升路径［J］. 重庆社会科学，2015，33（5）：57-62.

［116］孙录宝. 社会组织提升社会管理与公共服务能力研究［J］. 中共青岛市委党校（青岛行政学院）学报，2013 ，35（1）：62-67.

［117］孙燕. 以公信力建设为载体　提升社会组织公共服务能力［J］. 中国社会组织，2013，7（5）：33-35.

［118］王名，蔡志鸿. 以“能力专有性”论政社合作：以两岸防艾社会组织为例［J］. 中国非营利评论，2019，23（1）：1-33.

［119］辛文博. 社会组织参与公共服务的困境与出路［J］. 法制与社会，2019，28（12）：125-127.

［120］陈桂兰. 我国公共服务中的政府与社会组织合作：障碍与对策［J］. 四川行政学院学报，2015，17（3）：5-9.

［121］李峰. 社会组织参与公共服务的制度分析［J］. 行政论坛，2020，27（5）：134-139.

［122］何爱云，胡爱敏. 公共服务体系中社会组织的角色定位［J］. 山东人大工作，2014，34（9）：30-32.

［123］白志华. 政府与社会组织的关系调试、合作及再优化［J］. 中共山西省委党校学报，2020，43（5）：69-75.

[124] 方琦，王伯承. 制度壁垒与角色偏差：政府购买社会组织服务困境研究 [J]. 云南行政学院学报，2020，22（5）：119-125.

[125] 张文礼. 合作共强：公共服务领域政府与社会组织关系的中国经验 [J]. 中国行政管理，2013，29（6）：7-11.

其他文献

[1] 中共中央，国务院. 长江三角洲区域一体化发展规划纲要 [Z]. 2019.

[2] 国家发展和改革委员会. 长江三角洲地区区域规划 [Z]. 2010.

[3] 国家发展和改革委员会，住房和城乡建设部. 长江三角洲城市群发展规划 [Z]. 2016.

[4] 上海市人民政府. 关于进一步加快智慧城市建设的若干意见 [Z]. 2020.

[5] 常州市人民政府. 常州智慧城市发展规划（2012—2016 年）[Z]. 2012.

[6] 浙江省人民政府办公厅. 关于开展智慧城市建设试点工作的通知 [Z]. 2011.

[7] 江苏省体育局. 江苏省城市社区“10 分钟体育健身圈”建设实施方案 [Z]. 2012.

[8] 中共中央，国务院. 关于建立更加有效的区域协调发展新机制的意见 [Z]. 2018.

[9] 倪鹏飞. 扬长避短推动长三角高质量一体化 [N]. 经济参考报，2019-08-07.

[10] 骆晓昀. 上海启示：公共面积少，体育服务不能少 [N]. 瞭望东方周刊，2019-10-24.

[11] 王振恺. 杭宁合马拉松名额互通促进长三角体育赛事发展 [N]. 青年时报，2019-9-26.

[12] 肖隆平. 单志广：智慧城市将成下一个增长极 [N]. 新京报，2019-01-04.

[13] 张茂元，裴斐. 以法人治理规范社会组织发展 [N]. 中国社会科学报，2016-08-31.

［14］浙江省体育局. 长三角开启体育赛事一体化新征程[EB/OL].(2020-01 - 30)[2020 - 03 - 24]. http://tyj. zj. gov. cn/art/2020/1/30/art _ 1347259 _ 41862669.html.

［15］张文晖，孙秋霞，冯玲玲，等. 长三角如何实现“一体化”与“高质量”发展？［EB/OL].（2019-05-14)[2020-04-08].http://news. sznews. com/content/mb/2019-05/14/content_21931666.htm.

［16］王琳杰. 长三角“一体化”到底是什么？[EB/OL].（2019-06-21)[2020-04-20].https://www.thepaper.cn/newsDetail_forward_3733789.

［17］刘洋. 浙江体育公共服务资源差异的对策研究［D］. 温州：温州大学，2014.

［18］黄小云. 我国体育公共财政支出区域差距与收敛性研究［D］. 武汉：华中师范大学，2016.

［19］王珏. 长江三角洲地区政府合作过程与合作模式的博弈分析［D］. 北京：中国科学院大学，2014.

［20］完世伟. 区域城乡一体化测度与评价研究：以河南省为例［D］. 天津：天津大学，2006.

[21] VINER J. The customs union issue[M]. New York: Oxford University Press,2014.

[22] MYRDAL G. An international economy: problems and prospects[M]. New York: Harper & Brothers,1956.

[23] HAAS E B. The uniting of Europe: political,social,and economic forces, 1950—1957[M]. Stanford: Stanford University Press,1958.

[24] HAAS E B. The obsolescence of regional integration theory[M]. California: University of California,1975.

[25] SCHIMMELFENNIG F. Regional integration theory[M]. Oxford: Oxford Research Encyclopedia of Politics, 2018.

[26] BALASSA B. The theory of economic integration[M]. London: Routledge,2013.

[27] FAWCETT L.Regionalism in world politics: regional organization and international order[M]. Oxford: Oxford University Press,1995.

[28] GAMBLE A,PAYNE A.Regionalism and world order[M]. London: Mac-

millan,1996.

[29] LINDBERG L N. Political integration as a multidimensional phenomenon requiring multivariate measurement [J]. International Organization, 1970, 24 (4): 649-731.

[30] HAAS E B. International integration: the European and the universal process[J]. International Organization, 1961, 15(3): 366-392.

[31] KINDLEBERGER C P.The United States and European regional economic integration[J]. Social Science,1959,34(4):210-217.

[32] BALASSA B.Towards a theory of economic integration[J]. International Review for Social Sciences,1961,14(1):1-17.

[33] LARNER W, WALTERS W.The political rationality of "new regionalism": toward a genealogy of the region[J]. Theory and Society,2002,31(3): 391-432.

[34] MACLEOD G.New regionalism reconsidered: globalization and the remaking of political economic space[J]. International Journal of Urban and Regional Research,2001,25(4): 804-829.

[35] POON J.Regionalism in the Asia Pacific: is Geography destiny? [J]. Area,2001,33(3): 252-260.

[36] BURFISHER M E,ROBINSON S,THIERFELDER K. The impact of NAFTA on the United States[J]. Journal of Economic Perspectives,2001,15(1): 125-144.

[37] PASTOR R A. NAFTA as the center of an integration process: the nontrade issues[J]. The Brookings Review,1993,11(1): 40-45.

[38] JONES N, GRAAFF J,RODRIGO I,et al. Historical review of land use changes in Portugal (before and after EU integration in 1986) and their implications for land degradation and conservation,with a focus on Centro and Alentejo regions [J]. Applied Geography,2011,31(3): 1036-1048.

[39] ZITO A R,SCHOUT A. Learning theory reconsidered: EU integration theories and learning[J]. Journal of European Public Policy,2009,16(8): 1103-1123.

[40] BAUN M J. The Maastricht Treaty as high politics: Germany,France,and European integration[J]. Political Science Quarterly,1995,110(4): 605-624.

[41] SWEET A S, SANDHOLTZ W. European integration and supranational governance[J]. Journal of European Public Policy, 1997, 4(3): 297-317.

[42] GRAJDANZEV A J. Japan's Co-Prosperity Sphere[J]. Pacific Affairs, 1943, 16(3): 311-328.

[43] KOJIMA K. The "flying geese" model of Asian economic development: origin, theoretical extensions, and regional policy implications[J]. Journal of Asian Economics, 2000, 11(4): 375-401.

[44] JONES L. Explaining the failure of the ASEAN economic community: the primacy of domestic political economy[J]. The Pacific Review, 2016, 29(5): 647-670.

[45] CHOWDHRY B, GOYAL A. Understanding the financial crisis in Asia[J]. Pacific-Basin Finance Journal, 2000, 8(2): 135-152.

[46] NICOLAS F. The political economy of regional integration in East Asia[J]. Economic Change and Restructuring, 2008, 41(4): 345-367.

[47] KAWAI M. East Asian economic regionalism: progress and challenges[J]. Journal of Asian Economics, 2005, 16(1): 29-55.

[48] WITKOWSKA J. Integration processes in the global economy: current state and prospects. The cases of the European Union, ASEAN Economic Community, and NAFTA[J]. Comparative Economic Research, 2016, 19(4): 47-65.

[49] CAPORASO J A, KEELER J. The State of the European Union[C]. Boulder: Lynne Rienner Publishers, 1995: 29-62.

[50] ACHARY A. Regionalism beyond EU-Centrism[M]. Oxford: Oxford University Press, 2016.

附录

附录1　第一轮专家咨询评议表

长三角体育公共服务一体化评价指标体系
专家咨询评议表（第一轮）

尊敬的专家：

您好！鉴于您的学识与成就，特冒昧邀请您参加长三角体育公共服务一体化测度评价指标体系。通过查阅相关研究成果与文献，主要从经费支持、场地设施、体育组织、赛事活动、健身指导、体质监测和信息宣传7个要素构建长三角体育公共服务一体化评价指标，包括7个一级指标，27个观测点。

请您用5分制（5分、4分、3分、2分、1分分别表示所列指标“非常重要”“重要”“一般”“不重要”“非常不重要”），根据您认为的各项指标重要程度的不同，在对应的空格处打上“√”。您可以对每项指标提出删、增、改等修改意见，修改意见及理由请您填写在相应的空白处。本次调查预计进行2—3轮，结果只用于学术研究，我们会对您的回答进行保密，请您回答时不要存在顾虑。答案没有正确与否，我们只是期待您真实的想法与意见，请您放心填写。

我们真诚期盼能够继续得到您的指导与帮助。对于您的付出与劳动，我们表示衷心的感谢！

联系电话：13771725982

电子邮箱：liuchangya@ suda.edu.cn

地址：江苏省苏州市东环路50号苏州大学体育学院

邮编：215021

博 士 生：刘昌亚
指导教师：樊炳有教授
日　　期：2020. 10

一级指标解读：

1. 经费支持：经费支持在一定程度上反映政府行政部门对体育工作的重视程度，对体育发展尤其是群众体育发展起保障作用，财政和体育彩票公益金是两大主要来源。

2. 场地设施：指向公众开放的用于体育比赛训练及群众健身活动的各种场地、场馆、建筑物等。公共体育场地设施是居民进行体育锻炼的场所，是开展体育活动、满足居民体育需求的物质基础和必要条件。

3. 体育组织：指为满足居民体育健身、休闲需求，在政府的支持推动下或者在社会成员的自发组织下，通过一定的组织形式将社会成员整合起来的社会实体，设立体育组织有利于提高体育活动的组织性和规范性。

4. 赛事活动：指以竞技体育比赛为核心内容的体育赛事活动和以全民参与为基础的全民健身活动。体育竞赛和全民健身活动是普及推广运动项目及大众体育健身参与的重要方式。

5. 健身指导：社会体育指导员向公众传授体育健身相关知识、技能和方法，对组织体育健身活动，促进相应体育健身项目的普及和发展，提高公众体质健康水平，有效满足人民群众日益个性化、多样化的体育需求具有重要意义。

6. 体质监测：指运用科学方法对国民个体的形态、机能、身体素质等进行测试与评定的方法和标准，是反映国民体质水平的重要依据。对一个地区进行体质监测的指标主要包括国民体质监测站点及队伍建设、体质监测人群数量及结果、经常参加体育锻炼人口数量等方面。

7. 信息宣传：指政府或社会各界通过现代网络、计算机技术等新媒体平台，利用全民健身日等活动开展科学健身文化宣传，将公共体育相关服务信息最大限度地传达给社会公众。

表1　一级指标评价表

<table>
<tr><td rowspan="2">一级指标</td><td colspan="5">评价赋值</td></tr>
<tr><td>5分</td><td>4分</td><td>3分</td><td>2分</td><td>1分</td></tr>
<tr><td>1经费支持</td><td></td><td></td><td></td><td></td><td></td></tr>
<tr><td>2场地设施</td><td></td><td></td><td></td><td></td><td></td></tr>
<tr><td>3体育组织</td><td></td><td></td><td></td><td></td><td></td></tr>
<tr><td>4赛事活动</td><td></td><td></td><td></td><td></td><td></td></tr>
<tr><td>5健身指导</td><td></td><td></td><td></td><td></td><td></td></tr>
<tr><td>6体质监测</td><td></td><td></td><td></td><td></td><td></td></tr>
<tr><td>7信息宣传</td><td></td><td></td><td></td><td></td><td></td></tr>
<tr><td colspan="6">如果您有更好的建议，请写在下面：</td></tr>
</table>

表2　观测点评价表

<table>
<tr><td rowspan="2">一级指标</td><td rowspan="2">观测点</td><td colspan="5">评价赋值</td></tr>
<tr><td>5分</td><td>4分</td><td>3分</td><td>2分</td><td>1分</td></tr>
<tr><td rowspan="4">1
经费支持</td><td>1.1体育事业经费支出/万元</td><td></td><td></td><td></td><td></td><td></td></tr>
<tr><td>1.2人均体育事业经费/（元/人）</td><td></td><td></td><td></td><td></td><td></td></tr>
<tr><td>1.3彩票公益金用于体育公共服务工作的比例/%</td><td></td><td></td><td></td><td></td><td></td></tr>
<tr><td colspan="6">如果您有更好的建议，请写在下面：</td></tr>
<tr><td rowspan="7">2
场地设施</td><td>2.1人均体育场地面积/（m²/人）</td><td></td><td></td><td></td><td></td><td></td></tr>
<tr><td>2.2体育场地设施数量/个</td><td></td><td></td><td></td><td></td><td></td></tr>
<tr><td>2.3全民健身中心数量/个</td><td></td><td></td><td></td><td></td><td></td></tr>
<tr><td>2.4全民健身路径数量/个</td><td></td><td></td><td></td><td></td><td></td></tr>
<tr><td>2.5公共体育场馆的免费或低费开放率/%</td><td></td><td></td><td></td><td></td><td></td></tr>
<tr><td>2.6学校场地设施开放率/%</td><td></td><td></td><td></td><td></td><td></td></tr>
<tr><td colspan="6">如果您有更好的建议，请写在下面：</td></tr>
</table>

续表

一级指标	观测点	评价赋值				
		5分	4分	3分	2分	1分
3 体育组织	3.1 全民健身领导组织协调机构的建设情况/%					
	3.2 体育公共服务工作的“四纳入”情况/%					
	3.3 体育社会团体数量/个					
	3.4 体育社会团体拥有成员数量/个					
	3.5 体育社会组织等级评估工作/个					
	如果您有更好的建议，请写在下面：					
4 赛事活动	4.1 年承办省级以上体育赛事/项次					
	4.2 年举办自主品牌体育赛事/项次					
	4.3 年举（承）办群众性体育活动/项次					
	4.4 举（承）办群众性体育活动参与人数/万人					
	如果您有更好的建议，请写在下面：					
5 健身指导	5.1 万人拥有社会体育指导员数量/人					
	5.2 新增社会体育指导员数量/人					
	5.3 体育系统从业人员总数/人					
	如果您有更好的建议，请写在下面：					
6 体质监测	6.1 体质测定与运动健身指导站点数量/个					
	6.2 年开展体质监测人数/万人					
	6.3 本年度国民体质测定合格率/%					
	如果您有更好的建议，请写在下面：					

续表

一级指标	观测点	评价赋值				
		5分	4分	3分	2分	1分
7 信息宣传	7.1 体育局官方网站信息发布数量/条					
	7.2 体育大数据云平台数量/个					
	7.3 年开展体育健身讲座的次数/次					
	如果您有更好的建议，请写在下面：					

附录 2　第二轮专家咨询评议表

长三角体育公共服务一体化评价指标体系
专家咨询评议表（第二轮）

尊敬的专家：

在您的热情支持与大力配合下，第一轮专家咨询已经顺利结束。对于您百忙之中所付出的辛勤劳动再次表示诚挚的谢意！

我们将第一轮回收的专家咨询评议表进行了数据整理与分析，并结合专家提出的意见与建议，对长三角体育公共服务供给能力进行了修改，根据修改后的指标体系制作了第二轮专家咨询评议表。本次咨询的目的是邀请各位专家在了解第一轮指标修改反馈意见的基础上，进一步对评价指标进行选择与判断，最终确定长三角体育公共服务供给能力指标。

鉴于您在该领域的学识与成就，您的选择和建议对本项研究十分重要。我们真诚期盼能够继续得到您的指导与帮助。对于您再次的付出与劳动，我们表示衷心的感谢！

联系电话：13771725982

电子邮箱：liuchangya@ suda. edu. cn

地址：江苏省苏州市东环路 50 号苏州大学体育学院

邮编：215021

博 士 生：刘昌亚
指导教师：樊炳有教授
日　　期：2020. 11

1. 在本轮调查问卷中，我们将第一轮专家对各指标判断的数值列在了表格的前半部分，供您在填写问卷时参考（新增指标以“＊”标明，没有参考数据）。下面对表格中相关内容进行简要说明：

（1）算术平均数：代表专家评价意见的集中程度，其数值越大，说明指标越重要。

（2）标准差：反映指标值与其算术平均数的偏离程度。代表专家意见的协调程度，其数值越小，说明专家们对指标重要性的协调程度越高。

（3）隶属度：代表专家认为每项指标的重要程度，其数值越大，说明指标越重要。

（4）变异系数：也称变差系数、离散系数、差异系数，用 *CV* 表示。它是一项测算数据离散程度的相对指标。它是指标值标准差与其算术平均数之比，变异系数的值越大，则表明变异程度越大。

2. 指标体系修改情况

（1）删除指标：通过对第一轮专家咨询结果进行统计分析，删除隶属度相对较低的指标，本研究以 0. 3 作为临界点，将隶属度<0. 3 的指标予以删除。具体删除一项二级指标：联盟体育活动；六项三级指标：① 全民健身中心数量；② 全民健身路径数量；③ 学校场地设施开放率；④ 体育社会团体拥有成员数量；⑤ 体育系统从业人员总数；⑥ 年开展体质监测人数。

（2）增补指标：根据第一轮咨询过程中专家提出的建议，增加两项三级指标：①“10 分钟体育健身圈”覆盖率；② 经常参加体育锻炼的人数比例。

（3）修改指标：①“全民健身领导组织协调机构的建设情况”改为“县级以上全民健身领导、协调组织机构覆盖率”；②“体质测定与运动健身指导站点数量”改为“体质测定与运动健身指导站点覆盖率”；③“体育大数据云平台数量”改为“媒体健身栏目覆盖率（微博微信、电视、广播）”；④“年开展体育健身讲座的次数”改为“全民健身日宣传活动”。

3. 填表说明

请您用5分制（5分、4分、3分、2分、1分分别表示所列指标“非常重要”“重要”“一般”“不重要”“非常不重要”），根据您认为的各项指标重要程度的不同，在第二轮专家咨询意见对应的空格处打上“√”。如果您对本轮指标名称表述或其他方面还有不同的看法，请将您的意见填写在“您的意见或建议”栏内。

表1　一级指标评价表

一级指标	第一轮专家咨询结果				第二轮专家咨询意见					
	$\overline{X}$	*SD*	隶属度	*CV*	5	4	3	2	1	您的意见或建议
1 经费支持	5	0	1	0						
2 场地设施	5	0	1	0						
3 体育组织	4. 857	0. 349	0. 857	0. 072						
4 赛事活动	5	0	1	0						
5 健身指导	4. 571	0. 495	0. 571	0. 108						
6 体质监测	4. 667	0. 471	0. 667	0. 101						
7 信息宣传	4. 714	0. 452	0. 714	0. 096						

表2　三级指标评价表

一级指标	观测点	第一轮专家咨询结果				第二轮专家咨询意见					
		$\overline{X}$	*SD*	隶属度	*CV*	5	4	3	2	1	您的意见或建议
1 经费支持	1. 1 体育事业经费支出/万元	4. 714	0. 452	0. 714	0. 096						
	1. 2 人均体育事业经费/（元/人）	4. 857	0. 349	0. 857	0. 072						
	1. 3 彩票公益金用于体育公共服务工作的比例/%	4. 286	0. 700	0. 429	0. 163						

续表

一级指标	观测点	第一轮专家咨询结果				第二轮专家咨询意见					
		$\overline{X}$	*SD*	隶属度	*CV*	5	4	3	2	1	您的意见或建议
2 场地设施	2.1 人均体育场地面积/（m^2/人）	5	0	1	0						
	2.2 体育场地设施数量/个	4.571	0.495	0.571	0.108						
	2.3 “10 分钟体育健身圈”覆盖率/% *	—	—	—	—						
	2.4 公共体育场馆的免费或低费开放率/%	4.429	0.495	0.429	0.112						
3 体育组织	3.1 县级以上全民健身领导、协调组织机构覆盖率/%	4.286	0.700	0.714	0.163						
	3.2 体育公共服务工作的“四纳入”情况/%	4.857	0.350	0.857	0.072						
	3.3 体育社会团体数量/个	4.429	0.495	0.429	0.112						
	3.4 体育社会组织等级评估工作/个	4.714	0.452	0.714	0.096						
4 赛事活动	4.1 年承办省级以上体育赛事/项次	4.571	0.728	0.714	0.159						
	4.2 年举办自主品牌体育赛事/项次	4.714	0.452	0.714	0.096						
	4.3 年举（承）办群众性体育活动/项次	4.857	0.350	0.857	0.072						
	4.4 举（承）办群众性体育活动参与人数/万人	4.714	0.452	0.714	0.096						

续表

一级指标	观测点	第一轮专家咨询结果				第二轮专家咨询意见					
		$\overline{X}$	*SD*	隶属度	*CV*	5	4	3	2	1	您的意见或建议
5 健身指导	5.1 万人拥有社会体育指导员数量/人	5	0	1	0						
	5.2 新增社会体育指导员数量/人	4.833	0.373	0.833	0.077						
6 体质监测	6.1 体质测定与运动健身指导站点覆盖率/%	4.429	0.728	0.571	0.164						
	6.2 本年度国民体质测定合格率/%	4.571	0.728	0.714	0.164						
	6.3 经常参加体育锻炼的人数比例/% *	—	—	—	—						
7 信息宣传	7.1 体育局官方网站信息发布数量/条	4.286	0.700	0.429	0.163						
	7.2 媒体健身栏目覆盖率（微博微信、电视、广播）/%	4.667	0.471	0.667	0.101						
	7.3 全民健身日宣传活动/%	4.167	0.462	0.667	0.111						

附录 3　两轮指标体系筛选结果

长三角体育公共服务一体化评价指标体系
两轮指标体系筛选结果

经过第一轮的专家调查，整理出了长三角体育公共服务一体化评价指标体系的修正表，第二轮专家问卷调查主要针对第一轮提出反馈意见的 7 位专家，发放问卷 7 份，全部有效回收，回收率 100%。第二轮专家咨询的意见主要用于三级指标的筛选，原则上不增加新的指标。

表 1　一级指标两轮德尔菲专家咨询评议表

一级指标	第一轮专家咨询结果				第二轮专家咨询意见			
	$\overline{X}$	*SD*	隶属度	*CV*	$\overline{X}$	*SD*	隶属度	*CV*
1 经费支持	5	0	1	0	5	0	1	0
2 场地设施	5	0	1	0	5	0	1	0
3 体育组织	4. 857	0. 349	0. 857	0. 072	4. 714	0. 452	0. 714	0. 096
4 赛事活动	5	0	1	0	5	0	1	0
5 健身指导	4. 571	0. 495	0. 571	0. 108	4. 833	0. 373	0. 833	0. 077
6 体质监测	4. 667	0. 471	0. 667	0. 101	4. 667	0. 471	0. 667	0. 101
7 信息宣传	4. 714	0. 452	0. 714	0. 096	5	0	1	0

表 2　三级指标两轮德尔菲专家咨询评议表

一级指标	观测点	第一轮专家咨询结果				第二轮专家咨询意见			
		$\overline{X}$	*SD*	隶属度	*CV*	$\overline{X}$	*SD*	隶属度	*CV*
1 经费支持	1. 1 体育事业经费支出/万元	4. 714	0. 452	0. 714	0. 096	5	0	1	0
	1. 2 人均体育事业经费/(元/人)	4. 857	0. 349	0. 857	0. 072	4. 714	0. 452	0. 714	0. 096
	1. 3 彩票公益金用于体育公共服务工作的比例/%	4. 286	0. 700	0. 429	0. 163	4. 429	0. 728	0. 571	0. 164
2 场地设施	2. 1 人均体育场地面积/(m^2/人)	5	0	1	0	5	0	1	0
	2. 2 体育场地设施数量/个	4. 571	0. 495	0. 571	0. 108	4. 143	0. 833	0. 429	0. 201
	2. 3 “10 分钟体育健身圈”覆盖率/% *	—	—	—	—	4. 714	0. 452	0. 714	0. 096
	2. 4 公共体育场馆的免费或低费开放率/%	4. 429	0. 495	0. 429	0. 112	4. 429	0. 728	0. 571	0. 164

续表

一级指标	观测点	第一轮专家咨询结果				第二轮专家咨询意见			
		$\overline{X}$	*SD*	隶属度	*CV*	$\overline{X}$	*SD*	隶属度	*CV*
3 体育 组织	3.1 县级以上全民健身领导、协调组织机构覆盖率/%	4.286	0.700	0.714	0.163	4.429	0.495	0.429	0.112
	3.2 体育公共服务工作的"四纳入"情况/%	4.857	0.350	0.857	0.072	5	0	1	0
	3.3 体育社会团体数量/个	4.429	0.495	0.429	0.112	4.571	0.495	0.571	0.108
	3.4 体育社会组织等级评估工作/个	4.714	0.452	0.714	0.096	4.143	0.833	0.429	0.201
4 赛事 活动	4.1 年承办省级以上体育赛事/项次	4.571	0.728	0.714	0.159	4.429	0.495	0.429	0.112
	4.2 年举办自主品牌体育赛事/项次	4.714	0.452	0.714	0.096	4.429	0.728	0.571	0.164
	4.3 年举（承）办群众性体育活动/项次	4.857	0.350	0.857	0.072	4.714	0.452	0.714	0.096
	4.4 举（承）办群众性体育活动参与人数/万人	4.714	0.452	0.714	0.096	4.857	0.349	0.857	0.072
5 健身 指导	5.1 万人拥有社会体育指导员数量/人	5	0	1	0	5	0	1	0
	5.2 新增社会体育指导员数量/人	4.833	0.373	0.833	0.077	4.571	0.728	0.714	0.159
6 体质 监测	6.1 体质测定与运动健身指导站点覆盖率/%	4.429	0.728	0.571	0.164	4.857	0.349	0.857	0.072
	6.2 本年度国民体质测定合格率/%	4.571	0.728	0.714	0.164	4.571	0.495	0.571	0.108
	6.3 经常参加体育锻炼的人数比例/% *	—	—	—	—	4.857	0.350	0.857	0.072

续表

一级指标	观测点	第一轮专家咨询结果				第二轮专家咨询意见			
		$\overline{X}$	SD	隶属度	CV	$\overline{X}$	SD	隶属度	CV
7 信息宣传	7.1 体育局官方网站信息发布数量/条	4.286	0.700	0.429	0.163	4.286	0.700	0.429	0.163
	7.2 媒体健身栏目覆盖率（微博微信、电视、广播）/%	4.667	0.471	0.667	0.101	4.143	0.833	0.429	0.201
	7.3 全民健身日宣传活动/%	4.167	0.462	0.667	0.111	4.429	0.495	0.429	0.112

附录 4　指标体系权重评定专家问卷

长三角体育公共服务一体化评价指标体系权重评定问卷

说明：采用层次分析法（AHP）来评估各要素的相对重要性，AHP 评估尺度划分为五个等级，具体判断尺度、定义与含义见下表：

判断尺度	定义	含义
1	同等重要	表示两元素相比，两者具有同等重要性
2	稍微重要	表示两元素相比，前者比后者稍微重要
3	明显重要	表示两元素相比，前者比后者明显重要
4	强烈重要	表示两元素相比，前者比后者强烈重要
5	极度重要	表示两元素相比，前者比后者极度重要

例：当你认为“经费支持”比“场地设施”明显重要时，在靠近“经费支持”的“3”下打√。

	5	4	3	2	1	2	3	4	5	
经费支持			√							场地设施

当你认为“场地设施”比“经费支持”明显重要时，在靠近“场地设施”

的“3”下打√。

	5	4	3	2	1	2	3	4	5	
场地设施							√			经费支持

（一）一级指标

在您个人看来，下列对“长三角体育公共服务一体化”有影响的 7 个一级指标的相对重要性如何？

	5	4	3	2	1	2	3	4	5	
经费支持										场地设施
经费支持										体育组织
经费支持										赛事活动
经费支持										健身指导
经费支持										体质监测
经费支持										信息宣传
场地设施										体育组织
场地设施										赛事活动
场地设施										健身指导
场地设施										体质监测
场地设施										信息宣传
体育组织										赛事活动
体育组织										健身指导
体育组织										体质监测
体育组织										信息宣传
赛事活动										健身指导
赛事活动										体质监测
赛事活动										信息宣传
健身指导										体质监测
健身指导										信息宣传
体质监测										信息宣传

（二）观测点

1. 在您个人看来，下列对“经费支持”有影响的 3 个观测点的相对重要性如何？

	5	4	3	2	1	2	3	4	5	
体育事业经费支出										人均体育事业经费
体育事业经费支出										彩票公益金用于体育公共服务工作投入比例
人均体育事业经费										彩票公益金用于体育公共服务工作投入比例

2. 在您个人看来，下列对“场地设施”有影响的 4 个观测点的相对重要性如何？

	5	4	3	2	1	2	3	4	5	
人均体育场地面积										体育场地设施数量
人均体育场地面积										“10 分钟体育健身圈”覆盖率
人均体育场地面积										公共体育场馆的免费或低费开放率
体育场地设施数量										“10 分钟体育健身圈”覆盖率
体育场地设施数量										公共体育场馆的免费或低费开放率
“10 分钟体育健身圈”覆盖率										公共体育场馆的免费或低费开放率

3. 在您个人看来，下列对“体育组织”有影响的 4 个观测点的相对重要性如何？

	5	4	3	2	1	2	3	4	5	
县级以上全民健身领导、协调组织机构覆盖率										体育公共服务工作的“四纳入”情况
县级以上全民健身领导、协调组织机构覆盖率										体育社会团体数量
县级以上全民健身领导、协调组织机构覆盖率										体育社会组织等级评估工作
体育公共服务工作的“四纳入”情况										体育社会团体数量
体育公共服务工作的“四纳入”情况										体育社会组织等级评估工作
体育社会团体数量										体育社会组织等级评估工作

4. 在您个人看来，下列对“赛事活动”有影响的 4 个观测点的相对重要性如何？

	5	4	3	2	1	2	3	4	5	
年承办省级以上体育赛事										年举办自主品牌体育赛事
年承办省级以上体育赛事										年举（承）办群众性体育活动
年承办省级以上体育赛事										举（承）办群众性体育活动参与人数
年举办自主品牌体育赛事										年举（承）办群众性体育活动
年举办自主品牌体育赛事										举（承）办群众性体育活动参与人数
年举（承）办群众性体育活动										举（承）办群众性体育活动参与人数

5. 在您个人看来，下列对“健身指导”有影响的 2 个观测点的相对重要性如何？

	5	4	3	2	1	2	3	4	5	
万人拥有社会体育指导员数量										新增社会体育指导员数量

6. 在您个人看来，下列对“体质监测”有影响的 3 个观测点的相对重要性如何？

	5	4	3	2	1	2	3	4	5	
体质测定与运动健身指导站点覆盖率										本年度国民体质测定合格率
体质测定与运动健身指导站点覆盖率										经常参加体育锻炼的人数比例
本年度国民体质测定合格率										经常参加体育锻炼的人数比例

7. 在您个人看来，下列对“信息宣传”有影响的 3 个观测点的相对重要性如何？

	5	4	3	2	1	2	3	4	5	
体育局官方网站信息发布数量										媒体健身栏目覆盖率（微博微信、电视、广播）
体育局官方网站信息发布数量										全民健身日宣传活动
媒体健身栏目覆盖率（微博微信、电视、广播）										全民健身日宣传活动

附录5 指标体系权重计算

长三角体育公共服务一体化评价指标体系权重计算

计算指标的权重：对特征向量进行归一化处理

公式 $$W_i = \sum_{B_j}^{B_j}$$

计算矩阵的最大特征根

$$\lambda_{\max} = \frac{\sum (AW)_i}{nW_i}$$

表1 长三角体育公共服务一体化判断矩阵归一化

一级指标	经费支持	场地设施	体育组织	赛事活动	健身指导	体质监测	信息宣传	W_i
经费支持	1	0.3333	3	2	0.3333	0.3333	3	0.1409
场地设施	3	1	2	1	1	2	3	0.2036
体育组织	0.3333	0.5	1	0.3333	0.3333	1	1	0.0741
赛事活动	0.5	1	3	1	1	2	3	0.1818
健身指导	3	1	3	1	1	1	3	0.1952
体质监测	3	0.5	1	0.5	1	1	3	0.1479
信息宣传	0.3333	0.3333	1	0.3333	0.3333	0.3333	1	0.0565
$\lambda_{\max} = 7.6991$　$CR = 0.0859 < 0.1$　满足一致性检验								

表2 经费支持判断矩阵归一化

观测点	体育事业经费支出	人均体育事业经费	彩票公益金用于体育公共服务工作的比例	W_i
体育事业经费支出	1	0.5	0.5	0.1976
人均体育事业经费	2	1	2	0.4905
彩票公益金用于体育公共服务工作的比例	2	0.5	1	0.3119
$\lambda_{\max} = 3.0537$　$CR = 0.0409 < 0.1$　满足一致性检验				

表 3　场地设施判断矩阵归一化

观测点	人均体育场地面积	体育场地设施数量	“10 分钟体育健身圈”覆盖率	公共体育场馆的免费或低费开放率	W_i
人均体育场地面积	1	3	3	5	0. 530 0
体育场地设施数量	0. 333 3	1	2	2	0. 221 6
“10 分钟体育健身圈”覆盖率	0. 333 3	0. 5	1	1	0. 133 1
公共体育场馆的免费或低费开放率	0. 2	0. 5	1	1	0. 115 3
λ_{max} = 4. 048 8 CR = 0. 051 7 < 0. 1　满足一致性检验					

表 4　体育组织判断矩阵归一化

观测点	县级以上全民健身领导、协调组织机构覆盖率	体育公共服务工作的“四纳入”情况	体育社会团体数量	体育社会组织等级评估工作	W_i
县级以上全民健身领导、协调组织机构覆盖率	1	0. 333 3	0. 2	2	0. 132 8
体育公共服务工作的“四纳入”情况	3	1	0. 333 3	2	0. 237 8
体育社会团体数量	5	3	1	3	0. 514 4
体育社会组织等级评估工作	0. 5	0. 5	0. 333 3	1	0. 114 9
λ_{max} = 4. 229 4　CR = 0. 074 1 < 0. 1　满足一致性检验					

表 5　赛事活动判断矩阵归一化

观测点	年承办省级以上体育赛事	年举（承）办群众性体育活动	年举办自主品牌体育赛事	举（承）办群众性体育活动参与人数	W_i
年承办省级以上体育赛事	1	0. 414 3	2. 395 9	0. 433 3	0. 180 1
年举（承）办群众性体育活动	2. 413 9	1	4. 626 0	2. 326 8	0. 470 0
年举办自主品牌体育赛事	0. 417 4	0. 216 2	1	1	0. 123 5
举（承）办群众性体育活动参与人数	2. 307 6	0. 429 8	1	1	0. 226 4
λ_{max} = 4. 267 0　CR = 0. 081 8 < 0. 1　满足一致性检验					

表 6　健身指导判断矩阵归一化

观测点	万人拥有社会体育指导员数量	新增社会体育指导员数量	W_i
万人拥有社会体育指导员数量	1	3	0.75
新增社会体育指导员数量	0.333 3	1	0.25
$\lambda_{max}=2.000\,0$　$CR=0.195\,2>0.1$　不满足一致性检验			

表 7　体质监测判断矩阵归一化

观测点	体质测定与运动健身指导站点覆盖率	经常参加体育锻炼的人数比例	本年度国民体质测定合格率	W_i
体质测定与运动健身指导站点覆盖率	1	0.333 3	0.333 3	0.141 6
经常参加体育锻炼的人数比例	3	1	0.5	0.333 8
本年度国民体质测定合格率	3	2	1	0.524 7
$\lambda_{max}=3.053\,8$　$CR=0.047\,9<0.1$　满足一致性检验				

表 8　信息宣传判断矩阵归一化

观测点	体育局官方网站信息发布数量	媒体健身栏目覆盖率（微博微信、电视、广播）	全民健身日宣传活动	W_i
体育局官方网站信息发布数量	1	2	3	0.524 7
媒体健身栏目覆盖率（微博微信、电视、广播）	0.5	1	3	0.333 8
全民健身日宣传活动	0.333 3	0.333 3	1	0.141 6
$\lambda_{max}=3.058\,3$　$CR=0.056\,5<0.1$　满足一致性检验				

后　记

长三角一体化发展，是习近平总书记亲自谋划、亲自部署、亲自推动的重大战略。深入贯彻落实习近平总书记重要讲话精神，紧扣“一体化”和“高质量”两个关键词，全面深入推进长三角一体化发展，成为理论研究和实践探索的重要内容。

选择“长三角体育公共服务一体化战略目标及推进策略”作为研究内容，是在与导师反复交流、商讨后确定的。犹记得第一次向导师汇报该选题时，心中的忐忑溢于言表，一是自身对体育公共服务的研究还未达精、深之境，在后续的研究中能否准确驾驭还未可知；二是长三角一体化内涵丰富，能否真正把握其核心要义也是未知之数。但导师的真诚鼓励和倾囊相授，使我在后续的研究中增添了继续前行的信心和动力，最终完成书稿的撰写。

感谢我的导师樊炳有教授。樊老师严谨求实的治学态度、坦诚直率的性格、渊博的知识、敏锐的学术眼光、缜密的学术思维，深深影响、激励着我，也成为我今后学术道路上的追求标的。樊老师深耕体育公共服务领域多年，对此领域有独到的学术见地和学理思维，为本书的撰写提供了重要的思路和启示。在书稿撰写过程中，从整体内容框架的设计，到每一章节标题的敲定，再到章节具体内容的撰写等，都深受樊老师的点拨和指导。在此，向导师表示真诚的感谢！

衷心感谢苏州大学体育学院领导对我工作、学习的亲切关怀和大力支持！真诚感谢苏州大学体育学院王家宏教授、邰崇禧教授、陆阿明教授、陶玉流教授、宋元平教授、李燕领教授对书稿撰写提出的中肯意见和帮助指导。感谢广州体育学院研究生院院长韩会君教授、《体育与科学》编辑部主任程志理编审在选题和书稿撰写过程中，提出的建设性意见和建议。

感谢同门师弟、师妹高静、万文博、潘辰鸥、马雪琦、朱秋枝、李其祥、李姝颖、丁金燕、王芳、张牧雨等在调研、数据整理与统计等方面给予的诸多协助，难忘我们一起度过的美好岁月。

感谢我的妻子陈香云在生活上对我的关心与照顾，使我能够全身心投入书稿的撰写中。感谢我的儿子刘履涛，你的灿烂微笑和幽默语句，让我在辛劳的学习与工作之余，感受到身心的放松与愉悦。

感谢书稿写作期间，阅读、引用的所有著作、文献的作者，是诸位专家、学者的学术智慧，引领我对长三角体育公共服务一体化进行深入探索，也真诚地期盼你们的批评和指正。

刘昌亚

2021 年 11 月 28 日